VOYAGES
IMAGINAIRES,
ROMANESQUES, MERVEILLEUX,
ALLÉGORIQUES, AMUSANS,
COMIQUES ET CRITIQUES.

SUIVIS DES
SONGES ET VISIONS,
ET DES
ROMANS CABALISTIQUES.

CE VOLUME CONTIENT:

Le voyage merveilleux du Prince Fan-Férédin dans la Romancie, contenant plusieurs observations historiques, géographiques, physiques, critiques & morales; par le P. Bougeant.

La relation de l'Isle Imaginaire, & l'histoire de la Princesse de Paphlagonie; par Segrais.

Le voyage de l'Isle d'Amour; par l'abbé Tallemant.

La Relation du Royaume de Coquetterie; par l'abbé d'Aubignac.

La description de l'Isle de Portraiture & de la Ville des Portraits.

VOYAGES
IMAGINAIRES,
SONGES, VISIONS,
ET
ROMANS CABALISTIQUES.

Ornés de Figures.

TOME VINGT-SIXIÈME.

III.e Division de la première classe, contenant les Voyages Imaginaires *allégoriques.*

A AMSTERDAM,
Et se trouve à PARIS,
RUE ET HOTEL SERPENTE.

M. DCC. LXXXVIII.

VOYAGE
MERVEILLEUX
DU
PRINCE FAN-FÉRÉDIN
DANS LA ROMANCIE,

Contenant plusieurs observations historiques, géographiques, physiques, critiques & morales;

Par le P. BOUGEANT.

AVERTISSEMENT
DE L'ÉDITEUR
DES VOYAGES IMAGINAIRES.

Nous commençons cette division par un ouvrage qui est en même tems voyage merveilleux & voyage allégorique, & qui, en conséquence, forme naturellement la nuance des deux divisions : nous l'attribuons néanmoins à celle des allégories à laquelle il appartient plus particulièrement. L'idée en est heureuse, & l'exécution agréable. L'auteur fait voyager le *Prince Fan-Férédin* dans le pays de la *Romancie*. La description de ce royaume imaginaire, celle des productions chimériques, des animaux bizarres & des mœurs singulières des habitans de cette terre demandoit beaucoup d'esprit, de goût, & une imagination féconde. Le lecteur ne sera pas trompé dans son attente ; il trouvera une critique fine & ingénieuse des Romans & des lieux communs qui font la ressource ordinaire avec laquelle les Romanciers suppléent à la stérilité de leur imagination.

Guillaume-Hyacinthe Bougeant, auteur de cet ouvrage, est né à Quimper en 1690; il fit ses études chez les jésuites, & ne tarda pas à entrer dans cette société, qui ne manquoit jamais d'attirer à elle tous les sujets qui annonçoient de grandes espérances. Le jeune Bougeant fut de ce nombre : il avoit à peine seize ans lorsqu'il se fit jésuite; & ses talens lui donnerent bientôt une place distinguée parmi les célèbres littérateurs dont la société étoit alors composée. Il professa d'abord les humanités à Caen & à Nevers, d'où on l'appella ensuite pour le fixer à Paris au collège Louis-le-Grand. Le P. Bougeant y mourut en 1743. Ce jésuite, à une littérature très-étendue, joignoit un esprit extrêmement agréable & enjoué;

il faisoit les délices des sociétés auxquelles il vouloit bien se livrer ; & ces qualités brillantes étoient soutenues par une franchise & une cordialité qui rendoient son commerce aussi solide qu'agréable. Ses ennemis ont pris occasion de son enjouement pour attaquer les mœurs : l'un d'eux a imprimé que ce jésuite avoit autant étudié le langage des amans, que celui des bêtes, en faisant allusion à l'ouvrage du P. Bougeant, intitulé : *Amusement philosophique sur le langage des bêtes* ; cependant ce reproche est une pure calomnie, & les mœurs du père Bougeant ont toujours été irréprochables. La littérature agréable n'a pas entiérement occupé notre auteur ; on a aussi de lui plusieurs ouvrages de controverse ; mais il faut convenir que ce n'est pas à ces derniers écrits qu'il est redevable de sa réputation. Nous nous contenterons de citer les productions du P. Bougeant qui lui ont acquis de la célébrité : ce sont ses *Amusemens philosophiques sur le langage des bêtes*, les *Voyages du prince Fan-Férédin* que nous imprimons, & trois comédies remplies de sel & de gaieté : la *Femme Docteur*, le *Saint déniché*, & les *Quakres François* ou les *Nouveaux Trembleurs*. Il n'a manqué à l'auteur de ces trois pieces, que de traiter des sujets faits pour être mis sur la scene ; mais des querelles théologiques n'ont jamais pu produire de bonnes comédies.

La *Description de l'Isle Imaginaire* qui suit les voyages du Prince Fan-Férédin, est un ouvrage de Segrais. On y a joint l'*Histoire de la princesse de Paphlagonie*. Si l'on en croit Segrais lui-même, ce dernier ouvrage est de mademoiselle de Montpensier ; elle le composa à l'occasion de la princesse de Paphlagonie dont il est parlé dans le roman de Cyrus de mademoiselle de Scuderi. C'est une satyre fine, ingénieuse & allégorique, où, sous des noms empruntés, l'auteur se permet plusieurs traits contre les dames de la cour de son tems. La *princesse de Paphlagonie* a d'abord été imprimée à Bordeaux par les ordres de mademoiselle de Montpensier, & tirée à un petit nombre d'exemplaires dont aucun n'a été vendu ; mais la princesse les distribuoit aux personnes de sa société. On donnera la clef ensuite du roman.

Jean-Regnault de Segrais, né à Caen en 1624, étoit encore un de ces hommes aimables, autant recherchés pour les agrémens de leur conversation, que pour leurs talens littéraires. Il embrassa d'abord l'état ecclésiastique : ce fut alors qu'il s'attacha à mademoiselle de Montpensier, dont il fut l'aumônier. La franchise avec laquelle il s'expliqua sur le mariage de cette princesse avec Lauzun, lui attira sa disgrace. Madame de la Fayette le recueillit, &, comme elle donna dans ce tems ses romans de *Zaïde* & de *la princesse de Clèves*, on a toujours cru que Segrais y avoit la plus grande part. On ne sait si notre auteur éprouva auprès de cette dame quelque nouveau désagrément ; mais il paroît qu'il se dégoûta de bonne heure de la cour & du monde : il se retira dans sa patrie, & s'y maria. Il avoit alors environ quarante ans ; il y cultiva les lettres dans le repos, & se montra leur bienfaiteur en retirant chez lui les membres de l'académie de Caen, dispersés par la mort de M. de Matignon, protecteur de cette académie. Segrais est mort à Caen en 1701, âgé de 76 ans : il étoit de l'académie françoise. Avec tous les agrémens de l'esprit nécessaires pour plaire à la cour & y briller, Segrais avoit une droiture naturelle & une franchise qui l'y rendoient peu propre. Il est également estimé comme poëte & comme écrivain ; comme poëte, il a donné des églogues & d'autres poésies pastorales, qui ont la douceur & la naïveté propres à ce genre ; comme écrivain, on croit qu'il a part à la *princesse de Clèves*, à *Zaïde* & à la *princesse de Montpensier*. Ces romans, qui ont paru sous le nom de madame de la Fayette, ont été attribués à Segrais pour la partie du style, & peuvent faire juger du talent de cet écrivain.

Le *voyage de l'Isle d'Amour* est un roman allégorique dans le genre pastoral, recommandable par sa fraîcheur & sa délicatesse ; c'est une description du royaume de Vénus & de toute la cour de Cythère. Ce voyage est écrit en vers & en prose. L'auteur est l'abbé Tallemant, frère de celui qui entreprit de remettre en nouveau françois les *Hommes illustres* de Plutarque, traduits par Amiot : entreprise qui n'eut pas l'approbation de Despréaux, ni celle des vrais littérateurs de son tems, quoique l'ouvrage ait été imprimé sept fois pendant la vie de l'auteur. L'abbé Tallemant, auteur du *voyage de l'Isle d'Amour*, a eu moins de célébrité que son frère; il étoit, ainsi que lui, de l'académie françoise; & il est mort en 1712, âgé d'environ soixante-dix ans.

Ce n'est point sortir de l'empire de Vénus, que de passer de *l'Isle d'Amour* au *Royaume de Coquetterie*. C'est à l'abbé d'Aubignac que nous sommes redevables de ce second voyage : il paroît qu'il avoit lu le *Voyageur Fortuné*, & *les découvertes des trois villes de Tendre*, par mademoiselle Scudéri, & nous lui avons l'obligation d'avoir abrégé une espèce d'ouvrage qui n'a d'agrémens qu'autant qu'il est écrit sans prolixité.

François Hédelin, abbé d'Aubignac & de Meimac, est né à Paris en 1604; il dut sa fortune à la protection du cardinal de Richelieu, dont il éleva le neveu le duc de Fronsac. Il a beaucoup écrit, & dans beaucoup de genres : c'étoit le moyen d'être médiocre par-tout. On a de l'abbé d'Aubignac des ouvrages de grammaire, d'histoire, de poésie, des sermons & des romans: son imagination vive & abondante devoit lui promettre des succès dans ce dernier genre, s'il ne se fût livré à une trop grande prolixité: ce défaut a nui à son roman de *Macarise*, & l'a fait tomber dans l'oubli; mais on ne retrouve pas ce défaut dans l'ouvrage que nous imprimons. Cet ouvrage a brouillé l'auteur avec mademoiselle de Scudéri, qui s'est plainte que son *Royaume de Coquetterie* n'étoit qu'un extrait ou une réduction de son *voyage de Tendre*. L'abbé d'Aubignac est mort à Nemours en 1676, âgé de soixante-douze ans. Le crédit dont il a joui avoit rendu son humeur difficile & son caractère altier. On dit qu'il eut peu d'amis, & qu'il se brouilla avec la plupart des gens de lettres de son tems; cependant, à la fin de sa vie, il reconnut la nullité de tous ces faux-brillans; il se retira du monde, & passa en philosophe ses dernières années.

Nous terminons ce volume par la *description de l'Isle de Portraiture & de la Ville de Portraits*. Cette dernière allégorie, dont on ne connoît point l'auteur, est rare & curieuse ; elle a échappé aux recherches de l'abbé Lenglet du Fresnoy, qui n'en fait pas mention dans sa *Bibliothèque des Romans* ; mais cette qualité ne nous a pas déterminés seule à en faire usage : l'*Isle de Portraiture* n'est pas indigne de figurer auprès des allégories qui la précèdent.

VOYAGE
MERVEILLEUX
DU
PRINCE FAN-FÉRÉDIN
DANS LA ROMANCIE.

CHAPITRE PREMIER.
Départ du Prince Fan-Férédin pour la Romancie.

JE pourrois, suivant un usage assez reçu, commencer cette histoire par le détail de ma naissance, & de tous les soins que la reine Fan-Férédine ma mère prit de mon éducation : c'étoit la plus sage & la plus vertueuse princesse du monde ; &, sans vanité, j'ai quelquefois ouï dire que, par la sagesse de ses instructions, elle avoit sû me rendre, en moins de rien, un des princes les plus accomplis que l'on eût

A

encore vus. Je suis même persuadé que ce récit, orné de belles maximes sur l'éducation des jeunes princes, figureroit assez bien dans cet ouvrage ; mais comme mon dessein est moins de parler de moi-même, que de raconter les choses admirables que j'ai vues, j'ai cru devoir omettre ce détail, & toute autre circonstance inutile à mon sujet.

La reine Fan-Férédine aimoit assez peu les romans ; mais ayant lu par hasard dans je ne sais quel ouvrage (1), composé par un auteur d'un caractère respectable, que rien n'est plus propre que cette lecture pour former le cœur & l'esprit des jeunes personnes, elle se crut obligée en conscience de me faire lire le plus que je pourrois de romans, pour m'inspirer de bonne-heure l'amour de la vertu & de l'honneur, l'horreur du vice, la fuite des passions, & le goût du vrai, du grand, du solide, & de tout ce qu'il y a de plus estimable. En effet, comme je suis né, dit-on, avec d'assez heureuses dispositions, je ressentis bientôt les fruits d'une si louable éducation. Agité de mille mouvemens inconnus, le cœur plein de beaux sentimens, & l'esprit rempli de grandes idées, je commençai à me dégouter de tout ce qui

---

(1) De l'usage des romans.

m'environnoit. Quelle différence, disois-je, de ce que je vois & de tout ce que j'entends, avec ce que je lis dans les romans ! Je vois ici tout le monde s'occuper d'objets d'intérêt, de fortune, d'établissement, ou de plaisirs frivoles. Nulle aventure singulière : nulle entreprise héroïque. Un amant, si on l'en croyoit, iroit d'abord au dénouement, sans s'embarrasser d'aucun préliminaire. Quel procédé ! pourquoi faut-il que je sois né dans un climat où les beaux sentimens sont si peu connus ! Mais pourquoi, ajoutai-je, me condamner moi-même à passer tristement mes jours dans un pays où l'on ne sait point estimer les vertus héroïques ! J'y règne, il est vrai, mais quelle satisfaction pour un grand cœur de régner sur des sujets presque barbares ! Abandonnons-les à leur grossièreté, & allons chercher quelque glorieux établissement dans ce pays merveilleux des romans, où le peuple même n'est composé que de héros.

Telles furent les pensées qui me vinrent à l'esprit, & je ne tardai pas à les mettre en exécution. Après m'être muni secrètement de tout ce que je crus nécessaire pour mon voyage, je partis pendant une belle nuit, au clair de la lune, pour tenter, en parcourant le monde, la découverte que je méditois. Je traversai beaucoup de plaines; je paſſai beaucoup de montagnes; je rencontrai dans mon chemin des châteaux & des villes ſans nombre; mais ne trouvant par-tout que des pays ſemblables à ceux que je connoiſſois déja, & des peuples qui n'avoient rien de ſingulier, je commençai enfin à m'ennuyer de la longueur de mes recherches. J'avois beau m'informer & demander des nouvelles du pays des Romans; les uns me répondoient qu'ils ne le connoiſſoient pas même de nom: les autres me diſoient qu'à la vérité, ils en avoient entendu parler, mais qu'ils ignoroient dans quel lieu du monde il étoit ſitué. La ſeule choſe qui ſoutenoit mon courage dans la longueur & la difficulté de l'entrepriſe, c'eſt la réflexion que je faiſois, qu'après tout il falloit bien que la Romancie fût quelque part, & que ce ne pouvoit pas être une chimère. Car enfin, diſois-je, ſi ce pays n'exiſtoit pas réellement, il faudroit donc traiter de viſions ridicules & de fables puériles tout ce qu'on lit dans les romans. Quelle apparence! Eh! que faudroit-il donc penſer, de tant de perſonnes ſi raiſonnables d'ailleurs, qui ont tant de goût pour ces lectures, & de tant de gens d'eſprit qui employent leurs talens à compoſer de pareils ouvrages?

Cependant, malgré ces réflexions, j'avoue

que je fus quelquefois sur le point de me repentir de mon entreprise, & qu'il s'en fallut peu que je ne prisse la résolution de retourner sur mes pas. Mais non, me dis-je encore une fois à moi-même: après en avoir tant fait, il seroit honteux de reculer. Que sais-je si je ne touche pas au terme tant desiré! J'y touchois en effet sans le savoir; & voici comment la chose arriva par un accident bizarre, qui partout ailleurs m'auroit coûté la vie.

Après avoir monté pendant plusieurs heures les grandes montagnes de la Troximanie, j'arrivai enfin avec beaucoup de peine jusqu'à leur cime, conduisant mon cheval par la bride. Là, je sentis tout-à-coup que la terre me manquoit sous les pieds; en effet mon cheval roula d'un côté de la montagne, & je culbutai de l'autre, sans savoir ce que je devins depuis ce moment jusqu'à celui où je me trouvai au fond d'un affreux précipice, environné de toutes parts de rochers effroyables. Il est visible que quelque bon génie me soutint dans ma chûte pour m'empêcher d'y périr; & je m'en serois apperçu dès-lors, si j'avois eu toutes les connoissances que j'ai acquises depuis. Mais la pensée ne m'en vint point, & j'attribuai à un heureux hasard ce qui étoit l'effet d'une protection particulière de quelque fée, de quelque génie favorable, ou de quelqu'une de ces petites divinités qui voltigent dans le pays des Romans en plus grand nombre que les papillons ne volent au printems dans nos campagnes. On n'aura cependant pas de peine à comprendre que dans la situation où je me trouvai, après avoir levé les yeux au ciel pour contempler la hauteur énorme d'où j'étois tombé, & avoir envisagé toute l'horreur des lieux qui m'environnoient, je dus m'abandonner aux plus tristes réflexions. « Pauvre Fan-Férédin, que vas-tu » devenir dans cette horrible solitude !....... » par où sortiras-tu de ces antres profonds !.... » tu vas périr........ ». O que je dis de choses touchantes, & que je me plaignis éloquemment du destin, de la fortune, de mon étoile, & de tout ce qui me vint à l'esprit ! Mais on va voir combien j'avois tort de me plaindre ; & par le droit que j'ai acquis dans le pays des Romans, de faire des réflexions morales, je voudrois que les hommes apprissent une bonne fois, par mon exemple, à respecter les décrets suprêmes qui règlent leur sort, & à ne se jamais plaindre des événemens qui leur semblent les plus contraires à leurs desirs.

Cependant la nuit qui approchoit, redoubloit mon inquiétude, & je me hâtai de profiter du peu de jour & de forces qui me restoient pour sortir, s'il étoit possible, de l'abîme où j'étois. En vain aurois-je essayé de gagner les hauteurs : elles étoient trop escarpées. Il ne me restoit qu'à chercher dans les fonds une issue pour me conduire à quelque endroit habité, ou du moins habitable. Nul vestige de sentier ne s'offrit à ma vue. Sans doute j'étois le premier homme qui fût descendu dans ce précipice. Je fus ainsi réduit à me faire une route à moi-même ; & en effet je fis si bien, en grimpant & sautant de rocher en rocher, tantôt m'accrochant aux broussailles, tantôt me laissant couler sur le dos ou sur le ventre, qu'après avoir fait quelque chemin de cette manière, j'arrivai à un endroit plus découvert & plus spacieux.

Le premier objet qui me frappa la vue, fut une espèce de cimetière, un charnier, ou un tas d'ossemens d'une espèce singulière. C'étoient des cornes de toutes les figures, de grands ongles crochus, des peaux sèches de dragons ailés, & de longs becs d'oiseaux de toute espèce. Je me rappellai aussi-tôt ce que j'avois lu dans les romans, des griffons, des centaures, des hippogriffes, des dragons volans, des harpies, des satyres, & d'autres animaux semblables, & je commençai à me flatter que je n'étois pas loin du pays que je cherchois. Ce qui me confirma dans cette idée, c'est qu'un moment après, je vis sortir de l'ouverture d'un antre un centaure, qui venant droit à l'endroit que j'observois, y jetta une grande carcasse d'hippogriffe qu'il avoit apportée sur son dos, après quoi il se retira, & s'enfonça dans l'antre d'où il étoit sorti. Quoique je connusse parfaitement les centaures par les lectures que j'avois faites, & que d'ailleurs je ne manque point de courage, j'avoue que cette première vue me causa quelque émotion; je me cachai même derrière un rocher pour observer le centaure jusqu'à ce qu'il se fût retiré; mais alors reprenant mes esprits, & m'armant de résolution : Qu'ai-je à craindre, dis-je en moi-même, de ce centaure? J'ai lu dans tous les romans, que les centaures sont les meilleures gens du monde. Loin d'être ennemis des hommes, ils sont toujours disposés à leur rendre service, & à leur apprendre mille secrets curieux, témoin le centaure Chiron. Peut-être celui-ci me portera-t-il au pays des Romans; du moins il ne me refusera pas de me tirer de ces horribles lieux.

Je marchai aussi-tôt vers l'antre, & m'arrêtant à l'entrée, je l'appellai à haute voix en ces termes : « Charitable centaure, si votre cœur
» peut être touché par la pitié, soyez sensible

» au malheur d'un prince qui implore votre
» générosité. C'est le prince Fan-Férédin qui
» vous appelle ». Mais j'eus beau appeller
& élever ma voix, personne ne parut. Plein
d'inquiétude & d'une frayeur secrette, j'entrai
dans la caverne, & je vis que c'étoit un chemin souterrein, qui s'enfonçoit beaucoup sous
la montagne. Quel parti prendre ? Je n'en trouvai pas d'autre que de suivre le centaure, jugeant qu'il n'étoit pas possible que je ne le
rencontrasse, ou que je ne me fisse bientôt entendre à lui. Mais avouerai-je ici ma foiblesse,
ou ne l'avouerai-je pas ? Faut-il parler ou me
taire ? Voilà une de ces situations difficiles, où
j'ai souvent vu dans les romans les héros qui
racontent leurs aventures, & dont on ne connoît bien l'embarras que lorsqu'on l'éprouve
soi-même. Après tout, comme j'ai remarqué
que, tout bien considéré, ces messieurs prennent toujours le parti d'avouer de bonne grace,
j'avoue donc aussi qu'à peine j'eus fait cent
pas dans ce profond souterrein, en suivant toujours le rocher qui servoit de mur, que, saisi
d'horreur de me voir dans un lieu si affreux,
sans savoir par quelle issue j'en pourrois sortir,
je me laissai tomber de foiblesse, & presque
sans connoissance. Il m'en resta cependant assez
pour me souvenir que dans une situation à-

peu-près semblable, le célèbre Cléveland avoit eu l'esprit de s'endormir; &, trouvant l'expédient assez bon, je ne balançai pas à l'imiter. Mais, après un tel aveu, il est bien juste que je me dédommage par quelque trait qui fasse honneur à mon courage. Je me relevai donc bientôt après; & considérant qu'il falloit me résoudre à périr dans ces profondes ténèbres des entrailles de la terre, ou trouver le moyen d'en sortir, je résolus de continuer ma route jusqu'où elle me pourroit conduire. Qu'on se représente un homme marchant sans lumière dans un boyau étroit de la terre à deux lieues peut-être de profondeur, obligé souvent de ramper, de se replier, de se glisser comme un serpent dans des passages serrés, sans pouvoir avancer qu'en tâtant de la main, & qu'en sondant du pied le terrein. Telle étoit ma situation, & on aura sans doute de la peine à en imaginer une plus affreuse. Le souvenir de cette aventure me fait encore tant d'horreur, que j'en abrège le récit.

Mais ce que je ne puis m'empêcher de dire, c'est que je n'ai jamais mieux reconnu qu'alors la vérité de ce que j'ai vu dans tous les romans, qu'on n'est jamais plus près d'obtenir le bien qu'on desire, qu'au moment que l'on en paroît le plus éloigné : car voici ce qui m'arriva. Après avoir marché long-tems de la façon que je viens de raconter, je crus que je commençois à appercevoir quelque foible lumière. J'eus peine d'abord à me le persuader, & je l'attribuai à un effet de mon imagination inquiète & troublée. Cependant j'apperçus bientôt que cette lumière augmentoit sensiblement, & je n'en plus plus douter, lorsque je vis que je commençois à distinguer les objets. O quelle joie je ressentis dans ce moment ! tout mon corps en tressaillit, & je ne connois point de termes capables de l'exprimer. Je ne comprends pas encore comment ce passage subit d'une extrême tristesse à un si grand excès de joie, ne me causa pas une révolution dangereuse. Quoi qu'il en soit, voyant que le jour augmentoit toujours, & jugeant que la sortie que je cherchois, ne devoit pas être éloignée, je doublai le pas, ou plutôt je courus avec empressement pour y arriver. Je la trouvai en effet, & je vis....... le dirai-je ? Oui, je vis les choses les plus étonnantes, les plus admirables, les plus charmantes qu'on puisse voir. Je vis en un mot le pays des Romans. C'est-ce que je vais raconter dans le chapitre suivant.

CHAPITRE II.

Entrée du prince Fan-Férédin dans la Romancie. Description & histoire naturelle du pays.

La plupart des voyageurs aiment à vanter la beauté des pays qu'ils ont parcourus ; & comme la simple vérité ne leur fourniroit pas assez de merveilleux, ils sont obligés d'avoir recours à la fiction. Pour moi, loin de vouloir exagérer, je voudrois, au contraire, pouvoir dissimuler une partie des merveilles que j'ai vues, dans la crainte où je suis qu'on ne se défie de la sincérité de ma relation. Mais faisant réflexion qu'il n'est pas permis de supprimer la vérité pour éviter le soupçon de mensonge, je prends généreusement le parti qui convient à tout historien sincère, qui est de raconter les faits dans la plus exacte vérité, sans aucun intérêt de parti, sans exagération & sans déguisement. Je prévois que les esprits forts s'obstineront dans leur incrédulité ; mais leur incrédulité même leur tiendra lieu de punition, tandis que les esprits raisonnables auront la satisfaction d'apprendre mille choses curieuses qu'ils ignoroient. Je reprends donc la suite de mon récit.

A peine fus-je arrivé à la sortie du chemin souterrein, que, jettant les yeux sur la vaste campagne qui s'offroit à mes regards, je fus frappé d'un étonnement que je ne puis mieux comparer qu'à l'admiration où seroit un aveugle né qui ouvriroit les yeux pour la première fois : cette comparaison est d'autant plus juste, que tous les objets me parurent nouveaux, & tels que je n'avois jamais rien vu de semblable. C'étoient à la vérité des bois, des rivières, des fontaines; je distinguois des prairies, des collines, des vergers ; mais toutes ces choses sont si différentes de tout ce que dans ce pays-ci nous appellons du même nom, qu'on peut dire avec vérité que nous n'en avons que le nom & l'ombre.

La première réflexion qui me vint à l'esprit, fut de songer qu'il y avoit sous la terre beaucoup de pays que nous ne connoissions pas : ce qui me parut une observation importante pour la géographie & la physique ; mais il est vrai qu'entraîné par la curiosité & l'admiration des objets qui s'offroient à mes yeux, je ne m'arrêtai pas long-tems à ces réflexions philosophiques. J'entrai dans la campagne sans trop savoir où je tournerois mes pas, me sentant également attiré de tous côtés par des beautés nouvelles, & pouvant à peine me donner le loisir d'en considérer aucune en particulier. Je me déterminai enfin à suivre une charmante rivière qui serpentoit dans la plaine. Cette rivière étoit bordée d'un gazon le plus beau, le plus riant, le plus tendre qu'on puisse imaginer, & ce gazon étoit embelli de mille fleurs de différente espèce. Elle arrosoit une prairie d'une beauté admirable, dont l'herbe & les fleurs parfumoient l'air d'une odeur exquise; & si, en serpentant, elle sembloit quelquefois retourner sur ses pas, c'est sans doute parce qu'elle avoit un regret sensible de quitter un si beau lieu. La prairie étoit ornée, dans toute son étendue, de bosquets délicieux, placés dans de justes distances pour plaire aux yeux; & comme si la nature aimoit aussi quelquefois à imiter l'art, comme l'art se plaît toujours à imiter la nature, j'apperçus dans quelques endroits des espèces de desseins réguliers formés de gazon, de fleurs & d'arbrisseaux qui faisoient des parterres charmans, mais la rivière elle-même sembloit épuiser toute mon admiration. L'eau en étoit plus claire & plus transparente que le crystal. Pour peu qu'on voulût prêter l'oreille, on entendoit ses ondes gémir tendrement, & ses eaux murmurer doucement; & ce doux murmure se joignant au chant mélodieux des cygnes, qui sont là fort communs, faisoit une musique extrêmement touchante. Au lieu de sable, on voyoit briller au fond de la rivière des nacres de perle, & mille pierres précieuses; & on distinguoit sans peine dans le sein de l'onde un nombre infini de poissons dorés, argentés, azurés, pourpres, qui, pour rendre le spectacle plus aimable, se plaisoient à faire ensemble mille agréables jeux.

C'est pourtant dommage, dis-je tout bas, qu'on ne puisse point passer d'un bord à l'autre pour jouir également des deux côtés de la rivière. Le croira-t-on? Sans doute : car j'ai bien d'autres merveilles à raconter. A peine eus-je prononcé tout bas ces paroles, que j'apperçus à mes pieds un petit bateau fort propre. Je connoissois trop par mes lectures l'usage de ces bateaux, pour hésiter d'y entrer. J'y descendis en effet, & dans le moment je fus porté à l'autre bord de la rivière. Que les incrédules osent après cela faire valoir de mauvaises subtilités contre des faits si avérés! Voici de quoi achever de les confondre, c'est que considérant un certain endroit de la rivière, & trouvant qu'il eût été à propos d'y faire un pont, je fus tout étonné d'en voir un tout fait dans le moment même; de sorte qu'on n'a jamais rien vû de si commode.

Cependant je continuai ma route, & je puis dire, fans exagération, qu'à chaque pas je rencontrai de nouveaux fujets d'admiration. J'apperçus entr'autres un endroit dans la prairie qui me parut un peu plus cultivé. J'eus la curiofité d'en approcher, & je trouvai une fontaine. L'eau m'en parut fi pure & fi belle, que ne doutant pas qu'elle ne fût excellente, j'en voulus goûter ; mais que ne fentis-je pas dans le moment au-dedans de moi-même ! quelle ardeur, quels tranfports, quels mouvemens inconnus, quels feux ! ces feux avoient à la vérité quelque chofe de doux, & il me femble que j'y trouvois du plaifir ; mais ils étoient en même tems fi vifs & fi inquiets, que ne me poffédant plus moi-même, & tombant alternativement de la plus vive agitation dans une profonde rêverie, je marchois au travers de la prairie fans favoir précifément où j'allois. Je rencontrai ainfi une feconde fontaine, & je ne fais quel mouvement me porta à boire auffi de fon eau. Mais à peine en eus-je avalé quelques gouttes, que je me trouvai tout changé. Il me fembla que mon cœur étoit enveloppé d'une vapeur noire, & que mon efprit fe couvroit d'un nuage fombre. Je fentis des tranfports furieux, & des mouvemens confus de haine & d'averfion pour tous

tous les objets qui se présentoient. Ce changement m'ouvrit les yeux. Je me rappellai ce que j'avois lu des fontaines de l'amour & de la haine, & je ne doutai plus que ce ne fussent celles dont je venois de boire. Alors me souvenant que j'avois aussi lu que le lac d'indifférence ne devoit pas être éloigné des deux fontaines, je me hâtai de le chercher, & l'ayant rencontré (car dans ce pays-là on rencontre toujours tout ce qu'on cherche) j'en bus seulement quelques gouttes dans le creux de ma main, & dans l'instant rendu à moi-même, je sentis un calme doux & tranquille succéder au trouble qui m'avoit agité.

Je ne dis rien des plantes singulières que j'observai. On sait assez que le pays en est tout couvert. Ce n'est que dans la Romancie qu'on trouve la fameuse herbe moly, & le célèbre lotos. Les plantes même que nous connoissons, & qui croissent aussi dans ce pays-là, y ont une vertu si admirable qu'on ne peut pas dire que ce soient les mêmes plantes ; & je ne puis à cette occasion m'empêcher d'admirer la simplicité de l'infortuné chevalier de la Manche, qui crut pouvoir avec les herbes de son pays, composer un baume semblable à celui de Fierabras. Car il est vrai que nous avons des plantes de même nom ; mais il s'en faut beaucoup qu'elles ayent la même vertu ; c'est par cette raison que les philtres amoureux, les breuvages enchantés, les charmes, & tous les sorts que nos magiciens entreprennent de composer avec des herbes magiques ne réussissent point, parce que nous n'avons que des plantes sans force & sans vertu ; & je m'imagine que c'est encore ce qui fait que nous ne voyons plus de ces baguettes merveilleuses, de ces bagues surprenantes, de ces talismans, de ces poudres, & mille autres curiosités pareilles, qui opèrent tant d'effets prodigieux, parce que nous n'avons pas dans ce pays-ci la véritable matière dont elles doivent être composées.

Mais ce que je ne dois pas oublier, c'est la bonté admirable du climat. Je n'avois jamais compris dans la lecture des romans, comment les princes & les princesses, les héros & leurs héroïnes, leurs domestiques mêmes & toute leur suite passoient toute leur vie, sans jamais parler de boire ni de manger. Car enfin, disois-je, on a beau être amoureux, passionné, avide de gloire, & héros depuis les pieds jusqu'à la tête : encore faut-il quelquefois subvenir à un besoin aussi pressant que celui de la faim. Mais il est vrai que j'ai bien changé d'idée, depuis que j'ai respiré l'air de la Romancie. C'est premièrement l'air le plus pur, le plus serein, le plus sain & le plus invariable qu'on puisse respirer. Aussi n'a-t-on jamais oui dire qu'aucun héros ait été incommodé de la pluie, du vent, de la neige, ou qu'il ait été enrhumé du serein de la nuit, lorsqu'au clair de la lune il se plaint de ses amoureux tourmens. Mais cet air a sur-tout une propriété singulière, c'est de tenir lieu de nourriture à tous ceux qui le respirent, en sorte qu'on peut dans ce pays-là entreprendre le plus long voyage à travers les déserts les plus inhabités, sans se mettre en peine de faire aucune provision pour soi ni pour ses chevaux mêmes.

Voici encore une chose qui me frappa extrêmement. Nos rochers dans tous ces pays-ci sont d'une dureté & d'une insensibilité si grande, qu'on leur diroit pendant une année entière les choses du monde les plus touchantes, qu'ils ne les écouteroient seulement pas. Mais ils sont bien différens dans la Romancie. J'en rencontrai dans mon chemin un amas assez considérable, & comme ma curiosité me portoit à tout observer, je m'en approchai pour les considérer de plus près. Je voulus même en tâter quelques-uns de la main ; mais quel fut mon étonnement de les trouver si tendres,

B ij

qu'ils cédoient à l'effort de ma main comme du gazon ou de la laine. J'avoue que ce phénomène me parut si étrange, que j'en jettai un cri d'étonnement, & je ne l'aurois jamais compris si on ne me l'avoit expliqué depuis. C'est qu'il étoit venu la veille un amant des plus malheureux & des plus éloquens du pays, conter à ces rochers ses tourmens ; & son récit étoit si touchant, ses accens douloureux si pitoyables, que les rochers n'avoient pu y résister malgré toute leur dureté naturelle. Les uns s'étoient fendus de haut en bas, les autres s'étoient laissés fondre comme de la cire, & les plus durs s'étoient attendris & amollis au point que je viens de dire.

Si les rochers de la Romancie sont si sensibles, il est aisé de juger quelle doit être en ce pays-là la complaisance des échos pour ceux qui ont à leur parler. Il n'y a rien de si aimable ni de si docile. Ils répètent tout ce que l'on veut. Si vous chantez, ils chantent ; si vous vous plaignez, ils se plaignent avec vous. Ils n'attendent pas même pour répondre que vous ayez achevé de parler ; & plutôt que de laisser un pauvre amoureux parler seul, ils s'entretiendront avec lui une journée entière. C'est une des grandes ressources qu'on ait dans ce pays-là, quand on n'a personne à qui l'on puisse confier ses peines secretes. Il n'y a qu'à aller trouver un écho, sur-tout si c'est un écho femelle, & en voilà pour aussi long-tems qu'on veut.

CHAPITRE III.
Suite du chapitre précédent.

Les arbres de la Romancie sont en général à-peu-près faits comme les nôtres ; mais il y a pourtant sur cela des remarques importantes à faire. Car outre que leur feuillage est toujours d'un beau vert, leur ombrage délicieux, leurs fruits beaucoup meilleurs que les nôtres ; c'est dans la Romancie seule qu'on trouve de ces arbres si précieux & si rares, dont les uns portent des rameaux d'or, & les autres des pommes d'or. Mais il est vrai que s'il est rare de les rencontrer, il est encore plus difficile d'en approcher & d'en cueillir les fruits, parcequ'ils sont tous gardés par des dragons ou des géans terribles, dont la vue seule porte la frayeur dans les ames les plus intrépides. En vain se flatteroit-on de pouvoir tromper leur vigilance ; ils ont toujours les yeux ouverts, & ne connoissent pas les douceurs du sommeil. D'un autre côté, entreprendre de les forcer, c'est s'exposer à une mort certaine; de sorte qu'il faut renoncer à l'espoir de cueillir jamais des fruits si précieux, à moins qu'on ne soit favorisé de quelque protection particulière: alors il n'y a rien de si aisé. Une petite herbe qu'on porte sur soi, un miroir qu'on montre au dragon ou au géant, une baguette dont on les touche, un breuvage qu'on leur présente, le moindre petit charme les assoupit; après quoi il est facile de leur couper la tête, & de se mettre ainsi en possession de tous les trésors dont ils sont les gardiens. Je dois pourtant avertir que ce que j'en dis ici n'est que sur le rapport d'autrui; car comme ces arbres sont fort rares, je n'en ai point trouvé sur ma route, & je n'ai eu d'ailleurs aucun intérêt d'en aller chercher.

Mais une chose que j'ai vue, & qu'on doit regarder comme certaine, c'est le goût que les arbres ont dans ce pays-là pour la musique. Voici un fait qui m'est arrivé, & qui me causa dans le tems beaucoup de surprise. Un jour que je m'étois abandonné au sommeil dans un charmant bocage de jeunes maronniers, je fus fort étonné à mon réveil de me trouver exposé aux ardeurs du soleil, & entièrement à découvert, sans que je pusse imaginer ce qu'étoient devenus les arbres, qui m'avoient prêté leur ombre il n'y avoit qu'un moment. Mais en regardant de tous côtés, je les apperçus déja un peu loin qui marchoient comme en cadence vers une petite plaine, où un excellent joueur de luth les attiroit à lui, par le son harmonieux de son instrument. Quelques rochers s'étoient mis de leur compagnie avec tout ce qu'il y avoit de lions, de tigres & d'ours dans ce canton. C'est un des spectacles qui m'ayent fait le plus de plaisir dans tout le cours de mon voyage.

Pour ce qui est de ce que j'avois entendu raconter à un historien célèbre (1), que les arbres avoient entr'eux une langue fort intelligible pour s'entretenir ensemble, lorsqu'un vent doux & léger agitoit l'extrémité de leurs branches, j'ai eu beau m'y rendre attentif dans les diverses forêts que j'ai vues ; il faut ou que cette observation m'ait échappé, ou plutôt que le fait ne soit pas vrai, d'autant plus que cet historien n'est pas toujours exact dans ses récits.

Il n'en est pas ainsi de ceux qui ont assuré que les arbres servoient de demeure à des divinités champêtres ; car c'est un fait avéré,

---

(1) Cyrano de Bergerac.

dont j'ai été souvent témoin. Rien même n'est plus commun sur le soir, lorsque la lune commence à éclairer les ombres de la nuit, que de voir sur-tout les chênes s'entrouvrir, pour laisser sortir de leur sein les dryades qui y passent la journée, & se rouvrir le matin à la pointe du jour, pour les recevoir après qu'elles ont dansé dans les champs avec les nayades. Comme il est aisé de distinguer les arbres habités de ceux qui ne le sont pas, ils sont extrêmement respectés, & nul mortel n'a la hardiesse d'y toucher. Si quelque téméraire osoit y porter la coignée, on en verroit aussi-tôt le sang couler en abondance; mais son impiété seroit bientôt punie.

Les faunes ont aussi leurs arbres comme les dryades, & il y a des marques pour les distinguer. Mais cela ne laisse pas de donner quelquefois occasion à des jeux fort plaisans. Au retour du bal, un jeune faune va s'emparer de l'arbre d'une dryade. La dryade arrive & frappe à son arbre pour le faire ouvrir. Qui va là? La place est prise. Il faut composer. La dryade s'en défend, s'échappe, & court se saisir à son tour du logement d'une autre dryade. Celle-ci survient & fait du bruit, pendant lequel le faune sortant doucement, vient par derrière pour la surprendre. Mais elle s'en apperçoit & s'enfuit. Le faune court après; pendant qu'il court, la première dryade regagne son arbre. Celle qui est poursuivie en gagne un autre si elle peut ; mais enfin il y a toujours une dernière arrivée qui paye pour les autres, & le jeu finit ainsi. C'est à ce petit divertissement que nous sommes redevables du jeu qu'on appelle les quatre coins.

Au reste, ce n'est que pour quelques momens qu'il peut être permis à ces divinités de se déloger ainsi. Car elles sont toutes obligées par les loix de leur condition naturelle, de vivre & de mourir avec leurs arbres, sans pouvoir s'en séparer autrement que par la mort. Il ne faut pourtant pas croire qu'elles meurent réellement ; leur mort ne consiste qu'à passer sous quelque autre forme, lorsque l'arbre périt enfin de vieillesse, ou par quelque accident. On distingue ainsi les vieilles divinités des plus jeunes, & on reconnoît même à la disposition de l'arbre, celle de la divinité qui l'habite, c'est-à-dire, si elle est heureuse ou non. On me fit remarquer entr'autres un tremble, qui étoit habité par un faune des plus sages & des plus vertueux de son espèce. Il avoit même, disoit-on, des qualités assez aimables; mais, après avoir long-tems vécu dans l'indifférence, il avoit eu le malheur d'aimer, &

pendant plusieurs années il n'avoit ressenti que les tourmens de l'amour, sans en éprouver jamais les plaisirs. Le chagrin & le désespoir avoient enfin surmonté son courage & sa raison. Il languissoit sans espérance de vivre long-tems, ou plutôt si quelque chose pouvoit encore lui plaire, c'étoit l'espoir de mourir bientôt, & on s'en appercevoit à la pâleur de ses feuilles, à la sécheresse de ses branches & de sa cime, qui commençoit déja à se dépouiller de verdure.

En continuant de marcher, je rencontrai quelques ruisseaux de lait & de miel. Ils sont assez communs dans ce pays-là ; & comme j'en avois souvent entendu parler, je n'en fus pas beaucoup étonné ; mais j'ignorois quelle pouvoit être la source de ces ruisseaux charmans, & j'eus le plaisir de la voir de mes yeux. C'est que dans la Romancie, les vaches & les chèvres sont si abondantes en lait, qu'elles en rendent continuellement d'elles-mêmes, sans qu'on se donne la peine de les traire ; de sorte que dès qu'il y en a seulement une douzaine ensemble, elles forment en moins de rien un ruisseau de lait assez considérable. Les ruisseaux de miel sont formés à-peu-près de la même manière. Les abeilles s'attachent à un arbre pour y faire leur miel,

& elles en font une si prodigieuse quantité, que les gouttes qui en tombent sans cesse, forment un ruisseau.

Cela me donna occasion de considérer de plus près les troupeaux qui paissoient dans la prairie. Je puis assurer qu'ils en valoient la peine, & on le croira aisément, puisque je vis en effet dans ce pays-là tous les animaux qu'on ne voit pas ici. Ces troupeaux étoient séparés selon leurs espèces différentes en différens parcs. Je considérai d'abord un haras de chevaux, & j'en remarquai de trois sortes. La première étoit de chevaux assez semblables aux nôtres, mais d'une beauté incomparable. Ils étoient tous si vifs & si ardens, que leur haleine paroissoit enflammée, & ce qui m'étonna le plus, c'est qu'ils sont d'une agilité si surprenante, qu'ils courent sur un champ couvert d'épis, sans en rompre un seul. Aussi ne sont-ils pas engendrés selon les loix ordinaires de la nature. Ils n'ont d'autre père que le zéphyre, & pour en perpétuer la race, il ne faut qu'exposer les cavales lorsque ce vent souffle, & elles sont aussi-tôt pleines. Il seroit sans doute bien à souhaiter que nous eussions dans ce pays-ci de pareils haras, mais on n'en a encore jamais vu que dans la Libie. J'y remarquai sur-tout une jument d'une beauté admirable. On l'appelloit la jument sonnante, parce qu'il lui pendoit aux crins de la tête & du col, une infinité de petites sonnettes d'or, qui au jugement des fins connoisseurs en harmonie, faisoient une fort belle musique.

La seconde espèce est des pégases, c'est-à-dire, de ces chevaux aîlés qui volent dans les airs aussi légèrement que nos hirondelles. On sait qu'il n'en a paru qu'un seul dans notre hémisphère du tems de Bellorophon; mais ils sont fort communs dans la Romancie. La troisième espèce est de ces belles licornes blanches, qui portent une longue corne au milieu du front. Elles sont fort estimées dans le pays, quoiqu'elles n'y soient pas rares.

Près du parc aux chevaux, j'en vis un de griffons & d'hippogriffes. Ces animaux sont terribles en apparence, & on ne peut considérer sans quelque frayeur leurs griffes effroyables, leur bec crochu, leurs grandes aîles, & leur queue de lion; mais ils sont en effet les plus dociles de tous les animaux, & fort aisés à apprivoiser. Quand on en a une fois apprivoisé quelqu'un, on en fait tout ce qu'on veut. Ils sont d'une commodité admirable pour atteler aux voitures, & faire beaucoup de chemin en peu de tems.

Pour ce qui est des centaures, on voulut

autrefois les faire parquer auſſi comme les chevaux & les griffons, parce qu'ils tiennent en effet beaucoup du cheval ; mais ils n'y voulurent jamais conſentir, prétendant qu'ils ne tenoient pas moins de l'homme ; & comme en effet il eſt aſſez difficile de décider ſi ce ſont des hommes ou des chevaux, l'affaire eſt demeurée indéciſe ; & cependant on leur a laiſſé la liberté de courir la campagne ſelon leur fantaiſie, & de vivre à leur manière.

Le parc des hircocerfs & des chimères, me parut un des plus curieux à voir, & m'amuſa fort long-tems. Tous ces monſtres étoient reſſerrés chacun dans une loge faite en forme de cage, qui laiſſoit voir toute leur taille & leur figure, ce qui faiſoit une eſpèce de ménagerie fort divertiſſante d'une part, par l'aſſortiment bizarre de divers animaux unis enſemble, & terrible de l'autre, par la figure monſtrueuſe & menaçante de ces bêtes farouches.

Aux deux côtés de cette ménagerie, on avoit pratiqué deux grands canaux, mais bien différens l'un de l'autre ; car l'un étoit plein d'un feu clair & vif, qu'on avoit ſoin d'entretenir continuellement, c'étoit pour loger & nourrir un troupeau de ſalamandres. L'autre étoit rempli d'une belle eau claire & tranſparente. C'étoit la demeure de deux ou trois bandes de sirènes qu'on n'y avoit logées comme dans une maison de force, pour les punir des débauches effroyables, où elles avoient engagé par les charmes de leur voix enchanteresse, quantité de héros vertueux. Outre la retraite à laquelle elles étoient condamnées, pour plusieurs années elles avoient défense de chanter, si ce n'étoit quelques morceaux de l'opéra d'H... parce qu'on jugeoit qu'ils n'y avoit pas de danger d'en être attendri ; mais elles en trouvoient le chant si sauvage, qu'elles aimoient mieux se taire, de sorte qu'elles étoient en effet muettes comme des poissons.

Outre ces deux canaux, il y avoit encore un puits fort profond, qui servoit de demeure à des basilics. Mais je me gardai bien de me présenter à l'ouverture du puits, pour ne pas m'exposer à être tué par le regard meurtrier de ces monstres.

Je passai de là à un quartier où j'appercevois des moutons. Je n'ai jamais rien vu de si aimable. Mais j'ai sur-tout un plaisir singulier à me rappeller le charmant tableau qui s'offrit à mes yeux. On sait comment sont faits parmi nous les bergers & les bergères ; rien de plus abject ni de plus dégoutant ; & n'en ayant jamais vu d'autres, je m'étois persuadé que tout ce que je lisois de ceux d'autrefois, sur-tout de ceux qui habitoient les bords du Lignon, n'étoit que jeu d'esprit & pure fiction. C'est moi qui me fesois illusion à moi-même. Non, rien n'est si galant ni si aimable que les bergers de la Romancie (1). Leur habillement est toujours extrêmement propre ; simple, mais de bon goût : peu chargé de parures, mais élégant & bien assorti à la taille & à la figure. Toutes leurs houlettes sont ornées de rubans, dont la couleur n'est jamais choisie au hazard ; car elle doit marquer toujours les sentimens & les dispositions de leur cœur ; & je n'en ai vu aucune qui ne fût en même-tems chargée de chiffres ingénieux & tout-à-fait galans. Si les bergères ignorent l'usage du rouge, du blanc, des mouches & de tous les attraits empruntés, c'est que l'éclat & la vivacité naturelle de leur teint surpassent tout ce que l'art peut prêter d'agrémens. Toute la parure de leur tête, consiste en quelques fleurs nouvelles, qui mêlées avec les boucles de leurs cheveux, font un effet plus charmant mille fois que ne feroient les perles & les diamans. Mais ce qui achève de les rendre les plus aimables personnes du monde, ce sont ces graces touchantes & naturelles dont elles sont toutes

---

(1) Roman de l'Astrée.

pourvues. Qu'elles soient vives ou d'une humeur plus tranquille, qu'elles chantent, qu'elles dansent, qu'elle sourient, qu'elles soient tristes, qu'elles dorment ou qu'elles veillent, elles font tout cela avec tant de grace & de gentillesse, qu'il n'y a point de cœur si insensible qui n'en soit ému. L'aimable candeur & l'innocente simplicité sont des vertus qui ne les quittent jamais. Elles ignorent jusqu'au nom de la dissimulation, de la perfidie, de l'infidélité, & de ces artifices dangereux, que la jalousie ou la coquetterie mettent en usage. Le berger qui vit parmi elles est le plus heureux des hommes; s'il aime, il est sûr d'être aimé; sa tendresse est payée de tendresse, & sa constance de fidélité. Le berger sans amour, & qui chérit son indifférence, n'a point à craindre d'être séduit par les amorces trompeuses d'une coquette perfide ou volage. Amour & simplesse, c'est leur devise, & l'âge d'or recommence tous les jours pour eux. Ce qu'il y a de plus admirable, c'est qu'avec cette innocente simplicité qui fait leur caractère, & les bergers & les bergères, semblables à ceux du Lignon, joignent tous les rafinemens les plus recherchés de l'amour le plus délicat, & des cœurs les plus sensibles; mais il est inouï qu'ils en fassent jamais d'usage, qu'au profit de
l'amour

l'amour même. Assis à l'ombre des verds bocages, ou sur les bords d'un clair ruisseau, on les voit toujours agréablement occupés à chanter leurs amours, & à faire retentir les échos des vallons du son de leurs chalumeaux, & de leurs pipeaux champêtres. Les oiseaux ne manquent jamais d'y mêler leur tendre ramage, en même-tems que les ruisseaux y joignent leur doux murmure. Les troupeaux se ressentent de la félicité de leurs maîtres, & l'on voit toujours dans leurs prairies bondir les moutons & les agneaux, sans que les loups osent leur donner la moindre allarme. Au reste, ils ne songent jamais, ces heureux bergers, aux nœuds de l'hymen. Ils mettent toute leur satisfaction à recevoir quelques tendres marques d'amitié de leurs vertueuses & chastes bergères, & jusques à la mort ils préfèrent constamment l'espérance de posséder, aux fades douceurs de la possession même.

J'avoue, que touché d'un spectacle si riant & si gracieux, je fus tenté de prendre sur le champ une pannetière & une houlette, & de fixer toutes mes courses dans un si beau lieu, pour y couler le reste de mes jours dans la paix & l'innocence, & goûter à jamais les douceurs d'un repos tranquille : je ne suis pas même le premier à qui cette pensée soit ve-

C

nue à l'esprit, à la simple lecture des biens parfaits que l'innocente simplicité fait trouver au bord des fontaines, dans les prés, dans les bois & les forêts ; mais faisant réflexion que je serois toujours le maître de choisir, quand je voudrois, ce genre de vie, & que j'avois encore un grand pays à parcourir, je continuai ma route.

Je remarquai en chemin quelques taureaux sans cornes, parce qu'on les leur avoit arrachées pour en faire des cornes d'abondance ; je vis d'autres taureaux qui avoient des cornes & des pieds d'airain, des vaches d'une beauté admirable, qui descendoient de la fameuse Io : plusieurs chèvres Amalthées, des Cerbères ou grands chiens à trois têtes, des chats bottés, des singes verds ; & sur-tout je vis d'un peu loin dans un petit lac une hydre effroyable qui avoit sept têtes, dont chacune ouvroit une gueule terrible armée de dents venimeuses & tranchantes. Comme je n'avois ni la massue d'Hercule, ni aucune épée enchantée, je n'eus garde de m'en approcher ; je me hâtai même de m'en éloigner, & cela me donna occasion de rencontrer enfin des habitans du pays.

CHAPITRE IV.

Des habitans de la Romancie.

J'Etois surpris de n'avoir encore rencontré que des bêtes, excepté les bergers dont je viens de parler; je savois bien en général que les romanciers sont grands voyageurs; mais je ne pouvois pourtant pas m'imaginer que le pays fût absolument désert; enfin, regardant au loin de tous côtés, j'apperçus un endroit qui me parut fort peuplé: c'étoit en effet un lieu de promenade où un nombre considérable d'habitans des deux sexes avoit coutume de se rendre pour prendre le frais. Je m'y acheminai, & j'eus le plaisir, en chemin, de vérifier par moi-même ce que j'avois toujours eu quelque peine à croire, que les fleurs naissent sous les pas des belles; car je remarquai sur la terre plusieurs traces de fleurs encore fraîches, qui aboutissoient au lieu de la promenade, & qui n'avoient sûrement pas d'autre origine: le lieu même où les belles se promenoient, en étoit tout couvert; & dans la Romancie on ne connoît point d'autre secret pour avoir en toute saison des jardins & des parterres des plus belles fleurs.

Je trouvai tout le monde partagé en diverses compagnies de quatre, de trois ou de deux, tant hommes que femmes, & plusieurs qui se promenoient seuls un peu à l'écart. Comme je ne connoissois personne, je crus devoir faire comme ces derniers, afin d'examiner la contenance & les façons des Romanciens avant que d'en aborder quelqu'un.

La première observation que je fis, c'est que je n'appercevois ni enfans, ni vieillards, il n'y en a point en effet dans toute la Romancie, & on en voit assez la raison ; toute la nation par conséquent est composée d'une jeunesse brillante, saine, vigoureuse, fraîche, la plus belle du monde ; & quand je dis la plus belle, cette proposition est si exactement vraie, qu'on ne peut, sans une injustice criante, faire sur cela la moindre comparaison. Les François, par exemple, passent pour une assez belle nation ; cependant si on l'examine de près, on y trouvera beaucoup de gens mal-faits ; rien n'est même si commun que d'y voir des personnes entièrement contre-faites ; on y voit d'ailleurs des visages si peu agréables, des yeux si petits, des nez si longs, des bouches si grandes, des mentons si plaisans. Or, voilà ce qui ne se voit jamais dans la Romancie : il est pourtant vrai qu'on y conserve de tout tems une petite race extrêmement contrefaite d'hommes & de femmes pour servir de contraste dans l'occasion, suivant le besoin des écrivains ; mais outre qu'elle est en très-petit nombre, c'est une race aussi étrangère à la Romancie, que les nègres le sont à l'Europe, & à cela près, il est inouï d'y rencontrer une personne qui n'ait pas la taille parfaitement belle : un nez tant soit peu long, des yeux tant soit peu petits, y seroient regardés comme un monstre.

Tous, tant hommes que femmes, & surtout celles-ci, ont tous les traits du visage extrêmement réguliers : c'est-là que la blancheur du front efface celle de l'albâtre, que les arcs des soucils disputent de perfection avec l'iris ; c'est-là que l'ébène & la neige, les lys & les roses, le corail & les perles, l'or & l'argent tantôt fondus ensemble, tantôt séparément, concourent à former les plus belles têtes & les plus beaux visages qu'on puisse imaginer : toutes les dames y ont sur-tout les yeux d'une beauté admirable ; j'en connois pourtant quelque part dans ce pays-ci d'aussi beaux, mais ils sont rares, car ce sont des astres brillans dont l'éclat éblouit, des soleils d'où partent mille traits de flamme qui embrasent tous les cœurs ; à leur aspect on voit fondre la froide indifférence comme la glace exposée aux ardeurs du soleil; l'amour y fait sa demeure pour lancer plus sûrement ses traits: aussi n'y a-t-il aucun coup perdu: eh! quel cœur pourroit y résister? on ne peut pas s'en défendre, tôt ou tard il faut se rendre, & céder de bonne grace à de si puissans vainqueurs; mais ce qui achève de faire des habitans de la Romancie les plus belles personnes qu'on puisse voir, c'est qu'avec tous ces traits de beauté ils ont tous un air fin, une physionomie noble, quelque chose de majestueux & de gracieux tout ensemble, de fier & de doux, d'ouvert & de réservé, quelque chose de charmant, je ne sais quoi d'engageant, un tour de visage si attrayant, un certain agrément dans les manières, une certaine grace dans le discours, un sourire si doux, des charmes qu'on ne sauroit dire, mille choses qu'on ne sauroit exprimer; en un mot, mille je ne sais quoi qui vous enchantent je ne sais comment.

Ce n'est pourtant pas encore tout; car comme si la nature se plaisoit à épuiser tous ses dons pour former les habitans de la Romancie aux dépens de tout le reste du genre humain, on les voit joindre à tant d'avantages naturels toutes les perfections de corps &

d'esprit qu'on peut desirer, ils dansent tous admirablement bien, ils chantent à ravir, ils jouent des instrumens dans la plus grande perfection ; ils sont d'une adresse infinie à tous les exercices du corps : s'il y a une joute, ils remportent toujours le prix, & s'il y a un combat, ils en sortent toujours vainqueurs. Que l'on juge après cela s'il n'y a pas sans comparaison beaucoup plus d'avantage de naître citoyen Romancien, que de naître aujourd'hui prince ou duc, & autrefois citoyen Romain.

J'avoue que ce ne fut pas sans une extrême confusion que je me vis d'abord au milieu d'un peuple si bien fait ; car quoique je ne sois pas difforme, je me rendois pourtant la justice de penser qu'auprès de personnes si bien faites, je devois paroître un homme fort disgracié de la nature. Cette pensée me frappa même tellement, que dans la crainte d'être un objet de risée, je me retirai dans un lieu écarté pour me dérober aux yeux des passans. Là, comme je déplorois le désagrément de ma situation, mes réflexions me portèrent naturellement à tirer de ma poche un petit miroir pour m'y regarder. Mais quel fut mon étonnement de me voir changé au point que je ne me reconnoissois plus moi-même ! Mes cheveux, qui étoient presque roux, étoient du plus beau blond; mon front s'étoit agrandi, mes yeux, devenus vifs & brillans, s'étoient avancés à fleur de tête; mon nez, trop élevé, s'étoit rabaissé à une juste proportion; ma bouche, trop grande, s'étoit rappetissée; mon menton, trop plat, s'étoit arrondi, toute ma physionomie étoit charmante.

Je compris tout d'un coup que c'étoit à l'air du pays que j'étois redevable d'un si heureux changement; mais j'eus la foiblesse..... l'avouerai-je? mes lecteurs me le pardonneront-ils?.... N'importe, il faut l'avouer; il sied mal à un écrivain Romancier de n'être pas sincère, & j'ai promis de l'être. J'avoue donc que je fus transporté de joie de me voir si beau & si bien fait. Beauté, frivole avantage, méritez-vous l'estime des hommes? Non, sans doute! Mais alors ces réflexions ne me vinrent point à l'esprit; je ne pouvois me lasser de me regarder & de m'admirer moi-même; j'étudiois dans mon miroir mille petites minauderies agréables, je sautois d'aise, & me flattant de faire incessamment quelque conquête importante, je me hâtois de joindre les compagnies d'hommes & de femmes que j'avois laissées. Je me joignis successivement à plusieurs, avec toute la liberté que je savois que les loix du pays permettoient de prendre, & je restai assez long-tems dans ce lieu pour me mettre au fait de leurs mœurs, de leur esprit, de leurs manières, & de tout leur caractère. Tout ce détail est si curieux, que les lecteurs seront sans doute bien aises de l'apprendre.

On ne voit nulle part briller autant d'esprit que dans les conversations romanciennes; mais c'est moins l'esprit qu'on y admire que les sentimens, ou plutôt la façon de les exprimer; car comme l'amour est le sujet de tous leurs entretiens, & qu'ils aiment beaucoup à parler, ils trouvent, pour exprimer une chose que nous dirions en quatre mots, des tours si longs & si variés, qu'un jour entier ne leur suffisant jamais, ils sont toujours obligés d'en remettre une partie au lendemain. Ils ont surtout le talent de si bien découper & d'anatomiser pour ainsi dire si bien toutes les pensées de l'esprit, & tous les sentimens du cœur, qu'on seroit tenté de les comparer à des dentelles ou à un reseau d'une finesse extrême. Que les goûts des hommes sont différens! Ce que par un effet de notre barbarie nous traitons ici de verbiage & de galimatias, voilà ce qui brille & ce qu'on estime le plus dans les conversations romanciennes, entr'autres ces elles tirades de menus réflexions sur tout ce qui se passe au-dedans d'un cœur amoureux, inquiet, incertain, soupçonneux, jaloux ou satisfait. Tout cela exprimé longuement avec le pour & le contre, le oui & le non, le vuide & le plein, le clair & l'obscur, fait un discours qui enchante : ce sont mille petits riens, dont chacun ne dit que très-peu de chose ; mais tous ces petits riens, toutes ces petites choses mises bout-à-bout font un effet merveilleux : il est vrai qu'il faut savoir la langue du pays, comme je dirai bientôt, sans quoi il vous échappe beaucoup de beautés & de traits d'esprit ; mais aussi quand on la possède une fois, on goûte une satisfaction infinie ; c'est du moins mon avis, sauf au lecteur de penser autrement, s'il le juge à propos ; car il ne faut pas, dit-on, disputer des goûts.

Je passerai légérement sur la nourriture des Romanciens, elle est fort simple, comme j'ai dit ailleurs ; & en effet quand on aime, & encore plus quand on est aimé, qu'a-t-on besoin de boire & de manger ? Je ne dirai rien non plus de leur habillement ; il est pour l'ordinaire assez négligé, par la raison que dans la Romancie, l'habillement recherché n'ajoute jamais rien aux charmes d'une personne : ce sont toujours au contraire ses graces naturelles qui relèvent son ajustement.

Mais quelques princesses ont dans ce pays-là un privilège assez singulier, c'est de pouvoir s'habiller en hommes, & de courir ainsi le monde pendant des années entières avec des cavaliers & des soldats, dans les cabarets & les lieux les plus dangereux, sans choquer la bienséance : ces sortes de déguisemens étoient même autrefois estimés, & sur-tout, si la demoiselle, sous un habit de cavalier, venoit à rencontrer un amant sous un habit de demoiselle ; cela faisoit un évènement si singulier, si nouveau, & si ingénieusement imaginé, qu'on ne manquoit jamais d'y applaudir ; mais ce que les lecteurs seront sans doute bien aises de connoître, c'est le caractère du peuple Romancien.

Il y a eu de la méchanceté à celui qui le premier a représenté le dieu d'amour comme un enfant ; car il semble qu'il ait voulu insinuer par-là, que l'amour n'est que puérilité, & que les amans ressemblent à des enfans. Mais à qui le persuadera-t-on, lorsqu'il est si bien prouvé par le témoignage des plus graves auteurs, que de toutes les passions, l'amour est la plus belle & la plus héroïque, jusques-là que depuis long-tems, tous les héros du théatre, & même ceux de l'opéra, semblent ne connoître aucune autre passion que pour la forme ;

mais on en jugera encore mieux par le caractère des habitans de la Romancie, qui font les plus parfaits des amans. En voici les principaux traits que je vais rapporter, pour en ébaucher feulement le portrait. Ils ont le talent de s'occuper fort férieufement pendant tout un jour, & un mois entier, s'il le faut, de la plus petite bagatelle ; ils pleurent volontiers pour la moindre chofe ; un regard indifférent, un mot équivoque les fait fondre en larmes : c'eft qu'ils font en effet extrêmement délicats & fenfibles ; la plûpart font en même-tems fi inquiets, qu'ils ne favent pas eux-mêmes ce qu'ils defirent, ni ce qui leur manque ; ils voudroient & ils ne voudroient pas : on a beau leur affurer vingt fois une chofe ; doivent-ils croire ce qu'on leur dit, ou s'en défier ? doivent-ils s'affliger ou fe réjouir ? font-ils fatisfaits ou non ? Voilà ce qu'ils ne favent jamais. Jaloux à l'excès, fi quelqu'un par hafard a dit un mot à leur princeffe, ou fi par malheur elle a jetté un regard fur quelqu'un, toute leur tendreffe fe change en fureur, adieu toutes les affurances & tous les fermens ; adieu les lettres, les billets, les bracelets, les portraits, tout eft oublié de part & d'autre, déchiré, mis en pieces ; on ne veut plus fe voir ; on ne veut pas même en entendre parler ..... à moins pourtant qu'il ne s'en préfente quelque occafion ; & par le plus grand bonheur du monde, il ne manque jamais de s'en préfenter quelqu'une. Comment faire alors ? Il faut s'éclaircir ; & l'éclairciffement fait, il faut bien fe raccommoder : à tout raccommodement il y a toujours de petits frais ; la princeffe les prend fur fon compte, & voilà la paix faite jufqu'à nouvelle aventure.

Mais ce qu'il y a de plus dangereux en cette matière, c'eft lorfque l'un des deux s'obftine malicieufement à cacher à l'autre le fujet de fon mécontentement fecret, comme la trop crédule & trop taciturne Fanny fit il y a quelque-tems, à fon trop mélancolique & fombre amant (1) ; car cela donne toujours lieu aux plus tragiques aventures ; il eft vrai que fans cela le trifte héros auroit eu de la peine à parvenir à fon cinquième volume ; mais n'eft-ce pas auffi acheter trop cher l'avantage de faire un volume de plus ? Je pourrois ajouter encore ici quelques autres traits du caractère des Romanciers ; qu'ils font naturellement rêveurs & diftraits ; qu'ils aiment beaucoup à jurer, & que les fermens ne leur coûtent rien ; qu'ils

---

(1) Cleveland.

les oublient pourtant assez aisément lorsqu'ils ont obtenu ce qu'ils desirent, & d'autres traits semblables; mais comme j'ai beaucoup de plus belles choses à dire, je ne m'étendrai pas davantage sur ce sujet: aussi bien faut-il que je raconte la merveilleuse rencontre que je fis dans la forêt des aventures.

CHAPITRE V.

Rencontre & réveil du Prince Zazaraph, grand paladin de la Dondindandie, avec le dictionnaire de la langue romancienne.

QUOIQU'IL ne fût pas difficile de reconnoître à mes manières & à mon langage que j'étois nouveau venu dans le pays; cependant tous ceux à qui je me joignis & avec qui je m'entretins, trop occupés apparemment de leurs affaires particulières, ne songèrent presque point à me faire offre d'aucun service, quoique d'ailleurs ils me fissent beaucoup de politesses. Enfin, un beau jeune homme que ma présence importunoit peut être, m'adressant la parole, me demanda si j'avois passé par la forêt des aventures. Non, lui dis je; car je ne la connois seulement pas. Eh bien, reprit-il, vous perdrez ici tout votre tems jusqu'à ce que vous y ayez passé : comme vous êtes nouvellement arrivé, il est juste de vous instruire. Cette forêt est appellée la forêt des aventures, parce qu'on n'y passe jamais sans en rencontrer quelqu'une ; & comme ce pays-ci est le pays des aventures, il faut que tous les nouveaux venus, dès qu'ils arrivent, passent par la forêt, pour se faire naturaliser ensuite dans la Romancie. Elle n'est pas bien loin d'ici, & en suivant ce petit sentier à main droite, vous la rencontrerez. Je remerciai le mieux qu'il me fut possible celui qui me donnoit un avis si important, & m'étant mis en chemin, j'arrivai bientôt à la forêt.

J'entendis, en y entrant, un fort grand bruit au-dessus de ma tête, & plus désagréable encore que celui que fait une troupe de pies effarées, qui voltigent de la cime d'un arbre à l'autre pour se donner mutuellement l'allarme. J'apperçus aussitôt quelle étoit l'espèce d'oiseaux qui faisoit ce bruit : c'étoient des harpies. On sait que si ces femmes-oiseaux sont grandes causeuses, elles ne sont pas moins gloutonnes (1), jusques là qu'elles se jettent avec fureur sur une table, & enlèvent toutes les viandes dont elle est chargée. Quoique je

_____

(1) Virg. Enéid. liv. III.

ne portasse aucunes provisions, je me mis à tout événement sur mes gardes l'épée à la main. Je savois bien que c'étoit le moyen de les écarter; mais je n'en reçus aucune insulte, & j'en fus quitte pour essuier l'infection épouvantable dont elles empestent l'air tout autour d'elles.

Assez près delà je trouvai des perroquets sans nombre, & qui parloient toutes les langues avec une facilité admirable, des oiseaux bleus, des merles blancs, des corbeaux couleur de feu, des phœnix, & quantité d'autres oiseaux rares qu'on ne voit jamais que dans ce pays-ci; mais ce spectacle m'arrêta peu, parce qu'un objet imprévu attira mes regards.

J'apperçus un cavalier étendu sous un grand arbre & qui paroissoit dormir d'un profond sommeil; je m'en approchai aussi-tôt, & après avoir contemplé quelque-tems les traits de son visage, qui avoient quelque chose de noble & d'aimable, & sa taille qui étoit fort belle, je délibérai si je ne le réveillerois point, pour lui demander les éclaircissemens dont j'avois besoin; mais je jugeai qu'il seroit plus honnête d'attendre son réveil; j'attendis en effet assez long-tems; enfin, suivant les mouvemens de mon impatience, je m'en approchai, je lui pris la main, je l'appellai, je le secouai même,

mais

Voyage du Prince Fanféridin. Tom 26 pag 44

Généreux Prince Fanféridin, que ne vous dois-je pas
pour le service que vous venez de me rendre.

Marillier inv. patas sc.

mais ce fut inutilement : je ne favois que penfer d'un fommeil fi extraordinaire, & m'imaginant que l'infortuné cavalier pouvoit être tombé en létargie, je lui appliquai au nez & aux tempes une eau divine que je portois fur moi; mais j'eus le chagrin de voir échouer mon remède; enfin, je m'avifai de fonger que dans la Romancie les plantes avoient des vertus étonnantes ; j'en cueillis fur le champ quelques-unes qui me parurent des plus fingulières, & pour en effayer l'effet, j'en frottai le vifage du cavalier endormi : les premières ne réuffirent pas ; mais en ayant cueilli d'une autre efpèce, à peine la lui eus-je fait fentir, qu'il fe réveilla dans l'inftant avec un grand ternuement, qui fit retentir la forêt & mit en fuite tous les oifeaux du voifinage. Généreux prince Fan-Férédin, me dit-il, en m'appellant par mon nom, ce qui m'étonna beaucoup, que ne vous dois-je pas pour le fervice que vous venez de me rendre; vous m'avez réveillé, & dans trois jours je pofféderai l'adorable Anémone : il faut, ajouta-t-il, que je vous raconte mon hiftoire, afin que vous connoiffiez toute l'obligation que je vous ai.

Je m'appelle le prince Zazaraph. Il y a près de dix ans que par la mort de mon père, dont j'étois l'unique héritier, je devins grand-

D

paladin de la Dondindandie; j'eus le bonheur de me faire aimer des Dondindandinois mes sujets que je gouvernois plutôt en père qu'en souverain; car il est vrai que tous les jours de mon règne étoient marqués par quelque nouveau bienfait: ils me pressèrent d'épouser quelque princesse, pour fixer dans ma maison la succession de mes états; j'y consentis, mais je voulois une princesse parfaite, & je n'en trouvai point, quoique d'ailleurs les Dondindandinoises passent pour être la plûpart très-belles. L'une avoit de beaux yeux, de beaux sourcils, le nez bien fait, le teint de lys & de roses, la bouche belle, le sourire charmant; mais on pouvoit croire absolument qu'elle avoit le menton tant soit peu trop long; l'autre avoit dans le port, dans la taille, dans les traits du visage, tout ce qu'il y a de plus capable de charmer; elle avoit même les mains belles; mais il me parut qu'elle n'avoit pas les doigts assez ronds; enfin, une autre sembloit réunir en sa personne, avec tous les traits de la beauté, tout ce que les graces ont de plus touchant, & tout ce que l'esprit a d'agrémens. J'en étois déjà si épris, qu'on ne douta pas qu'elle ne dût bientôt fixer mon choix: je le crus moi-même pendant quelque tems, & je me félicitois d'avoir rencontré une princesse si aimable & si parfaite; mais par le plus grand bonheur du monde, je remarquai un jour qu'elle n'avoit pas les oreilles assez petites. Il fallut m'en détacher, & désespérant de trouver ce que je cherchois, je consultai un sage fort renommé pour les connoissances qu'il avoit acquises par ses longues études. Non, me dit-il, n'espérez pas trouver dans tous vos états, ni dans les royaumes voisins aucune beauté parfaite, on n'en voit de telles que dans la Romancie, & si quelque chose peut dans ce pays-là rendre un choix difficile, c'est que toutes les princesses y sont si parfaitement belles, qu'on ne sait à laquelle donner la préférence, c'est votre cœur qui vous déterminera : partez donc, & amenez-nous au plutôt une princesse digne de vous & de votre couronne. Quant à la route qu'il falloit tenir pour trouver la Romancie, il m'assura qu'il n'y en avoit point de fixe & de réglée, qu'il suffisoit de se mettre en chemin, & qu'en continuant toujours à marcher, on y arrivoit enfin, les uns par mer, les autres par terre, quelques-uns même par la lune & les astres.

J'entrepris donc le voyage, & après avoir parcouru beaucoup de pays, je suis enfin heureusement arrivé depuis plusieurs années dans la Romancie, sans que je puisse dire comment; & tout ce que j'en ai pu apprendre depuis que j'habite le pays, c'est qu'on y entre, dit-on, par la porte d'amour, & qu'on en sort par celle de mariage. Mais ce qui mit le comble à mon bonheur, c'est qu'à peine arrivé, je rencontrai dans la princesse Anémone tout ce qu'on peut imaginer de beauté, de charmes, d'appas, d'attraits, d'agrémens, de perfections, & beaucoup au-delà.

Après tous les préliminaires qui sont absolument nécessaires en ce pays-ci, j'eus le bonheur de lui plaire & d'en être aimé. Il ne s'agissoit plus que de nous unir par des nœuds éternels; mais cette cérémonie exige ici des formalités d'une longueur infinie, & je n'ai pu obtenir dispense d'aucune. Il seroit trop long de vous les raconter, & pour peu que vous séjourniez dans le pays, vous les connoîtrez assez, parce qu'elles se ressemblent toutes. Enfin, je viens d'essuyer la dernière épreuve. Il étoit écrit dans la suite de mes aventures, qu'un rival jaloux de mon bonheur trouveroit moyen par le secours d'un enchanteur, de m'endormir d'un profond sommeil, & qu'il en profiteroit pour enlever la belle Anémone : que je continuerois de dormir pendant un an, sans pouvoir être réveillé que par le prince

Fan-Férédin, à qui il étoit réservé de me désenchanter : que trois jours après mon réveil la belle Anémone, délivrée de son odieux ravisseur, qui devoit périr, reparoîtroit à mes yeux plus belle & plus aimable que jamais, sans avoir rien perdu entre des mains si suspectes de tout ce qui peut me la rendre chère ; que je ne laisserois pourtant pas d'avoir quelques soupçons ; que les soupçons seroient suivis d'une brouillerie, la brouillerie d'un éclaircissement, & l'éclaircissement d'un raccommodement, après lequel aucun obstacle ne s'opposeroit plus à mon bonheur. Je suis donc sûr de revoir dans trois jours ma belle princesse. Nous partirons aussi-tôt pour la Dondindandie, & c'est à vous, prince, que j'ai de si grandes obligations.

Je fus extrêmement satisfait du récit du prince Zazaraph, & d'avoir trouvé quelqu'un qui pût me donner les instructions dont j'avois nécessairement besoin dans un pays inconnu. Après lui avoir témoigné combien j'étois charmé d'avoir eu occasion de lui rendre service, & lui avoir expliqué comment le desir de voir de belles choses m'avoit amené dans la Romancie, je lui laissai entrevoir l'embarras où j'étois, de trouver quelqu'un qui voulût bien prendre la peine de me servir de guide, & de m'éclaircir sur ce que je pouvois ignorer dans un pays, dont je n'avois nulle autre connoissance que celle que donnent les livres. Croyez-vous, me dit-il, obligeamment, qu'après le service que vous venez de me rendre, je puisse laisser prendre ce soin à tout autre qu'à moi ? Non, non, ajouta-t-il en m'embrassant avec un air de tendresse dont je fus touché, je ne vous quitte point. Aussi bien n'ai-je rien de mieux à faire pendant les trois jours qu'il faut que j'attende la belle Anémone, & trois jours vous suffiront pour connoître toute la Romancie, sans vous donner même la peine de la parcourir toute entière, parce qu'on ne voit presque par-tout que la même chose.

J'acceptai, sans hésiter, des offres si obligeantes, & nous nous entretînmes ainsi quelque tems dans la forêt. Pendant cet entretien il n'eut pas de peine à s'appercevoir que je ne savois pas la langue du pays, & je lui avouai ingénument que dans les entretiens que je venois d'avoir avec plusieurs romanciers, ils avoient dit beaucoup de choses que je n'avois pas entendues. Cela ne doit pas vous étonner, me dit-il, car quoique dans la Romancie on parle toutes les langues, arabe, grec, indien, chinois, & toutes les langues modernes, il est pourtant vrai qu'il y a une façon particulière

DU PRINCE FAN-FÉRÉDIN. 55

de les parler, qu'on n'apprend qu'ici : par exemple, comment nommeriez-vous une personne dont vous seriez amoureux & aimé ? Vous l'appelleriez tout simplement votre maîtresse. Eh bien, ajouta-t-il, on n'entend pas ce mot-là ici : il faut dire, « l'objet que j'adore, » la beauté dont je porte les fers, la souveraine » de mon ame, la dame de mes pensées, l'uni- » que but où tendent mes desirs, la divinité » que je sers, la lumière de ma vie, celle par » qui je vis & pour qui je respire ». En voilà, comme vous voyez, à choisir. Il est vrai, repris-je ; mais comment ferai-je pour apprendre cette langue que je n'ai jamais parlée ? N'en soyez point en peine, répliqua-t-il ; c'est une langue extrêmement bornée, & avec le secours d'un petit dictionnaire que j'ai fait pour mon usage particulier, je veux en une heure de tems vous faire parler un romancier plus pur que Cyrus & Cléopatre.

En effet, après nous être assis au pied d'un gros cèdre odoriférant, le prince Zazaraph me montra un petit livre proprement relié & gros comme un almanach de poche, tout écrit de sa main, & dans lequel il prétendoit avoir rassemblé toutes les phrases & tous les mots de la langue romancienne avec les règles qu'il faut observer pour la bien parler. Il me le fit

D iv

parcourir avec attention, & en moins de rien je fus au fait de toute la langue. Je pourrois donner ici ce dictionnaire tout entier, mais j'ai cru qu'il suffiroit d'en rapporter quelques règles principales & les phrases les plus remarquables pour en donner seulement l'idée : car aussi bien il seroit inutile d'entreprendre de parler le romancien dans ce pays-ci. Il faut pour cela aller dans le pays même.

Il y a sur-tout deux règles essentielles. La première, de ne rien exprimer simplement, mais toujours avec exagération, figure, métaphore ou allégorie. Suivant cette règle, il faut bien se garder de dire j'aime. Cela ne signifie rien ; il faut dire, « je brûle d'amour, » un feu secret me dévore, je languis nuit & » jour, une douce langueur me consume, » & beaucoup d'autres expressions semblables. Une personne est belle, c'est-à-dire, « qu'elle » efface tout ce que la nature a fait de plus » beau, que c'est le chef-d'œuvre des dieux, » qu'il n'est pas possible de la voir sans l'aimer, » c'est la déesse de la beauté, la mère des » graces : elle charme tous les yeux ; elle en- » chaîne tous les cœurs, on la prend pour » Vénus même, & l'amour s'y méprend ».

La seconde règle consiste à ne jamais dire un mot sans une ou plusieurs épithètes. Il seroit,

par exemple, ridicule de dire l'amour, l'indifférence, des regrets, il faut dire : « l'amour
» tendre & passionné, la froide & tranquille
» indifférence, les regrets mortels & cuisans,
» les soupirs ardens, la douleur amère & pro-
» fonde, la beauté ravissante, la douce espé-
» rance, le fier dédain, les mépris outrageans; »
& plus il y a de ces épithètes dans une phrase,
plus elle est belle & vraiment romancienne.

Pour ce qui est des mots qui composent la
langue, ils sont en très-petit nombre, & c'est
ce qui facilite l'intelligence du romancien. Les
voici presque tous. « L'amour & la haine,
» transports, desirs & soupirs, allarmes, espoir
» & plaisirs; fierté, beauté, cruauté, ingrati-
» tude, perfidie, jalousie, je meurs, je lan-
» guis, bonheur, jouissance, désespoir, le
» cœur & les sentimens; les charmes, les attraits
» & les appas, enchantement & ravissement,
» douleurs & regrets, la vie & la mort, féli-
» cité, disgrace, destin, fortune, barbarie; les
» soins, la tendresse, les larmes, les vœux, les
» sermens, le gazon & la verdure, la nuit &
» le jour, les ruisseaux & les prairies, image,
» rêverie & songes; » voilà à-peu-près tous les
mots de la langue romancienne; il n'y a plus
qu'à y ajouter, comme j'ai dit, diverses épithètes, comme, « doux, tendre, charmant,

» admirable, délicieux, horrible, furieux,
» effroyable, mortel, sensible, douloureux,
» profond, vif, ardent, sincère, perfide, heu-
» reux, tranquille; » & sur-tout ces expressions qui sont les plus commodes de toutes,
» que je ne puis exprimer, qu'on ne sauroit
» imaginer, qu'il est difficile de se représenter,
» qui surpasse toute expression, au-dessus de
» tout ce qu'on peut dire, au-delà de tout ce
» qu'on peut penser; » avec ce petit recueil,
on aura de quoi composer un livre *in-folio* en
langue romancienne. Il y a pourtant une observation à faire, c'est qu'il faut tâcher de n'allier
aux mots que des épithètes convenables; car si
quelqu'un, par exemple, s'avisoit de dire une
chère & délicieuse tristesse (1), cela feroit
une expression ridicule & mal assortie.

CHAPITRE VI.

De la haute & de la basse Romancie.

Les diverses réflexions que nous fîmes sur
la langue romancienne, donnèrent occasion au
prince Zazaraph de m'apprendre un point de
géographie que j'ignorois; c'est qu'il y avoit
une haute & une basse romancie. Nous sommes

(1) Cleveland.

ici, me dit-il, dans la haute romancie, & elle est aisée à distinguer de la basse, par toutes les merveilles dont elle est remplie, & que vous avez dû remarquer en venant ici; au lieu que la basse Romancie est assez semblable à tous les pays du monde. Car, par exemple, dans la basse Romancie une prairie est une prairie, & un ruisseau n'est qu'un ruisseau: mais dans la haute Romancie, une prairie est essentiellement émaillée de fleurs, ou du moins couverte d'un beau gazon; & un ruisseau ne manque jamais de rouler des eaux d'argent ou de crystal sur des petits cailloux pour leur faire faire un doux murmure qui endorme les amans, ou qui réveille les oiseaux. Mais, ajouta-t-il, vous serez peut-être bien aise d'apprendre l'origine de cette distinction. Il est vrai, lui dis-je, car tout ce que je vois & ce que j'entends, ne fait qu'exciter de plus en plus ma curiosité. Je le conçois aisément, reprit-il; & je crains même que vous ne me fassiez secrètement un crime de vous arrêter si long-tems dans cette forêt où vous ne voyez rien de nouveau, au lieu de vous mener à quelque habitation. Levons-nous donc, & nous continuerons en marchant notre conversation.

Autrefois, continua-t-il, la Romancie étoit un pays fort borné. Aussi n'y recevoit-on que peu d'habitans, encore étoient-ils tous choisis entre les princes & les héros les plus célèbres. On se souvient du nom & des aventures de ces premiers habitans de la Romancie, entre autres, d'Artus & des chevaliers de la Table ronde, Palmerin d'Olive, & Palmerin d'Angleterre, Primaléon de Grèce, Perceforêt, Amadis, Roland, Mélusine, & plusieurs autres dont je ne me rappelle pas les noms. Rien n'est si brillant que leur histoire. On les voyoit se signaler par mille exploits inouis, pêle-mêle avec les génies, les fées, les enchanteurs, les géans, les endriagues, les monstres, toujours combattans, jamais vaincus. Aussi le ciel & la terre s'intéressant à leurs succès, leur prodiguoient continuellement les plus grands miracles; ce qui faisoit de la Romancie le plus beau pays du monde.

Mais un si grand éclat ne manqua pas d'attirer beaucoup d'étrangers dans le pays, entre autres Pharamond, Cléopatre, Cassandre, Cyrus, Polexandre, grands personnages, à la vérité, mais qui, n'étant pas pour ainsi dire nés héros comme les premiers, & ne l'étant que par imitation, demeurèrent beaucoup au-dessous de leurs modèles. Cependant comme ils avoient une valeur & une vertu vraiment extraordinaires, on leur donna place dans la haute Romancie.

Mais les choses dégénérèrent bien autrement dans la suite, car on reçut dans la Romancie jusqu'aux plus vils sujets, des aventuriers, des valets, des gueux de profession, des femmes de mauvaise vie. Ce n'est pas que plusieurs zélateurs romanciers n'ayent fait leurs efforts pour rétablir toute la gloire & le sublime merveilleux des tems passés; de là sont venus les héros & les princes des fées, ceux des mille & une nuit, des contes chinois, & beaucoup d'autres semblables; mais on voit dans leur histoire les merveilles mêlées avec tant de choses puériles, communes & vulgaires, qu'on ne sait dans quelle classe il faut les ranger. Enfin, pour éviter la confusion, on a pris le parti de diviser la Romancie en haute & basse. La première est demeurée aux princes & aux héros célèbres: la seconde a été abandonnée à tous les sujets du second ordre, voyageurs, aventuriers, hommes & femmes de médiocre vertu. Il faut même l'avouer à la honte du genre humain, la haute Romancie est depuis long-tems presque déserte, comme vous avez pu vous en appercevoir dans ce que vous avez vu, au lieu que la basse Romancie se peuple tous les jours de plus en plus. Aussi les fées & les génies se voyant abandonnés, & presque sans pratique, ont pris la plupart le parti de s'en aller, les uns dans les espaces imaginaires, les autres dans le pays des songes. C'est ce qui fait que vous ne voyez plus la Romancie ornée comme elle l'étoit autrefois, d'une infinité de châteaux de cryſtal, de tours d'argent, de foreteresses d'airain, ni de palais enchantés.

Que je suis fâché, lui dis-je en l'interrompant, de ne pouvoir pas être témoin d'un si beau spectacle ! Il me seroit fort aisé, reprit-il, de vous faire voir deux châteaux de cette espèce assez près d'ici, si nous étions, vous & moi, assez las de notre liberté, pour consentir à la perdre. A une lieue d'ici, sur la main droite, il y en a un qui est habité par la fée Camalouca. Rien de si brillant ni de si magnifique que les appartemens, les galeries, les salles qui composent ce palais; mais rien de si dangereux que d'en approcher. A trois cens pas tout à l'entour, la fée a formé une espèce de tourbillon invisible, qui entraîne en tournoyant tous ceux qui ont le malheur ou la fatale curiosité d'y entrer. Emportés ainsi jusqu'à la cour du château, ils sont à l'instant engouffrés dans de grands vases de cryſtal pleins d'eau, & au moment qu'ils y entrent, la fée leur souffle sur le dos une grosse bulle d'air qui s'y attache, & qui, par sa légèreté, les tient suspendus dans l'eau, où ils ne font que tourner, monter & descendre sans cesse. On les voit au travers du crystal, & cet assemblage de diverses figures fait un assortiment bizarre, dont la méchante fée se divertit : car on y voit pêle-mêle des dames & des seigneurs, des pontifes & des prêtresses, des animaux de toute espèce, des monstres grotesques, & mille figures différentes, qui se brouillent & se mêlent continuellement. C'est sur ce modèle qu'on fait en Europe de ces longues phioles pleines d'eau, que l'on remplit de petits marmouzets d'émail.

L'autre palais qui est à main gauche, est la demeure de la fée Curiaca; c'est bien le plus dangereux caractère qu'il y ait dans toute la Romancie. Comme elle a beaucoup d'agrémens, rien ne lui est si aisé que de captiver les cœurs de tous ceux qui la voyent, & elle s'en fait un plaisir malin. Elle les mène ensuite promener dans ses jardins, sur le bord d'une fontaine ou d'un canal, & là lorsqu'ils s'y attendent le moins, elle les métamorphose en oiseaux, qu'elle contraint par un effet de son pouvoir magique, à tenir continuellement leur long bec dans l'eau, les laissant des années entières dans cette ridicule attitude. C'est là tout le fruit qu'on retire des soins qu'on lui a rendus; & c'est aussi ce qui a fondé le proverbe de tenir quelqu'un le bec dans l'eau.

Mes lecteurs sont des personnes de trop bon goût pour ne pas sentir que ces récits sont extrêmement agréables, & il est par conséquent inutile de les avertir qu'ils me firent beaucoup de plaisir ; je souhaite qu'ils en trouvent autant dans la lecture du chapitre suivant.

CHAPITRE VII.

De mille choses curieuses, & de la maladie des baillemens.

Nous vîmes venir à nous, par la route que nous tenions, un cavalier monté sur une espèce de griffon noir, l'air triste, rêveur, & distrait ; mais dès qu'il nous eut apperçus, il détourna sa monture, & prenant un chemin de traverse, il se déroba bientôt à nos yeux. Quel est, dis-je au prince Zazaraph, cette figure de misantrope ? Je n'en connoissois pas de cette espèce dans la Romancie. Il s'y en trouve pourtant plusieurs, me répondit-il, témoin le pauvre Cardenio (1), qui se faisoit tant craindre des bergers dans les montagnes de Sierra Moréna. Celui-ci se nomme Sonotraspio. Que je le plains ! Prévenu contre les

---

(1) Dom Quichote, 1 part. c. 23.

dangers d'une passion amoureuse, il vivoit en philosophe indifférent, riant même de la foiblesse des amans. Mais l'amour lui gardoit un trait que sa philosophie ne put parer. Il aima enfin, & il aima Tigrine, dont le cœur étoit engagé à un autre, & qui lui fit bientôt comprendre qu'il n'avoit rien à espérer. Il le comprit en effet si bien, que pour étouffer dans sa naissance un malheureux amour, il voulut prendre le seul parti qui lui restoit, qui étoit de s'éloigner de l'objet qui l'avoit captivé. Mais non, lui dit Tigrine, vos soins me font plaisir, vos services me sont utiles; si vous m'aimez j'exige que vous ne me fuyez pas. A un ordre si absolu, elle ajouta quelques faveurs légères, qui achevèrent de faire perdre à l'amant infortuné tout espoir de liberté. Il ne lui étoit pas possible de voir Tigrine sans l'aimer : il ne lui étoit pas permis de l'éviter : il n'en avoit pourtant rien à espérer ; quelle situation !

Il s'y résolut pourtant avec un courage qui marquoit autant la fermeté de son ame que l'excès de sa passion. Il se flatta d'arracher du moins quelquefois à la cruelle de ces légères faveurs, qu'elle lui avoit déjà accordées. Il y réussit en effet, au-delà même de ses espérances, & bornant là tous ses desirs & tout son bonheur, il traînoit sa chaîne avec quelque

E

sorte de satisfaction ; mais ce bonheur apparent & si léger dura peu. Tandis que Sonotraspio toujours modeste & respectueux, s'efforce de se persuader qu'il est encore trop heureux, un injuste caprice persuade à Tigrine qu'elle en fait trop. C'en est fait, lui dit-elle, n'espérez plus rien de moi, votre passion m'importune, vos soins me sont devenus indifférens. Fuyez-moi, j'y consens, & même je vous le conseille. Dieux ! quel fut l'étonnement de Sonotraspio ! un coup subit de tonnerre cause moins de consternation à des femmes timides, qu'un orage imprévu surprend dans une vaste campagne. Il douta quelque tems : il crut avoir mal entendu ; mais son doute ne fut pas long. Tigrine s'expliqua, & le fit avec toute la dureté imaginable. Alors pénétré de douleur, & le désespoir peint dans ses yeux, vous me permetrez donc de vous fuir, lui dit-il ; il en est bien tems, cruelle, après que...... Ses sanglots ne lui permirent pas d'achever, & Tigrine même s'éloigna pour ne pas l'entendre. Ni les larmes, ni les prières les plus tendres ne purent la fléchir ; ni lui persuader même d'accorder à un malheureux, du moins pour une dernière fois, quelque marque de bonté. Elle n'en parut au contraire que plus fière & plus dédaigneuse. Enfin, l'infortuné Sonotraspio, outré de dépit & de douleur, s'est abandonné à tout ce que le désespoir peut inspirer à un amant injustement maltraité. En vain il s'efforce de se rappeller les sages leçons de la philosophie. Occupé continuellement de son malheur, on le voit pour se distraire, chercher tantôt la solitude, tantôt la dissipation, en courant comme un insensé toute la Romancie. Il déteste le jour où il vit Tigrine pour la première fois; il s'efforce de l'oublier; il voudroit la haïr; mais rien ne lui réussit: la blessure est trop profonde, & il y a lieu de craindre qu'il n'en guérisse jamais.

En vérité, dis-je alors au prince Zazaraph, le pauvre Sonotraspio me fait pitié, je voudrois que Tigrine ou ne lui eût jamais rien accordé, ou ne lui eût pas refusé pour une dernière fois, quelques faveurs légères; mais, ajoutai-je, il ne faudroit pas beaucoup d'exemples semblables pour décréditer la Romancie. Vous avez bien raison, me dit-il, car on seroit tenté de regarder tous ses habitans comme des fous; mais c'est un effet de l'injustice & de l'ignorance des hommes; car il est vrai qu'à ne consulter que la raison & les maximes de la sagesse, il faut taxer de folie & d'égarement pitoyable, toute la suite des beaux sentimens & des procédés réciproques de deux amans; mais si d'une part on s'en rapporte à nos annalistes, dont l'autorité est d'un poids d'autant plus grand, qu'il y en a plusieurs qui ont un caractère respectable ; & si de l'autre on en juge par la façon toute sublime dont ils savent embellir les passions, qui par elles-mêmes paroissent les moins sensées, on aura des héros de la Romancie une idée beaucoup plus avantageuse.

Ici j'interrompis le grand Paladin. Que vois-je, lui dis-je ! Après le tragique, n'est-ce pas du comique qui se présente ici à nous ? Qu'est-ce, je vous prie, que ces bandes de hannetons, de sauterelles, ou de grosses fourmis que je vois traverser la forêt, comme une petite armée qui défile ? quelle espèce d'insectes est-ce là ? Insectes ! répondit le prince Zazaraph, en riant. De grace, traitez plus honnêtement une espèce qui n'est rien moins qu'une espèce humaine. N'avez-vous jamais ouï parler des Lilliputiens (1) ? Les voilà. Ces pauvres petits avortons de la nature humaine s'étoient établis dans la Romancie, & sembloient d'abord y faire fortune ; mais il faut sans doute que l'air du pays leur soit contraire : ils n'ont jamais pu s'y multiplier, & désespérés de voir leur race s'éteindre, ils

───────────────
(1) Voyage de Gulliver. Voyez Tome XI. de cette collection.

ont enfin pris le parti d'aller s'établir ailleurs. Prenons garde, en paſſant, ajouta-t-il, d'en écraſer quelques-uns ſous nos pieds ; car c'eſt-là tout le danger que l'on court à les rencontrer.

Mais il n'en eſt pas de même des Brobdingnagiens. Ces géants monſtrueux, par un contraſte biſarre s'établirent dans la Romancie en même-tems que les Lilliputiens ; & comme eux ils ont été obligés de chercher une autre demeure, le pays entier ne pouvant ſuffire à leur ſubſiſtance ; mais malheur à tout ce qui s'eſt trouvé ſur leur paſſage : on ne ſauroit exprimer le ravage que ces coloſſes effroyables ont fait dans toute leur route, écraſant les châteaux ſous leurs pieds, comme nous écraſons une motte de terre, & briſant tous les arbres des forêts, comme des éléphans briſeroient des épis de froment en traverſant les campagnes. On ne ſait pas trop quel motif avoit engagé les uns & les autres à s'établir dans la Romancie ; n'ayant d'autre mérite pour ſe diſtinguer, ſinon, les uns une petiteſſe qui faiſoit rire, & les autres une grandeur giganteſque qui faiſoit horreur. Auſſi les voit-on partir ſans qu'on s'empreſſe de les retenir, & tout ce que l'on en dit, c'eſt que ce n'étoit pas la peine de faire un ſi grand voyage pour apprendre ce qu'on ſavoit déjà, qu'il n'y a point dans le monde de grandeur abſolue, & que la taille grande ou petite eſt une choſe indifférente à la nature humaine.

A propos de cela, dis-je au prince Zazaraph, n'ai-je pas ouï-dire que les bêtes parlent dans ce pays-ci ? Rien n'eſt plus vrai, me dit-il, & c'étoit même autrefois une choſe aſſez commune du tems d'Eſope, de Phèdre, & d'un François appellé la Fontaine, qui avoient le ſecret de les faire parler, auſſi-bien & quelquefois mieux que les hommes mêmes. Mais il ſemble que dégoûtées de cet uſage, elles aient pour ainſi dire perdu la parole, ſur-tout depuis qu'un autre François nommé L. M.... s'eſt aviſé de leur faire parler un langage peu naturel & forcé, qu'on a quelquefois de la peine à entendre : il ne laiſſe pourtant pas de ſe trouver encore parmi elles quelques babillardes qui parlent autant & plus qu'on ne voudroit, & tout récemment, une taupe (1) vient de ſe rendre ridicule par ſon babil extravagant, quoique quelques-uns aient prétendu qu'elle n'a fait qu'en copier un autre.

Tandis que le prince Zazaraph m'entretenoit ainſi, il me prit une envie de bailler ſi prodigieuſe, qu'il me fallut, malgré mes ef-

────────────

(1) Tanzaï, 2 part.

forts, céder au mouvement naturel. Ah ah! dit-il, en riant, vous voilà déjà pris de la maladie du pays, c'est de bonne heure; mais de grace ne vous contraignez point, car personne ici ne vous en saura mauvais gré, c'est dans la Romancie un mal inévitable pour peu qu'on y fasse de séjour, à-peu-près comme le mal de mer pour ceux qui font un premier voyage sur cet élément. Comme le prince Zazaraph achevoit de parler, il se mit lui-même à bailler si démesurément, que je ne pus m'empêcher d'en rire à mon tour. Je vois bien, lui dis-je, que cette maladie est en effet assez commune dans la Romancie; mais je ne comprends pas comment on peut y être sujet dans un pays si rempli de merveilles : c'est aussi, me répondit-il, ce qui embarrasse les physiciens dans l'explication de ce phénomène, d'autant plus qu'on a observé que dans les endroits où il y a le plus de merveilles entassées les unes sur les autres, par exemple, dans la province péruvienne (1), c'est-là précisément que l'on baille le plus. Les médecins de leur côté n'ont encore pu trouver d'autre remède à ce mal, que de changer d'air. Il faut pourtant que je vous fasse voir auparavant un de

_____

(1) Contes Péruviens.

E iv

nos bois d'amour; car c'eſt-à-peu-près ce qui vous reſte à voir de particulier dans le canton où nous ſommes.

CHAPITRE VIII.

Des bois d'Amour.

COMME nous étions donc déjà hors de la forêt, nous tournâmes nos pas vers un bois charmant qui étoit dans la plaine : c'étoit un de ces bois d'amour dont le prince venoit de parler, & on en trouve dans tous les quartiers de la Romancie beaucoup de ſemblables qu'on a plantés pour la commodité des amans, comme on voit dans une terre bien entretenue des remiſes de diſtance en diſtance pour ſervir d'aſyle & de retraite au gibier : ces bois ſont preſque tous plantés de lauriers odoriférans, de myrthes, d'orangers, de grenadiers & de jeunes palmiers, qui entrelaſſent amoureuſement leurs branches pour former d'agréables berceaux ; ils ſont admirablement bien percés de diverſes allées, qui forment des étoiles, des pates d'oye, des labyrinthes, & dans les maſſifs on a ménagé divers compartimens, dont le terrein eſt couvert d'un beau gazon ſemé de violettes & d'autres fleurs champêtres : les palissades sont de rosiers, de jasmins, de chèvrefeuilles, ou d'autres arbrisseaux fleuris, & chacun a son jet d'eau, sa fontaine, ou sa petite cascade.

Il ne faut pas demander si dans ces bosquets délicieux les tendres zéphirs rafraîchissent les amans par la douce haleine de leurs soupirs, ni si les oiseaux font retentir le bocage des doux sons d'un amoureux ramage; tout vit, tout respire, tout est animé, tout aime dans ces bois d'amour; & comment pourroit-on s'en défendre, lorsqu'on y voit les amours perchés sur les arbres comme des perroquets, s'occuper sans cesse à lancer mille traits enflammés qui embrasent l'air même. O que les conversations y sont tendres, vives & passionnées! qu'on y pousse de soupirs, qu'on y forme de desirs! qu'on y goûte de plaisirs! Ne croyez pourtant pas, me dit le prince Zazaraph, qu'il soit indifférent de se promener dans les divers quartiers du bois : chaque bosquet a sa destination particulière, ensorte qu'on distingue le bosquet des amans heureux & celui des mécontens; le bosquet des soupçons jaloux, celui des brouilleries, celui des raccommodemens & plusieurs autres semblables.

Il y a quelque tems que des habitans peu instruits des loix & des anciens usages, voulurent établir auſſi dans les bois d'amour des boſquets de jouiſſance ; mais on s'oppoſa avec zele à une innovation ſi dangereuſe, & il fut prouvé par le témoignage des annales romancienncs, qu'il n'y avoit rien de ſi contraire aux intérêts de la Romancie, par la raiſon que la jouiſſance éteint le deſir & la paſſion, qui ſont ici les nerfs du bon gouvernement. Mais que font là-bas, lui dis-je, ces perſonnes que je vois, les unes debout, les autres aſſiſes ſous ce grand orme ? Ce ſont, me répondit-il, des gens qui attendent leur compagnie pour entrer dans le bois. Cet orme a été planté tout exprès pour être le lieu du rendez-vous ; les premiers venus y attendent les autres ; & comme il y en a tel quelquefois qui attend en vain ; c'eſt ce qui a fondé le proverbe : *attendez-moi ſous l'orme.*

Au reſte, ajouta-t-il, nous pouvons, ſi nous voulons, nous approcher des boſquets, voir tout ce qui s'y paſſe, & entendre tout ce qui s'y dit. Comment, repris-je, on fait ici les choſes ſi peu ſecrettement ? Sans doute, repliqua-t-il. Eh ! comment les auteurs qui compoſent les annales romanciennes pourroient-ils autrement ſavoir ſi en détail tous les entretiens les plus particuliers de deux amans juſqu'à la dernière ſyllabe ? Vous avez raiſon, lui dis-je, & vous m'expliquez-là une chose que je n'avois jamais comprise. Mais avec tout cela, je ne comprends pas encore comment des écrivains, par exemple, celui de Cyrus ou de Cléopatre, peuvent écrire de si longues suites de discours sans en perdre un seul mot. C'est, me répondit le prince Zazaraph, que vous ne savez pas comment cela se fait. Mais, continua-t-il, entrons dans ce bosquet, qui est celui des déclarations; vous pourrez par celui-là seul juger des autres, & vous allez comprendre ce mystère.

Voyez-vous, continua-t-il, ces quatre grands tableaux d'écriture qui sont attachés à l'entrée du bosquet ? Ce sont quatre modèles différens de déclarations d'amour, contenant les demandes & les réponses ; & s'il n'y en a que quatre, c'est qu'on n'a pas encore pu en inventer un cinquième ; car pour le dire en passant, nos annales écrivent ordinairement assez bien ; mais ils ont rarement de cette imagination qu'on appelle invention, & qui fait trouver quelque chose qu'un autre n'a pas dite avant eux ; c'est ce qui fait qu'ils ne font que se copier tous les uns les autres. Or, pour revenir à nos tableaux, tous les amans qui entrent dans ce bosquet pour se déclarer leur amour, ne manquent pas de prendre l'un de ces quatre modèles, qu'ils récitent tout de suite. L'annaliste n'a ainsi qu'à observer lequel des quatre modèles on emploie, & il fait tout d'un coup toute la suite de la conversation: il en est de même de tous les autres bosquets jusqu'à celui des soupirs, dont le nombre est réglé, afin que l'annaliste n'aille pas faire une bévue ridicule contre la vérité de l'histoire, en faisant soupirer quatre fois une princesse qui n'en aura soupiré que trois.

Si cela est, repris-je, il est inutile d'écouter ce que disent tous les couples d'amans que je vois répandus dans ce bois. Vous dites vrai, me répondit-il; car si vous vous donnez seulement la peine de lire les tableaux qui sont suspendus en très-petit nombre à l'entrée de chaque bosquet, vous saurez tout ce qui y a jamais été dit, & tout ce qui s'y dira d'ici à mille ans; & il faut avouer que si cela ne fait pas l'éloge de l'esprit des annalistes romanciers, c'est du moins pour eux & pour nous quelque chose de très-commode; car on a par ce moyen toute l'histoire de la Romancie en un très-petit abrégé.

Malgré cela il me prit envie d'écouter un moment ce qui se disoit dans les bosquets voisins, & j'y entrai avec le prince Zazaraph. Mais je remarquai en effet que tout ce qui s'y disoit, n'étoit que des répétitions de ce que j'avois déjà lu dans tous les romans ; & les baillemens me reprirent avec tant de force, que je crus que je ne finirois jamais. Le prince Zazaraph eut peur que je n'en fusse à la fin incommodé, & pour prévenir le danger, il me proposa de changer d'air : aussi bien, ajouta-t-il, n'avez-vous plus rien à voir ici de particulier, & tout ce que vous ignorez encore touchant la Romancie se trouvant par-tout ailleurs, dans tous les autres quartiers comme dans celui-ci, vous vous instruirez également de tout ce qui peut mériter votre curiosité, sauf à moi à vous faire remarquer les différences quand elles en vaudront la peine. J'acceptai sur le champ la proposition, & pour faire notre voyage, nous montâmes tous deux chacun sur une grande sauterelle sellée & bridée : ces montures plus douces, mais moins vîtes que les hippogriffes, ne font guères que quatre ou cinq lieues par saut, de sorte qu'elles ne font faire que deux ou trois cens lieues par jour ; mais c'est assez lorsqu'on n'est pas pressé. Il faut à cette occasion que je raconte comment on voyage dans la Romancie.

CHAPITRE IX.

Des voitures & des voyages.

IL y a un pays dans le monde qu'on dit être de tous les pays le plus commode pour voyager, parce qu'on y trouve par-tout de grands chemins frayés & de bonnes auberges; mais il paroît bien que ceux qui le croyent ainsi, n'ont jamais voyagé dans la Romancie. Je ne parle pourtant pas de la commodité admirable des anciennes voitures, lorsqu'un bateau enchanté venoit vous prendre au bord de la mer, orné de flammes rouges, & d'un pavillon couleur de feu, pour vous faire faire en moins de deux heures, plus de la moitié du tour du monde; ou lorsqu'on n'avoit qu'à monter sur la croupe d'un centaure, ou sur le dos d'un griffon qui vous transportoit en un instant au-delà de la mer Caspienne, dans les grottes du mont Caucase, pour délivrer une princesse que le géant Coxigrus avoit enlevée, & vouloit forcer à souffrir ses horribles caresses. Comme les héros d'aujourd'hui ne sont pas tout-à-fait de la même trempe que ceux d'autrefois, il a fallu changer l'ancienne méthode, & ne les faire plus voyager que terre à terre, ou dans un bon vaiſſeau, encore les vaiſſeaux ne connoiſſent-ils plus l'Océan.

Néanmoins on n'a pas laiſſé de conſerver de l'ancienne méthode de voyager, tous les avantages & tous les agrémens qu'il a été poſſible; il faut ſeulement, avant que de ſe mettre en campagne, ſe faire donner des lettres romanciennes en bonne forme. Par exemple, deux hommes partent de Peking pour aller à Iſpahan, ou de Paris pour aller à Madrid; l'un, en partant, a pris de bonnes lettres romanciennes; l'autre malheureuſement n'a pris que des lettres de change. Qu'arrive-t-il? Celui-ci fera tout ſimplement ſon voyage, & feroit peut-être tout le tour du monde, ſans qu'il lui arrivât la moindre aventure; il lui faudra manger toujours à l'auberge à ſes dépens, encore trop heureux quelquefois d'en trouver; il ſera mouillé, fatigué, embourbé, malade, prêt à mourir ſans ſecours; il ne trouvera que des compagnies de gens ridicules, ou ennuyeux; pas une belle ne deviendra amoureuſe de lui, pas la moindre rencontre ſingulière qu'il puiſſe raconter à ſon retour; en un mot, il reviendra tel qu'il étoit parti.

Au lieu qu'un prince, fils du calife Scha-Schild-Ro-Cam-Full, un chevalier de Roſe-blanche, ou un Marquis de Roche-noire, une fois muni de bonnes lettres romanciennes, rencontre à chaque pas les choses du monde les plus singulières; par-tout où il loge il fait tourner la tête à toutes les dames & princesses du canton; c'est un vrai tison d'amour, qui va causant par-tout un embrasement général: de pluie & de mauvais tems, il n'en est jamais question; sa chaise rompt pourtant quelquefois, & quelquefois il s'égare dans un bois éloigné du grand chemin; mais le guide qui l'égare fait bien ce qu'il fait; c'est toujours le plus à propos du monde pour délivrer à son choix, soit un cavalier attaqué par des assassins, soit une jeune personne qui se trouve dans une chasse, prête à être déchirée par un vilain sanglier; il est aussitôt conduit au château qui n'est pas loin, & de tout cela que d'aventures nouvelles! Au reste, quoiqu'il ait soin de cacher son véritable nom, en sorte que des gens mal-avisés pourroient le prendre pour un aventurier; par la vertu de ses lettres romanciennes il est par-tout accueilli, caressé, choyé comme une divinité; les princes mêmes le veulent voir; il ne leur a pas dit quatre mots qu'il entre dans leur intime confidence, & il ne se passe plus rien d'important où il n'ait part; en un mot, je trouve cette façon de voyager si

agréable

agréable & si sûre, que je ne comprends pas comment on peut se résoudre à sortir de chez soi n'eût-on que cinq ou six lieues à faire, sans se munir de lettres romanciennes.

On peut même prendre encore une autre précaution très-avantageuse, qui est d'emporter avec soi sur la foi des voyageurs, une bonne liste des princes & des seigneurs chez qui on pourra loger à leur exemple, dans les divers pays qu'on voudra parcourir ; car il y a dans la Romancie plusieurs de ces listes imprimées pour la commodité des voyageurs ; & j'en donnerai volontiers ici un échantillon, d'après un célèbre voyageur (1). Le voici. Si, par exemple, vous allez en Espagne, vous serez infailliblement bien reçu,

A Madrid chez le comte de Ribaguora : c'est un grand d'Espagne, âgé de quarante-cinq ans, qui a de fort belles manières, & qui reçoit bonne compagnie chez lui ; il aime beaucoup les chevaux, les chiens & les François : ou chez le duc de Los Grabos ; il a été ci-devant gouverneur du Pérou, où il a amassé des biens immenses dont il aime à se faire honneur ; il a cela de commode, que dès qu'il voit un

---

(1) Aventures d'un homme de qualité, & plusieurs autres romans.

F

étranger de bonne mine qui s'appelle le chevalier de Roquefort, ou le comte de Belle-Forêt, il se prend tellement d'amitié pour lui, qu'il ne peut plus s'en passer.

A Tolède, chez le marquis de Tordesillas, la marquise est extrêmement aimable, & ses deux filles sont les deux plus belles personnes d'Espagne; elles sont l'objet des tendres vœux de tout ce qu'il y a de plus brillant dans la noblesse espagnole; mais un jeune étranger inconnu, qui sait se présenter à elles de bonne grace, ne manque point de captiver le cœur de l'une des deux, sur-tout de dona Diana, qui est la plus aimable; cependant comme il faudra que l'intrigue finisse, parce que le jeune voyageur aura affaire ailleurs, dona Diana mourra de la peste, ou de quelque autre façon plus honnête si on peut l'imaginer.

A Sarragosse, chez D. Felix Cartijo: c'est un gentilhomme à qui il est arrivé beaucoup d'aventures qu'il racontera tout de suite pour servir d'épisode à l'histoire du voyage; & comme il ne manque jamais d'arriver encore chez lui d'autres personnes qui racontent aussi les leurs, cela fournit insensiblement la matière d'un volume de juste grosseur.

Ce petit échantillon suffit pour donner quelque idée des listes dont je viens de parler, &

il seroit inutile de l'étendre davantage. Mais une chose dont il faut avertir les voyageurs, & en général tous les héros romanciers, c'est qu'ils doivent avoir une mémoire heureuse, pour se souvenir fidélement de tous ceux avec qui ils ont eu dès le commencement quelque liaison particulière, ou qui leur ont commencé le récit de leurs aventures sans pouvoir l'achever ; car ce seroit une chose extrêmement indécente d'oublier ces gens là, & de n'en plus faire mention. Un voyageur auroit beau dire qu'il les a laissés à la Chine ou dans le fond la Tartarie, il faut ou qu'il aille les retrouver, ou qu'ils viennent le chercher, fût-ce des extrémités du Japon ; en un mot, il faudroit les faire tomber des nues plutôt que d'y manquer. Les Turcs en particulier sont fort religieux sur cet article, & j'en connois un qui pour rejoindre son homme, fit tout exprès le voyage d'Amasie en Hollande (1). J'ai aussi été moi-même si scrupuleux sur cela, qu'ayant perdu, comme on a vu, mon cheval la veille de mon entrée dans la Romancie, je n'ai pas manqué de le retrouver à la sortie du pays, comme on verra dans la suite.

Il y a pourtant un moyen de se débarrasser

―――――――――――――――――――

(1) Aventures d'un homme de qualité.

F ij

de bonne heure de ces importuns qui interviennent dans une histoire, & dont on ne sait plus que faire; c'est de les tuer tout aussi-tôt, ou de les faire mourir de maladie. Mais, à dire le vrai, l'expédient est odieux, & on a su mauvais gré à un des derniers voyageurs, d'avoir fait inhumainement mourir tant de monde.

Mais à propos de mémoire, je m'apperçois que je parle tout seul, & j'oublie que j'ai un compagnon qui auroit dû partager avec moi le récit que je viens de faire. J'en demande pardon à mes lecteurs, & je vais réparer ma faute dans le chapitre suivant. Il est pourtant bon d'avertir que nous autres écrivains romanciens, nous ne connoissons aucunes de ces belles régles que Lucien & tant d'autres ont données pour écrire l'histoire, par la raison que nous avons un privilège particulier pour écrire tout ce qui nous vient à l'esprit, sans nous mettre en peine de ce qu'on appelle ordre, plan, méthode, précision, vraisemblance, ni de ce qui doit suivre ou de ce qui doit précéder, d'autant plus que nous avons toujours à notre disposition la date des faits pour l'avancer ou la reculer comme il nous plaît : c'est ce qui me fait admirer la précaution qu'a prise un de nos modernes annalistes, de mettre à la tête de son histoire (1) une préface raisonnée, pour justifier fort sérieusement les faits qu'il y rapporte, comme si on ne savoit pas qu'en qualité d'annaliste romancier, il a le droit de dire les choses les moins vraisemblables, sans qu'on ait celui de s'en formaliser.

CHAPITRE X.
Des trente-six formalités préliminaires qui doivent précéder les propositions de mariage.

TANDIS que le grand Paladin de la Dondindandie & moi nous voyagions par les airs, bien montés sur nos grandes sauterelles, il me demanda si mon dessein n'étoit pas de choisir quelque belle princesse de la Romancie, pour en faire mon épouse. Sans doute, lui dis-je, & ça a été en partie le motif qui m'a fait entreprendre ce voyage. Je m'en suis douté, me répondit-il, d'autant plus qu'il vous sera difficile de voir toutes les beautés dont ce pays-ci est peuplé, sans que votre cœur se déclare pour quelqu'une. Mais disposez-vous à la patience, & ne perdez point de tems ; car la traite est longue depuis le jour qu'on commence à aimer, jusqu'à celui où l'on s'épouse. Il est vrai, lui dis-je, que ces longueurs m'ont

(1) Cléveland.

quelquefois impatienté dans les aventures de Théagène, de Cyrus, de Cléopatre, & de plusieurs autres. Mais ne puis-je pas abréger les formalités…… Eh fit, me répondit-il, vous siéroit-il de ne faire qu'un petit chapitre des Mille & une Nuit, ou des Contes Chinois? Non, prince, ajouta-t-il, les gens de notre condition sur-tout doivent faire les choses dans les grandes règles, & passer par tous les dégrés de la milice amoureuse. Il est pourtant permis quelquefois de leur en abréger le tems. Mais puisque nous sommes sur ce chapitre, il est à propos de vous mettre d'avance au fait des loix principales qu'il faut observer en cette matière. C'est ce qu'on appelle les formalités préliminaires. Il y en a qui en comptent jusqu'à trente-six & plus, mais je vais vous les expliquer sans m'arrêter à les compter.

Vous comprenez bien, continua-t-il, qu'il faut commencer par devenir amoureux. Or cela est fort plaisant; car on l'est quelquefois une année entière sans le savoir, & il y en a tel qui ne s'en doute seulement pas. S'il a arrêté ses regards sur une personne, c'est sans dessein : s'il l'a trouvée extrêmement aimable, ses sentimens se sont bornés à l'estime & à l'admiration; tout au plus il croit n'avoir pour elle que de l'amitié. Il est vrai qu'il désire de la voir souvent, qu'il a des attentions particulières pour elle, qu'il n'est pas fâché d'appercevoir qu'elle en a aussi pour lui ; mais à son avis tout cela ne signifie rien, ce n'est qu'un commerce de politesse, une liaison, une inclination ordinaire où l'amour n'entre pour rien ; mais, dit-il enfin, que m'est-il donc arrivé depuis quelque-tems ? Je m'apperçois que je ne dors que d'un sommeil inquiet, il me semble que je deviens distrait & mélancolique. Je perds mon enjouement ordinaire. Ce qui me plaisoit commence à m'ennuyer, ce que j'aimois le plus, me paroit insipide. Vous êtes peut-être malade, lui dit quelqu'un qui ne connoît pas l'usage du pays Romancien, non, répondit-il, c'est toute autre chose. Il a bien raison ; car ce sont là précisément les premières formalités de l'amoureuse poursuite. Il en est d'abord tout étonné ; moi amoureux, dit-il, moi qui n'ai jamais rien aimé ! moi qui ai bravé tous les traits de l'amour ! moi qui jusqu'à présent ai vu impunément toutes les belles ! mais il a beau vouloir se le cacher à lui-même. Ses soupirs le trahissent ; l'inquiétude, la crainte, l'espérance, les transports se mettent de la partie. Il faut l'avouer de bonne grace, & il l'avoue enfin.

Il me semble pourtant, dis-je alors au prince

Zazaraph, que j'ai vu beaucoup de héros ne pas attendre si long-tems à connoître leur état, & à la première vue d'une princesse devenir tout-à-coup éperdument amoureux. Cela est vrai, reprit-il, & c'est même la manière la plus Romancienne; mais après tout, ils n'y gagnent rien; car il faut toujours, à moins qu'ils n'en obtiennent une dispense particulière, qu'ils attendent tout au moins un an, avant que de pouvoir faire connoître le feu secret dont ils sont consumés. Au reste, ajouta-t-il, il ne faut pas oublier une autre formalité essentielle; c'est qu'il faut que la beauté qui a triomphé de l'indifférence du héros, ait un nom distingué. Car si malheureusement elle s'appelloit Béatrix, Lisette ou Colombine, ce seroit pour défigurer tout un Roman; au lieu que quand elle s'appelle Rosalinde, Julie, Hyacinte, Florimonde, ces beaux noms toujours accompagnés d'épithétes convenables, font un effet merveilleux.

Encore une formalité qui embellit infiniment l'histoire; c'est lorsque le héros amoureux, loin de pouvoir se flatter de posséder jamais l'objet qu'il adore, ne peut seulement pas, vu la disproportion de sa condition, oser faire sa déclaration aux beaux yeux qui ont enchaîné sa liberté. Car il est vrai qu'il est en effet d'une très-haute naissance, & légitime héritier d'un grand royaume, comme il sera vérifié en tems & lieu : il est certain d'ailleurs que la princesse l'adore dans le fond du cœur, & qu'elle maudit secretement le rang éminent qui lui ôte l'espérance d'être jamais l'épouse d'un cavalier si parfait ; mais d'une part le cavalier ignore sa naissance, & la princesse qui l'ignore aussi, ne peut l'écouter avec bienséance, quand même il auroit l'audace de s'expliquer. Or cela fait une situation admirable, qui fournit la matière des plus beaux sentimens : aussi nos annalistes l'ont-ils tournée & retournée en cent façons différentes.

Vous voyez donc, ajouta le grand Paladin, que les formalités sont plus longues que vous ne pensez ; mais ce n'est pourtant encore là que le commencement ; la grande difficulté consiste à déclarer sa passion. Car comment ferez-vous ? Irez-vous dire grossièrement à une belle personne que vous la trouvez charmante, adorable ; que vous l'aimez de l'amour le plus tendre & le plus respectueux, & que vous vous croiriez le plus heureux des hommes, de pouvoir la posséder le reste de vos jours. Gardez-vous en bien ; ce seroit pour la faire mourir de chagrin, & elle ne vous le pardonneroit de sa vie. Il faut pourtant le lui faire entendre ; mais il faut s'y prendre avec tant de précaution & si doucement, qu'elle ne s'en apperçoive presque pas. Il faut qu'elle le devine, ou tout au plus qu'elle s'en doute un peu. Le langage des yeux est admirable pour cela, lorsqu'on en sait faire usage & prendre son tems : par exemple, la belle est à sa fenêtre ou sur un balcon, où elle prend le frais : rodez à l'entour sans faire semblant de rien, & quand vous êtes à portée, tirez-lui une révérence respectueuse, accompagnée d'un regard moitié vif, & moitié mourant. Vous verrez que vous n'aurez pas fait cela dix ou douze fois, qu'elle se doutera de quelque chose : car il ne faut pas croire que les belles soient si peu intelligentes. La plûpart comprennent fort bien ce qu'on leur dit, souvent même ce qu'on ne leur dit pas, & il y en a qui de cent œillades qu'on leur adresse, ne perdent pas une seule sillabe.

Mais, repris-je à mon tour, à ce premier moyen ne pourroit-on pas en ajouter un second, qui est celui des sérénades pendant la nuit, sous les fenêtres du but de ses désirs ? Comment dites-vous, me répondit le prince en souriant, du but de ses désirs ! Fort bien, vous commencez à vous former au beau style. Continuez de grace. Je lui dis donc que je croyois qu'un concert de voix & d'inftrumens fous les fenêtres de la beauté dont on porte la chaîne, me paroiffoit un affez bon expédient pour lui infinuer mélodieufement les tendres fentimens qu'on a pour elle. Il eft vrai, repartit-il; mais l'expédient n'eft guères de mon goût, parce qu'il eft fujet à trop d'inconvéniens. Car premièrement, il fait connoître à tout le quartier qu'il y a de l'amour en campagne, ce qui redouble la vigilance des pères & des mères, des duegnes & des efpions. Secondement, il ne faut pour troubler toute la fête, qu'un jaloux brutal, qui vient au milieu de la mufique vous allonger des eftocades terribles fans que fouvent vous fachiez feulement de quelle part elles vous font adreffées. Je fais bien que vous tuerez votre homme; c'eft la règle. Mais cela même caufe un grand embarras. L'affaire éclate. Le mort appartient toujours à des gens puiffans & accrédités. C'eft pour l'ordinaire un fils unique. Il faut fe cacher & prendre la fuite. Pendant une longue abfence il peut arriver bien des malheurs. En un mot, je tremble toutes les fois que je vois un amant donner la nuit des férénades à fa belle. Car le moindre malheur qu'il ait à craindre, c'eft de n'en fortir qu'avec une bleffure dangereufe.

Avouez aussi, repris-je, que quand on a un grand coup d'épée au travers du corps, & qu'on se voit en danger de mourir, c'est une grande douceur lorsqu'on peut parvenir à savoir que la belle pour qui on s'est exposé au danger, paroît touchée d'un si grand malheur. Vous avez raison, repliqua le prince Zazaraph : il n'y a pas de baume au monde qui ait une vertu si prompte ; & si le cas arrive, je réponds que le blessé sera bientôt sur pied. Mais encore une fois, ce moyen me paroît trop hasardeux, & il y en a de plus simples.

Une lettre, par exemple, quatre lignes bien tournées sont d'un secours merveilleux. On glisse adroitement le billet dans la poche de la belle Julie, ou on le laisse tomber à ses pieds, comme par mégarde, pour exciter sa curiosité ; ou si on ne peut pas autrement, on le lui fait donner par une personne affidée. Ce pas une fois fait, il faut compter que l'affaire est en bon train. L'amant ne laisse pas de s'inquiéter & de se tourmenter sur le succès de son billet. L'a-t-elle lu, l'a-t-elle rejetté ? Quel sentiment a-t-elle fait paroître en le lisant ? C'est qu'il n'a pas encore d'expérience ; car il est vrai en général qu'il y a des belles trop réservées, qui font quelque difficulté de recevoir & de lire un billet ; mais la réserve en cette occasion seroit tout-à-fait déplacée ; & il seroit même ridicule de ne pas faire au billet une réponse favorable, qui donne de grandes espérances à l'amant ; car c'est-là une des formalités les plus indispensables dans les préliminaires dont nous parlons, je n'y ai jamais vu manquer.

C'est alors enfin, continua le prince, que l'on commence à respirer. C'est alors que l'amour commence à paroître le dieu le plus aimable & le plus charmant de l'olympe. Qu'on lui fait alors de remercîmens, de vœux & d'offrandes ! Mais il faut qu'il continue son ouvrage. Ce n'est pas assez que la charmante Clorine, ou l'adorable Florise ait laissé entendre qu'elle n'est pas insensible ; il faut que le comte ou le marquis amoureux en ait l'assurance de sa propre bouche. Mais pourra-t-il bien soutenir un tel excès de joie ? Non, il se pâmera. Que dis-je ? il en mourroit, s'il lui étoit permis de mourir si-tôt ; mais comme la chose seroit contre les bonnes règles, il faut qu'il se contente de tomber aux pieds de sa toute-belle, sans voix & si transporté, que tout ce qu'il peut faire, c'est de coller ses lèvres sur la belle main de la lumière de sa vie.

Ah ! prince Fan-Férédin, ajouta le grand

Paladin, quel dommage qu'un moment si doux ne soit qu'un moment ! mais on a eu beau faire jusqu'à présent pour trouver le moyen de le prolonger, tous les astrologues du monde y ont renoncé, & ce qu'il y a de plus triste, c'est que ce moment est unique, & qu'on n'en peut pas trouver un second qui lui ressemble parfaitement. Aussi en vérité un amant raisonnable devroit s'en tenir-là ; & cela seroit bien honnête à lui ; mais y en a-t-il des amans raisonnables ? Il leur manque toujours quelque chose. Après un premier entretien, on en veut avoir un second ; après le second on en veut un troisième, & en l'attendant, les heures paroissent des années. Heureux qui peut obtenir un portrait. Mais au défaut du portrait, on obtient du moins tout ce qu'on peut, & ne fut-ce qu'un ruban, ou un chiffon, on est le plus heureux homme du monde ; on n'avoit encore jusqu'alors ressenti que tourmens, langueurs, martyre, craintes, défiances, alarmes, larmes & désespoirs ; & voilà qu'on voit enfin arriver la bande joyeuse des transports, des douceurs, un calme, une satisfaction, des fleuves de joie où l'on nâge comme en pleine eau, des délices inexprimables. Qu'on ne s'avise point alors d'aller offrir à un amant le trône de Perse, ou l'empire de Trébisonde, à condition d'abandonner la souveraine de son ame, ce seroit tems perdu. Il ne changeroit pas son sort pour la plus brillante fortune. Il préfère un si doux esclavage à la plus belle couronne de l'univers.

CHAPITRE XI.

Des grandes épreuves, & ressemblance singulière qui fera soupçonner aux lecteurs le dénouement de cette histoire.

JE ne puis assez admirer, dis-je au prince Zazaraph, le talent que vous avez de rapprocher les choses, & de les abréger. Car ce que vous venez de me dire en si peu de paroles, non-seulement je l'ai vu dans plus de vingt romans différens, mais il y occupe des volumes entiers. Ce n'est pas que j'aye le talent d'abréger, me répondit-il, mais c'est que d'une part la plûpart des romans sont tous faits sur le même modèle, & que de l'autre leurs auteurs ont le talent d'allonger tellement les événemens & les récits, qu'ils font un volume de ce qui ne fourniroit que quatre pages à un écrivain qui n'entend pas comme eux l'art de la diffuse prolixité. Remarquez pourtant, ajouta-t-il, que je ne vous ai encore parlé que des formalités préliminaires, & qu'avant d'arriver à la conclusion du mariage, il reste bien du chemin à faire. Car comme dans un labyrinthe on sait fort bien par où l'on entre, & que l'on ignore par où l'on en sortira : ainsi ceux qui s'embarquent sur la mer orageuse de l'amour, savent bien d'où ils sont partis, mais ils ne savent point par où, comment, ni quand ils arriveront au port. Deux jeunes personnes s'aiment comme deux tourterelles. Elle semblent faites l'une pour l'autre. Elles mourront si on les sépare : destin barbare ! Faut-il...... mais non, ce n'est point au destin qu'il faut s'en prendre, c'est aux loix établies de tout tems dans la Romancie par les premiers fondateurs de la Nation : loix sévères, qui défendent, sous peine de bannissement perpétuel, de procéder à l'union conjugale de deux personnes qui s'adorent, avant que d'avoir passé par les grandes épreuves prescrites dans l'ordonnance.

Sans doute, dis-je alors au prince Dondindandinois, j'aurois vu dans les romans ce que vous appellez les grandes épreuves ; mais je serois bien aise de les connoître plus distinctement, & d'apprendre de vous sur quoi est fondée cette loi, & si elle est indispensable. Si vous avez lu, me dit-il les aventures du pieux Enée, vous avez dû remarquer que sans la haine que Junon lui portoit, toute son histoire finissoit au premier livre ; car il arrivoit heureusement en Italie, il épousoit la princesse Latine, & voilà l'Eneïde finie. Mais son historien ayant habilement imaginé de lui donner Junon pour ennemie, cette déesse implacable lui suscite dans son voyage mille traverses, qui font une longue suite d'événemens extraordinaires, & qui donnent matière à une grande histoire. Or voilà sur quel modèle nos annalistes ont établi la loi des grandes épreuves. Au défaut du Neptune, d'Ulisse & de la Junon d'Enée, ils ont trouvé des fées & des enchanteurs ennemis, dont la haine puissante & les persécutions continuelles donnent lieu aux héros de signaler leur courage par mille exploits inouis ; & comme il n'y a ni valeur, ni forces humaines qui puissent résister à de si terribles épreuves, ils ont soin de leur donner en même-tems la protection de quelque bonne fée, ou de quelque génie puissant, comme Ulisse & Enée avoient l'un la protection de Minerve, l'autre celle du Destin. De-là il est aisé de juger que cette loi dans la Romancie doit être indispensable, & elle l'est en effet si bien, que les

G

fils de rois, & les plus grands princes font ceux qu'elle épargne le moins.

Que faut-il donc penser, repartis-je, de la plûpart des héros modernes pour qui on ne voit plus agir ni les divinités ni les génies, soit amis, soit ennemis? Ce sont, me dit-il, des héros bourgeois, qui n'ont ni la noblesse ni l'élévation qui est inséparable de l'idée d'un héros Romancier. Mais ils ne laissent pas d'être sujets comme les autres, à la loi des épreuves. Un amant, par exemple, croit toucher au moment qui doit le rendre heureux; les parens de part & d'autre consentent au mariage; point du tout. Il survient un prétendant plus riche & plus puissant, qui met de son côté une partie des parens: quel parti prendre? Il faut ou se battre ou enlever la belle. S'il se bat, il tuera sûrement son homme. Mais que deviendra-t-il? Voilà matière d'aventures pour plusieurs années. S'il l'enlève sa princesse, il faut qu'il la consigne chez quelque parente qui veuille bien la cacher, & qu'il ait bien soin de se cacher lui-même pour se dérober aux recherches. Tout cela est bien long; mais voici le tragique.

Un soir que la belle enlevée prend le frais sur le bord de la mer avec sa parente, il vient une tartane d'Alger, qu'elle prend pour un bâtiment du pays, & qui faisant brusquement descente à terre, enlève les deux belles chrétiennes pour les mener vendre à leur dey. Quelle épreuve pour un amant ! Il ne sait en quel pays du monde on a transporté le cher objet de ses pensées, ni quel traitement on lui fait. Quelle situation ! Ce sera bien pis, si tandis que le corsaire fait voile en Afrique, il est attaqué, & pris par un vaisseau chrétien, dont le commandant est précisément le rival de l'amant infortuné. Voilà de quoi mourir mille fois de rage & de douleur, mais heureusement tous les Romanciers ont la vie extrêmement dure.

Supposons que la charmante Isabelle arrive à Alger ; elle est présentée au dey qui en devient amoureux, jusqu'à oublier toutes les autres beautés de son sérail. Elle aura beau rebuter sa passion, & faire la plus belle défense du monde : le dey ennuyé de ses larmes, & las de sa résistance, veut enfin user de tout son pouvoir. Le jour en est marqué, & il le fait tout comme il le dit. Ah ! prince, m'écriai-je alors, que cette épreuve est terrible ! j'en fremis. Non, non, repliqua-t-il, rassurez-vous : dans la Romancie on trouve remède à tout. L'amant a si bien fait par ſes recherches, qu'il a découvert le lieu où ſa chère ame eſt captive, & il ne manque jamais d'y arriver à point nommé la veille du jour fatal. Déguiſé en garçon jardinier, il entre dans le jardin du ſérail ; il trouve moyen de faire un ſignal ; il gliſſe un billet ; Iſabelle, transportée de joie, ſe prépare à profiter de la nuit pour s'évader avec lui. Une échelle de ſoye, des draps attachés à la fenêtre, une corde avec un panier, que ſais-je ? On trouve dans ces occaſions mille expédiens qui ne manquent jamais de réuſſir.

O ! que le dey fera le lendemain un beau bruit dans ſon ſérail ! que de têtes d'eunuques tomberont ſous le cimeterre du furieux Achmet ! mais les deux amans le laiſſant exhaler toute ſa fureur à loiſir, auront trouvé au port un petit bâtiment qui les attendoit, & ils ſont déja bien loin. Au reſte, ne croyez pas que ces aventures ſoient bien ſingulières ; car pour peu que vous ayez lu les annales romancienncs, vous devez avoir vu qu'il n'y a rien de ſi commun.

En voulez-vous d'une autre eſpèce, ajouta-t-il ? L'amoureux cavalier a la nuit dans le jardin de ſa belle un rendez-vous ſecret ; mais en tout honneur, dans un boſquet ſombre, où la clarté de la lumière ſeroit dangereuſe. La petite porte du jardin eſt demeurée entr'ouverte. Or le frère où le père de la princesse voulant par hasard entrer par la petite porte, & la trouvant ouverte, se doute de quelque chose. On devine aisément tout le reste: grand bruit; on attaque, on se défend, on apporte des flambeaux, le cavalier ne se bat qu'en retraite; mais il a beau faire, il faut de nécessité, & c'est encore là une règle capitale, que le frère ou le père de celle qu'il adore, s'enferre lui-même dans l'épée de l'infortuné cavalier. Or jugez combien il faut d'années pour accommoder une pareille aventure.

Il faut en attendant aller servir en Flandre ou en Hongrie. Autre inconvénient; car en Flandre il est cru mort dans une bataille, & la désolée Léonore, après s'être arraché tous les cheveux de la tête pendant six mois, prend enfin quelque parti funeste à son amant. En Hongrie on est fait prisonnier & envoyé esclave en Turquie pour y travailler au jardin, ou à entretenir la propreté des appartemens.

Je vous avoue prince, dis-je au grand paladin, que de toutes les épreuves, cette dernière est celle que j'aimerois le mieux; car j'ai remarqué que de tous ceux qui partent de la Romancie pour aller être esclaves en Turquie, à Tripoli ou à Alger, il n'y en a aucun qui ne fasse fortune. Cela est vrai, repliqua-t-il; mais remarquez aussi qu'avant de partir, il n'y en a pas un qui ne prenne la précaution de savoir bien danser, d'avoir une belle voix, de jouer des instrumens dans la perfection, & d'être aimable & bien fait. C'est par-là que tout leur réussit. On fait voir l'esclave étranger à la sultane favorite pour la réjouir. Or l'esclave est un homme si admirable, & toutes ces sultanes ont le cœur si tendre, qu'en moins de rien voilà une intrigue toute faite, & un pauvre sultan fort peu respecté. La condition leur plairoit assez, si elle pouvoit durer; mais il n'y a pas moyen : les loix de la Romancie sont extrêmement sévères sur ce chapitre ; il faut que le sultan, averti ou non, entre dans le sérail & menace de tout tuer. Quel tintamare ! ce ne sera pourtant que du bruit. On l'a entendu venir : la sultane, craignant pour sa vie, trouve le moyen de s'enfuir avec son charmant Bezibezu (c'est le nom de l'esclave), & ils sont déja bien loin. En quatre jours la belle maroquine arrive à Marseille ou à Barcelone; & le lendemain elle est présentée au baptême. La seule chose qui me déplaît dans cette aventure, c'est que les loix veulent encore que le coffre de pierreries, que la belle maure a emporté avec elle, soit jetté à la mer, ce qui la réduit à l'aumône.

Ces épreuves, repris-je à mon tour, me paroissent très-peu agréables; mais j'en ai vu d'autres qui ne le sont guères davantage. Que dites-vous, par exemple, ajoutai-je, d'un pauvre amant, qui, lorsqu'il est à la veille d'épouser tout ce qu'il aime, voit sa princesse enlevée par des inconnus, & transportée dans un lieu inconnu, sans qu'après mille recherches il puisse en apprendre la moindre nouvelle? Vous m'avouerez que voilà une des situations les plus favorables pour les sentimens tragiques & les beaux désespoirs. Ah! cher prince, s'écria le prince Zazaraph, quel souvenir me rappellez-vous? Je l'ai essuyée cette cruelle épreuve, & vous pouvez demander à tous les échos de nos forêts tout ce qu'elle m'a coûté de regrets douloureux, de sanglots pathétiques, & d'hélas touchans. Oui, je me serois donné mille fois la mort, si on n'avoit eu la précaution, comme c'est l'ordinaire en ces occasions, de m'ôter épée, poignard, pistolets, & tout instrument qui tue. C'est pour éviter les funestes effets d'un pareil désespoir, qu'au dernier enlèvement de ma princesse j'ai été condamné à dormir d'un si long sommeil, parce qu'on n'a pas cru que je pusse soutenir sans mourir une seconde épreuve de cette nature.

Vous auriez du moins pu, lui dis-je, dans

un si triste accident, vous munir d'un portrait de votre princesse, ou du moins de quelques petits meubles qui auroient été à son usage. Cela est d'une ressource infinie; car j'ai connu un cavalier appellé le marquis de Rosemont (1), qui ayant ainsi trouvé le moyen d'avoir jusqu'aux chemises, aux bas & aux cotillons de sa défunte dona Diana, passoit une bonne partie du tems à se les mettre sur le corps, à les contempler, à les baiser l'un après l'autre avec une douceur inexprimable. Il est vrai, me répondit le prince, aussi ne trouvai-je alors de consolation qu'à contempler & à baiser mille fois par jour le portrait de l'adorable Anémone.

Le prince tira en même tems le portrait, & me le montra. Dieux! quel fut mon étonnement? ami lecteur, je ne vous ai pas trop préparé à cet incident; mais il est vrai qu'alors je ne m'y attendois pas non plus moi-même; ainsi votre surprise ne sera pas plus grande que la mienne. Je crus reconnoître dans le portrait ma sœur, l'infante Fan-Férédine. Il est vrai qu'elle me paroissoit extraordinairement embellie; mais enfin c'étoient ses traits & toute sa physionomie: de sorte que je n'aurois pas balancé un moment à croire que c'étoit elle-

---

(1) Aventures d'un homme de qualité.

même, si je n'en avois vu clairement l'impossibilité. Car j'étois bien sûr qu'en partant pour la Romancie, j'avois laissé ma sœur l'infante à la cour de Fan Férédia, auprès de la reine Fan-Férédine ma mère. Ma sœur ne s'étoit jamais d'ailleurs appellée la princesse Anémone; ainsi je crus devoir regarder cette ressemblance comme un effet tout simple du hasard. Je ne pus cependant m'empêcher de dire au grand paladin la pensée qui m'étoit venue à l'esprit à la vue du portrait. Cela est admirable, me répondit-il; car dans ce même moment, vous observant aussi moi-même de plus près, j'ai cru appercevoir en vous des traits de ressemblance très-frappans avec le frère de ma princesse : de sorte que si elle ressemble à votre sœur, je puis vous assurer que vous ressemblez aussi beaucoup à son frère, à cela près, que vous êtes beaucoup mieux fait, & que vous avez l'air plus noble & plus aimable. Oh! pour le coup, lui dis-je, je suis donc tenté de croire qu'il y a ici de l'enchantement, ou quelque mystère caché; car je trouve aussi qu'en vous regardant de certain côté, vous ressemblez si bien à un jeune homme de ma connoissance, qui est amoureux de ma sœur, que je vous prendrois volontiers pour lui, si vous n'étiez incomparablement plus beau, mieux fait de votre personne, &

outre cela grand paladin, au lieu qu'il n'est qu'un simple cavalier. Mais, lui ajoutai-je en interrompant cet entretien, il me semble que j'apperçois une espèce de ville ou de grande habitation, à deux ou trois lieues d'ici. Oui, me dit-il, & c'est où nous allons descendre; vous y verrez des choses assez curieuses.

CHAPITRE XII.

Des ouvriers, métiers & manufactures de la Romancie.

Nous arrivâmes donc à l'entrée d'une grande & magnifique avenue qui étoit plantée d'orangers, de grenadiers & de myrthes, entremêlés de buissons charmans d'arbrisseaux fleuris. Là, nous descendîmes de nos sauterelles que nous congédiâmes, & nous avançâmes en suivant l'avenue jusqu'à l'habitation.

Le lieu où nous allons entrer, me dit le prince Zazaraph, n'est pas proprement une ville, puisqu'il n'y a que des ouvriers & des boutiques; mais vous aurez sans doute de la satisfaction à en parcourir les divers quartiers, & c'est un objet digne de la curiosité des nouveaux venus. Eh! de quelle espèce sont-ils, lui dis-je, ces ouvriers? Vous l'allez voir par vous-même, me répondit-il ; mais je veux cependant bien vous en donner auparavant une idée générale. Comme tous ceux qui habitent la Romancie se trouvent toujours pourvus de tout ce qui est nécessaire pour leur subsistance, sans qu'ils se donnent seulement la peine d'y penser, vous devez juger que les ouvriers de ce pays-ci ne s'amusent pas à faire des étoffes, de la toile, des meubles, du pain, ou de la farine. Leur occupation est beaucoup plus douce ; & il y en a différentes espèces, les enfileurs, les souffleurs, les brodeurs, les ravaudeurs, les enlumineurs, les faiseurs de lanternes-magiques, les montreurs de curiosité, & quelques autres encore. Vous me dites là, lui dis-je encore, des noms de métiers dont je ne conçois pas bien l'usage en ce pays-ci. Je vais vous l'expliquer, me répartit-il.

Nous appellons ici enfileurs des ouvriers qui y sont assez communs depuis un tems. Ces gens-là assemblent de divers endroits une vingtaine ou une trentaine de petits riens, qu'ils ont l'adresse d'enfiler & de coudre ensemble, & voilà leur ouvrage fait.

Les souffleurs, au contraire, ne prennent qu'un de ces petits riens ; mais ils ont l'art de l'enfler, & de l'étendre en le soufflant, à-peu-près comme les enfans font des bouteilles de savon, en sorte que d'une matière qui d'elle-même n'est presque rien, ils en font un gros ouvrage. Ces ouvrages comme on voit ne peuvent pas être fort solides; mais ils ne laissent pas d'amuser des esprits oisifs. Les femmes surtout & les enfans aiment à voir voltiger en l'air ces petites bouteilles enflées. Mais il est vrai que ce n'est qu'un éclat d'un moment, & qu'on ne s'en ressouvient pas le lendemain.

L'ouvrage des brodeurs est d'une autre espèce. Ils font venir de quelque pays étranger quelques morceaux rares & curieux, dont ils ornent le fond d'une broderie de dessin courant, qui ne laisse presque plus distinguer le fond de la broderie même.

Les ravaudeurs sont moins ingénieux. Tout leur art consiste à donner quelque air de nouveauté à des choses déja vieilles & usées; c'est pourtant aujourd'hui l'espèce d'ouvriers qui est en plus grand nombre.

Les vrais peintres sont ici fort rares; mais en récompense nous avons des enlumineurs admirables, qui sont employés à enluminer des couleurs les plus brillantes, soit les portraits, soit les figures, ou les tableaux d'imagination. Il ne faut pas demander à ces gens-là des portraits ressemblans, ni des tableaux dans le vrai; ce n'est pas leur métier. Mais personne n'entend comme eux l'art de charger un tableau de rouge

& de blanc, à-peu près comme les poupées d'Allemagne; & la seule chose qu'on puisse leur reprocher, c'est que tous leurs portraits se ressemblent.

Les lanterniers ou faiseurs de lanternes-magiques, sont encore des ouvriers fort estimés. On les a ainsi nommés, parce que les ouvrages qu'ils font ressemblent à des espèces de lanternes magiques, où l'on voit les choses du monde les plus incroyables, des tours d'airain, des colonnes de diamant, des rivières de feu, des chariots attelés d'oiseaux ou de poissons, des géants monstrueux.

Les montreurs de curiosité font une espèce d'ouvrage assez amusant. C'est un amas de diverses choses curieuses qu'ils font venir de loin. C'est pour cela qu'on leur a donné ce nom. Quand la matière sur laquelle ils travaillent est trop ingrate par elle-même, ils trouvent l'art d'augmenter & d'orner leur tableau de divers objets plus intéressans qu'ils présentent l'un après l'autre, comme le plan de Londres, la cour de Portugal, le gouvernement de Venise, les temples de Rome, à peu-près comme un montreur de curiosité vous fait voir dans sa boîte la ville de Constantinople, l'impératrice de Russie, la cour de Pekin, le port d'Amsterdam.

Voilà, me dit le prince Zazaraph, à peu-près les différentes espèces d'ouvriers qui travaillent en ce pays-ci ; mais entrons dans leur habitation pour les voir de plus près, car je suis sûr que cette vue vous amusera. Effectivement je fus charmé de la propreté & de l'ordre admirable que je vis dans la distribution des boutiques. Les différentes espèces d'ouvriers sont partagées en différentes rues, & chaque rue est formée par de petites boutiques rangées des deux côtés, les unes auprès des autres à peu-près comme on le pratique dans les foires célèbres de l'Europe : cela fait un spectacle fort agréable, & si l'on veut, un lieu de promenade fort amusant. J'admirai sur-tout la variété & la singularité des enseignes ; j'en ai même retenu quelques-unes, comme à la *barbe bleue*, au *chat amoureux*, aux *bottes de sept lieues*, au *portrait qui parle*, à la *bonne petite souris*, au *serpentin vert*, à l'*infortuné Napolitain*, & quelques autres dans le même goût.

Tous les ouvriers sont d'ailleurs extrêmement polis & prévenans, pour attirer chez eux les curieux & les marchands ; & il n'y a rien qu'ils ne mettent en usage pour faire valoir leur marchandise. A les en croire, leur ouvrage est toujours admirable, singulier, curieux. C'est, dit l'un, le fruit d'un long &

pénible travail. C'est, dit l'autre, un reste précieux d'un tel ouvrier qui a laissé en mourant une si grande réputation. C'est, dit un autre, une imitation d'un ouvrage chinois ou indien, ouvrage extrêmement recherché. Pour moi, dit un marchand plus désintéressé en apparence, je n'avois nulle envie de communiquer mon ouvrage; mais mes amis & des personnes de bon goût l'ayant vu, m'ont tellement pressé d'en faire part au public, que je n'ai pu résister à leurs sollicitations. Ils accompagnent en même-tems ces discours de manières si honnêtes & si polies, qu'on ne peut guère se défendre de leur acheter quelque chose, au hasard de payer cher de mauvaise marchandise comme il arrive le plus souvent.

Le hasard nous ayant d'abord adressés au quartier des enfileurs, j'eus la curiosité de parcourir avec le prince Zazaraph quelques-unes des boutiques; car il faudroit une année entière pour les parcourir toutes. J'admirai véritablement l'adresse avec laquelle je vis ces ouvriers enfiler ensemble mille petites babioles. Un petit fil très-mince leur suffit pour cela, & l'habileté consiste à faire durer ce fil jusqu'à la fin sans le rompre: car s'il faut le renouer, ou en ajouter un autre, l'ouvrage n'a plus le même prix; la boutique, qui me parut la plus achalandée, avoit pour enseigne, aux *mille & une nuits*. L'ouvrier, dit-on, est un des plus célèbres du quartier. Comme son enseigne a eu succès, quelques autres ouvriers n'ont pas manqué de l'imiter, dans l'espérance de réussir également. L'un a pris les *mille & un jours*; l'autre a pris les *mille & une heures*; un autre, les *mille & un quart d'heures*. Leur fil en effet est à peu-près le même. Mais il faut qu'ils n'ayent pas été aussi heureux que le premier dans le choix des babioles. J'y remarquai encore quelques enseignes des plus distinguées, comme aux *soirées bretonnes*, aux *veillées de Thessalie*, aux *contes chinois*, &c. Mais ces ouvriers, dit-on, ont plus de fécondité que de force d'imagination. Trop foibles pour entreprendre un ouvrage d'un seul sujet, ils n'ont de ressource que dans la multitude, à-peu-près comme un homme qui, n'ayant point assez d'étoffe pour faire un habit, le compose de diverses pièces rapportées; bigarrure qui ne peut jamais faire à l'ouvrier qu'un honneur médiocre.

Le quartier des souffleurs est presque désert depuis long-tems, parce qu'il se trouve peu d'ouvriers qui ayent l'haleine assez forte pour fournir à ce travail. Il semble que *Cyrus* soit leur enseigne favorite, du moins plusieurs se
la

la font appropriée, & chacun l'a retourné à sa façon. Quelques-uns même de ces messieurs trouvant que ce prince étoit un sujet propre à achalander leurs boutiques, l'ont obligé, sans trop consulter son inclination, à courir le monde comme un aventurier (1) pour leur apporter de tous les pays étrangers des matériaux curieux, propres à être mis en œuvre. Il n'est pas bien décidé s'il en est revenu plus homme de bien; mais on ne peut pas douter qu'après de si longues courses il n'eût besoin de se mettre quelque tems en retraite; & il a heureusement trouvé un nouveau maître, homme d'esprit & charitable, qui a retiré le pauvre prince chez lui uniquement pour lui faire prendre du repos (2).

Il y a quelque tems, me dit le prince Zazaraph, qu'il parut dans ces quartiers-ci un de ces génies rares & sublimes, tels que la nature en produit à peine un dans chaque siècle. Il conçut que le travail que vous voyez faire à ces ouvriers pourroit être de quelque secours pour former le cœur & l'esprit des jeunes princes, s'il étoit bien fait & manié avec art & avec sagesse. Il entreprit d'en donner un modèle. Son enseigne étoit au *prince d'Ithaque* (3),

---

(1) Voyages de Cyrus.   (2) Repos de Cyrus.
(3) Télémaque.

& ce lieu que vous voyez qu'il semble que l'on ait voulu consacrer par respect pour sa mémoire, étoit le lieu où il travailloit. Il est vrai qu'il fit un chef-d'œuvre qu'on ne pouvoit se lasser de voir, & où il trouva l'art de mêler ensemble tout ce qu'il y a de plus riant & de plus gracieux, avec tout ce que la sagesse & la religion ont de plus parfait & de plus sublime. C'est cet ouvrage qui devroit aujourd'hui servir de modèle à tous les ouvriers, & quelques-uns en effet se sont efforcés de l'imiter ; mais on est réduit à louer leurs efforts, & toujours forcé de plaindre leur foiblesse.

Le prince me fit pourtant remarquer dans le même quartier quelques boutiques qui étoient assez accréditées. Je me souviens sur-tout de deux. La première avoit pour enseigne le prince *Sethos* ; & à juger de ce prince par son portrait, c'étoit un homme d'esprit, à qui on ne pouvoit reprocher qu'une trop forte application à l'étude de l'antiquité. La seconde étoit occupée par une ouvrière d'un esprit fin & solide qui s'étoit fait depuis peu de tems beaucoup de réputation. Elle avoit pour enseigne la cour de Philippe Auguste (1), & l'empressement du public à acheter ses ouvrages, ayant

---

(1) Anecdote de la cour de Philippe Auguste.

déjà épuisé sa boutique, elle en travailloit de nouveaux qu'on attendoit avec impatience.

Je ne trouvai rien dans la rue des brodeurs qui me frappa beaucoup. Ces ouvriers, me dit le prince Zazaraph, n'ayant point assez de talent pour créer eux-mêmes quelque chose de neuf, gagnent leur vie à enjoliver des choses déjà connues, & qui paroissent trop simples par elles-mêmes. Ainsi ils travaillent sur un fond étranger, & ils ont l'art de le charger tellement de leur broderie, qu'on ne distingue plus le fond de ce qui n'en est que l'ornement ; mais il est assez rare que leur ouvrage fasse fortune. Voilà une boutique qui a pour enseigne *dom Carlos*, & dont l'ouvrier est estimé ; mais en voilà un autre, qui n'a pas à beaucoup près si bien réussi dans le dessein d'amuser, quoique son enseigne promette des amusemens historiques. Mais quoi ! dis-je au prince, ne vois-je pas là cet ouvrier des pays étrangers, qu'on nomme le P. L. Eh ! que fait-il ici ? Ce qu'il y fait, me répondit-il ; il y figure très-bien parmi nos brodeurs, & c'est aujourd'hui un des plus accrédités. Il est vrai qu'il sembloit d'abord vouloir s'établir dans le pays d'historie ; & en effet il y a levé boutique ; mais il a mieux trouvé son compte à faire de fréquentes excursions dans la Romancie ; il y est effectivement si souvent, qu'on ne sait jamais de quel pays sont ses ouvrages, & je crois qu'on en peut dire, avec vérité, que c'est marchandise mêlée. Mais j'oubliois, ajouta-t-il, de vous faire remarquer une de nos plus belles boutiques. La voici, continua-t-il, en me la montrant ; elle a, comme vous voyez, pour enseigne, la *princesse de Clèves* ; & l'ouvrier jouit, à juste titre, d'une grande réputation, pour n'avoir jamais perdu de vue, dans un travail extrêmement délicat, les règles du devoir & de la plus austère bienséance.

De là nous passâmes au quartier des ravaudeurs. Ce sont, comme j'ai déjà dit, les ouvriers les moins estimés de la Romancie. Quel mérite y a-t-il en effet, à rhabiller par exemple à la françoise un ouvrage fait par un anglois ou un espagnol ; ou à réduire à un prétendu goût moderne des ouvrages faits dans le goût antique ? Aussi est-il assez rare que de tels ouvrages fassent quelque réputation à leurs auteurs. Mais ce n'est pourtant pas pour cette raison que leur quartier est presque désert ; c'est que faute de police dans la Romancie, pour fixer chacun dans les bornes de son métier, tous les ouvriers se mêlent d'être ravaudeurs, ensorte qu'il n'y en a presque pas un seul qui, dans la marchandise qu'il vous donne pour toute neuve, n'y mêle quelques vieux morceaux qu'il a rhabillés & retournés à sa façon ; c'est ce qui fait que les ravaudeurs en titre n'ont presque point de pratique, & c'est précisément le cas où se trouvent aussi les enlumineurs. Trop de monde se mêle de leur métier, jusqu'aux ouvriers même du pays d'histoire.

Les lanterniers, ou faiseurs de lanternes magiques, nous amusèrent quelque tems. Ces ouvriers ont l'imagination extrêmement féconde : il ne leur manque que de l'avoir réglée par le bon sens & la vraisemblance ; car il n'y a point d'invention si bizarre, dont ils ne s'avisent & qu'ils n'exécutent, ou ne paroissent exécuter avec une facilité surprenante. Demandez-leur des chariots volans, des palais d'argent, des armes qui rendent invulnérable, des secrets pour savoir tout ce qui se fait, & tout ce qui se dit à mille lieues à la ronde, des charmes pour se faire aimer, des statues qui s'animent, des ponts, des vaisseaux, des jardins impromptus, des géans, des bêtes qui parlent, des montagnes d'or, d'argent & de pierreries ; rien ne leur coûte ; de sorte qu'en un clin d'œil leur boutique est pleine de merveilles. Il est vrai que lorsqu'on considère leurs ouvrages de plus près, il est aisé de s'appercevoir que ce ne sont que des colifichets qui n'ont rien de solide, ni d'estimable; & je ne pus m'empêcher de témoigner au prince Zazaraph que je ne comprenois pas comment ces ouvriers pouvoient trouver le débit de pareilles marchandises. Mais il me détrompa. Si les marchands d'Europe, me dit-il, qui étalent des boutiques de poupées, de sifflets, de petits moulinets, de petites sonnettes, de marmousets, & de mille autres espèces de semblables colifichets que l'on achete pour les enfans, gagnent leur vie à ce négoce, pourquoi ne voulez vous pas que ceux-ci fassent aussi quelque fortune ? Car vous voyez que leurs boutiques & leurs marchandises se ressemblent parfaitement. Il faut même observer que la plupart des personnes qui s'occupent d'ouvrages de Romancie, sont des esprits oisifs & paresseux, qui veulent être amusés comme des enfans, parce qu'ils n'ont pas la force de s'occuper eux-mêmes de leurs propres pensées, ni même de donner une application suffisante aux pensées d'autrui. Proposez-leur quelque chose à méditer, un raisonnement à approfondir, seulement une réflexion à faire, vous les accablez, vous les ennuyez, comme des enfans à qui on propose une leçon à étudier ; au lieu qu'une suite de jolis colifichets qu'on leur fait passer successivement sous les yeux, les divertit & les amuse sans les fatiguer. Voilà ce qui fait le grand débit de cette marchandise; à peine les ouvriers peuvent-ils en fournir assez; & dès qu'il paroît quelque nouvelle lanterne magique, ou colifichet nouveau, on se l'arrache des mains. Il faut pourtant avouer une chose; c'est que du moment que la première curiosité est satisfaite, il arrive de ces ouvrages comme des colifichets d'enfans qui sont défaits ou démontés; on les laisse traîner dans un appartement, sans que personne songe à les conserver, & leur sort ordinairement est d'être enfin jettés dehors pêle-mêle avec les ordures.

Nous voici, ajouta le prince Zazaraph, arrivés au quartier des montreurs de curiosité. Leurs boutiques sont assez belles, comme vous voyez, & même fort riches. Il est vrai aussi qu'ils ne manquent pas de pratique, mais avec tout cela, ils sont peu considérés, parce qu'ils ne travaillent qu'en subalternes selon que d'autres ouvriers leur commandent, tantôt un plan de ville, tantôt un portrait, une description, une bataille, un tournois, ou quelque évènement singulier pour remplir les vuides de leurs ouvrages ou pour les grossir.

Mais tandis que nous considérions les di

verses curiosités dont les boutiques de ce quartier sont garnies, nous fûmes détournés par une troupe comique de bouffons & de baladins de toute espèce, qui vinrent dans la grande place jouer une espèce de comédie. Ce spectacle me divertit, & je trouvai de l'esprit dans l'invention, dans la conduite & l'exécution de la pièce. Un certain Ragotin (1) y faisoit un des principaux rôles avec un nommé la Rancune, & il ne parut jamais sur le théâtre sans faire beaucoup rire les spectateurs, autant par son air ridicule & comique, que par les traits de plaisanterie qui lui échappoient. Toute la pièce en général me parut l'ouvrage d'un homme d'esprit, & on me dit que c'étoit aussi ce que cet auteur avoit fait de meilleur.

Ce spectacle fut suivi d'une petite pièce intitulée *le Diable-Boiteux*, qui eut aussi beaucoup d'applaudissemens. Elle étoit en un acte, apparemment qu'elle n'en demandoit pas davantage; car j'ai oui dire que l'auteur ne l'avoit pas embellie en voulant l'allonger. On promit pour le lendemain une autre pièce du même auteur, qui a pour titre *Gilblas de Santillane*, mais j'entendis dire à ceux qui étoient auprès de

---

(1) Roman comique.

moi, que quoiqu'il y eût de l'esprit & d'assez bonnes choses dans cette pièce, elle ne valoit pas la première. Enfin, je vis paroître une mascarade maussade, composée de gens déguisés en gueux & en aventuriers que j'entendis nommer, Lazarille de Tormes, dom Guzman d'Alfarache, l'aventurier Buscon, & d'autres noms semblables ; mais le prince Zazaraph m'avertit qu'il ne restoit ordinairement à ce dernier spectacle que de la populace & des gens de mauvais goût. Je remarquai en effet, que tous les honnêtes gens se retiroient, & j'en fis autant avec mon fidèle interprète. Ce ne fut cependant pas sans difficulté ; car pendant que nous nous retirions, il survint une si grande multitude d'autres masques, qu'on nomme la bande bleue, & qui ont à leur tête un Gargantua, un Robert le Diable, Pierre de Provence, Richard sans peur, & d'autres héros de même étoffe, que nous eûmes de la peine à percer la foule pour nous sauver d'une si mauvaise compagnie.

Allons-nous-en au port, me dit le prince, nous y verrons sûrement arriver quelques vaisseaux, & ce spectacle est toujours assez curieux : j'ai aussi-bien un grand intérêt de ne m'en pas éloigner, puisque j'attends, comme vous savez, la princesse Anémone, qui doit arriver incessamment. Je veux vous y accompagner, répondis-je au prince, & je sens qu'il n'est plus en mon pouvoir de me séparer de vous; mais, de grace, expliquez-moi auparavant ce que c'est que ce bâtiment singulier que j'apperçois dans cette place publique. C'est, me répondit-il, un bâtiment où l'on garde les archives de la Romancie (1); assez mauvais ouvrage, comme vous voyez. Le portail qui est aussi grand que le corps même du bâtiment, n'est qu'un assemblage bizarre où l'on ne voit ni méthode, ni principes, & qui choque le bon sens : aussi a-t-il révolté tous les esprits sensés. Le corps du bâtiment ne vaut guères mieux; c'est un amas de pierres entassées les unes sur les autres sans goût, sans ordre ni liaison; mais on ne devoit, après tout, rien attendre de mieux de la part de l'entrepreneur. C'est un homme qui se donnoit auparavant dans le pays d'histoire pour un grand ouvrier, jusques-là qu'il faisoit la leçon à tous les autres, & qu'il s'étoit érigé en censeur général; mais la forfanterie lui ayant mal réussi, il s'est jetté de désespoir dans la Romancie, où il n'a pu trouver d'autre moyen de subsister, que de s'y donner pour architecte. C'est sur ce pied-là qu'il a été employé à cons-

―――――――――――――――
(1) Bibliothèque des Romans.

truire le bâtiment dont nous parlons; mais vous voyez par l'exécution, que le prétendu architecte, n'est qu'un médiocre maçon.

O dieux, m'écriai-je dans ce moment; quelle affreuse vapeur! Grand Paladin, quelle peste est ceci? Ah! dit-il, fuyons au plus vîte, & sauvons-nous de l'infection. Nous courûmes en effet, & quand nous nous fûmes assez éloignés: j'avois oublié, me dit le prince, qu'il faut éviter le chemin par où nous venons de passer, à moins qu'on ne veuille s'exposer à être empesté; c'est, ajouta-t-il, un jeune lanternier magique qui nous cause cette infection. On le nomme Tancrebsaï (1). Fils d'un père célèbre par de beaux ouvrages, il n'a pas rougi d'embrasser le métier de lanternier; & comme il est jeune & sans expérience, en voulant faire une nouvelle composition pour peindre sa lanterne magique, il a fait une drogue si puante, qu'on a été obligé de fermer son laboratoire; & après lui avoir fait faire la quarantaine, on lui a défendu de travailler dans ce genre. Mais, dit-il ensuite, nous voici tout près du port, & je crois voir déjà quelques vaisseaux qui arrivent; approchons-nous pour les considérer de plus près, & être témoins du débarquement.

---

(1) Tansaï.

CHAPITRE XIII.

Arrivée d'une grande flotte. Jugement des nouveaux débarqués.

A peine fûmes-nous arrivés, que nous vîmes le port se remplir d'un grand nombre de vaisseaux qui s'empressoient d'y entrer. Les uns étoient munis de passeports (1), les autres n'en avoient pas, parce que, sans doute, ils étoient de contrebande; mais on n'y regardoit pas de fort près, & je les vis entrer pêle-mêle sans qu'on fît presque d'attention à cette différence, pourvu que d'ailleurs ils ne portassent rien de pernicieux. Il y en avoit de petits, de grands & de toutes les tailles. Ils étoient tous distingués par leurs pavillons comme les vaisseaux d'Europe, & sur-tout par leurs devises & leurs noms différens. J'aurois de la peine à me les rappeller tous : c'étoient les quatre Facardins, Fleur d'Epine, les contes Mogols, les contes Tartares, madame de Barnevelt, la Constance des promptes amours, Aurore & Phébus, & plusieurs autres, ce qui faisoit un spectacle fort varié.

―――――――――

(1) Privilèges.

Hélas ! me dit le prince Zazaraph, je n'apperçois pas encore là ma chère Anémone, mais un doux preſſentiment me fait toujours eſpérer qu'elle arrivera inceſſamment ; & ce retardement me laiſſe du moins le loiſir de vous donner des éclairciſſemens ſur tout ce que vous voyez. Cette belle flotte, lui dis-je, me ravit d'admiration ; & je doute que celle des Grecs qui venoient arracher Hélène d'entre les bras de l'amoureux Pâris, fût plus belle. Mais je ne ſais que penſer d'un autre ſpectacle que je vois qui ſe prépare à l'entrée du port. Que prétend faire cette grave matrone que je vois affecter un air de magiſtrat, & s'aſſeoir dans une eſpèce de tribunal, accompagnée d'hommes & de femmes qui ſemblent lui tenir lieu d'aſſeſſeurs ou de conſeillers ? C'eſt en effet, me répondit-il, un vrai tribunal, & peut-être le plus éclairé & le plus équitable de tous les tribunaux. Voici quelle eſt ſa fonction. Nous avons ici des armateurs qui entreprennent des voyages de long cours, pour faire courir le monde à nos héros & à nos héroïnes. Ils choiſiſſent ceux qui leur conviennent, & on les laiſſe diriger leur courſe comme il leur plaît. Les uns la font longue, les autres la font plus courte : l'un va à l'Orient & l'autre à l'Occident. Mais il faut revenir enfin, & rendre compte du voyage :

or ce compte est toujours très rigoureux. Le juge que vous voyez est incorruptible, & son conseil composé d'hommes & de femmes est très-éclairé. Il n'est cependant pas impossible de lui en imposer pour un tems, mais il revient bien-tôt de son erreur, & il réforme lui-même son jugement.

Je suis charmé, repris-je, que du moins dans la Romancie on rende justice aux femmes en les admettant au conseil public ; car c'est une honte qu'elles en soient exclues dans tous les autres pays du monde. Mais expliquez-moi de grace, en quoi consiste les jugemens de ce tribunal ? Ils consistent, me répondit-il, en ce que tous les armateurs sont obligés à leur retour de se présenter à la présidente du conseil, pour lui rendre compte de tout ce qui leur est arrivé. Elle les écoute, & après leur rapport, elle les punit ou les récompense selon la bonne ou la mauvaise conduite qu'ils ont tenue dans le cours du voyage. S'ils ont conduit & gouverné leur monde avec art & avec sagesse, on leur donne dans la Romancie, un des premiers rangs ; si au contraire ils ont fait faire à leurs passagers un voyage désagréable, ennuyeux, trop dangereux ; s'ils les ont fait échouer, s'ils les ont traités avec trop de rigueur, en un mot s'ils leur ont donné de justes sujets de plainte; le juge les punit en les condamnant les uns à la prison, les autres au bannissement, ou à quelque peine plus rigoureuse.

Cette procédure me parut assez curieuse pour mériter que je la visse par moi-même, & je priai le prince Zazaraph de s'approcher avec moi du tribunal, pour être témoin de tout ce qui se passeroit au débarquement des nouveaux venus. On aura peut-être de la peine à le croire; mais il est vrai que dans le grand nombre de vaisseaux qui arrivèrent au port, à peine se trouva-t-il un armateur qui méritât quelque récompense. Les uns n'avoient fait que suivre la route déja tracée par ceux qui les avoient précédés, sans oser en tenter une nouvelle. Les autres avoient causé une confusion effroyable dans tout l'équipage, par la trop grande quantité de monde qu'ils avoient prise sur leurs vaisseaux. D'autres n'avoient mené leurs passagers que dans des pays incultes & arides, où ils avoient beaucoup souffert de la disette & de l'ennui. Quelques-uns avoient mis à bout la patience & le courage de leurs gens, par une trop longue suite de fâcheuses aventures; quelques autres ne les avoient occupés que de choses puériles & extravagantes, de sorte qu'après avoir entendu leur relation, le conseil, loin de leur donner aucune récompense, délibéra s'ils ne méritoient pas plutôt d'être punis, pour avoir inutilement tant perdu de tems, & en avoir tant fait perdre aux autres. Mais il fut conclu à la pluralité des voix, que le peu de considération & l'oubli dans lequel ils seroient condamnés à vivre le reste de leurs jours, leur tiendroit lieu de punition.

Un armateur nommé L. D. F..... essuya dans cette occasion un assez grand procès. Son héroïne dont le nom m'est échappé, se plaignit amérement au conseil, que sans aucun égard aux bienséances de son sexe, il l'avoit fait courir pendant un tems infini, toujours habillée en homme, sans lui avoir voulu permettre de prendre des habits de femme, qu'au moment qu'elle arrivoit au port (1); ajoutant que son armateur sans nécessité & par pure méchanceté, avoit abusé de ce déguisement ridicule, tantôt pour l'obliger à se battre contre des cavaliers, tantôt pour la mettre dans des situations tout-à-fait indécentes, & pour la conduire dans les lieux les plus suspects, où elle avoit vu mille fois son honneur en péril. La plainte de l'héroïne parut d'abord si juste & si bien fondée, qu'elle révolta tous les esprits contre l'armateur; & il alloit être con-

___
(1) Madame Barnevelt, roman de l'abbé Desfontaines.

damné

damné tout d'une voix, lorsqu'un des plus anciens conseillers prit sa défense.

Il représenta au conseil, qu'à considérer les choses en elles-mêmes, il étoit vrai que L. D. F..... méritoit punition, pour avoir fait faire à une honnête héroïne un voyage si dangereux & si peu décent; mais que ces déguisemens, tout dangereux & tout indécens qu'ils étoient, ayant toujours été tolérés dans la Romancie, comme il étoit aisé de le prouver par les plus anciennes annales, on devoit moins s'en prendre à l'armateur, qu'à ceux qui lui avoient donné de si mauvais exemples; qu'ainsi son avis étoit qu'on se contentât pour cette fois d'admonester sérieusement l'armateur, de ne plus suivre une pratique si peu conforme aux loix de la bienséance, & que cependant pour mettre en sûreté l'honneur des princesses Romanciennes, il falloit faire un nouveau règlement, qui abrogeât l'ancienne tolérance, & défendre à tous les armateurs de donner dans la suite à leurs héroïnes d'autres habits que ceux de leur sexe, à moins qu'ils ne s'y trouvassent forcés par quelque nécessité indispensable.

Cet avis parut si raisonnable, que tout le monde s'y rendit; de sorte que l'armateur en fut quitte pour la peur.

Un de ses confrères ne fut pas si heureux,

I.

A peine arrivé de son premier voyage, il en avoit entrepris tout de suite un second, & puis un troisième, de sorte qu'il avoit jusques-là échappé aux poursuites de ses accusateurs & à la sentence du conseil. Mais on le tenoit enfin alors à la fin de son troisième voyage, & il fut obligé de comparoître. On voulut d'abord incidenter sur ce qu'il s'étoit ingéré dans l'emploi d'armateur, qui convenoit mal à sa profession ; Mais il se justifia du mieux qu'il put, en alléguant l'exemple de quelques armateurs célèbres qui avoient auparavant exercé à-peu-près la même profession que lui. Il n'en fut pas de même des autres chefs d'accusation.

Un homme de qualité (1) appellé le marquis de **** parla le premier, & entre autres griefs il accusa l'armateur. 1°. De l'avoir trompé, en ce qu'il l'avoit obligé de s'embarquer pour courir les risques d'une seconde navigation, après lui avoir promis de le laisser vivre en paix dans la solitude dès la fin de son premier voyage. 2°. De l'avoir honteusement dégradé, en ne lui donnant dans le second voyage qu'un emploi de pédagogue ennuyeux, après lui avoir fait jouer dans le premier le rôle d'un homme de qualité. 3°. De l'avoir accablé dans l'un & dans l'autre voyages, des

---

(1) Mém. d'un homme de qualité, par l'abbé Prévost.

malheurs les plus funestes, & dont le détail faisoit frémir. A ces trois chefs d'accusation, l'homme de qualité en ajouta quelques autres moins considérables, auxquels on fit peu d'attention. Mais l'armateur n'ayant pu répondre aux premiers, il fut jugé atteint & convaincu de malversation, & on remit à prononcer sa sentence après qu'on auroit entendu ses autres accusateurs.

Ce fut une femme qui se présenta ensuite. On la nommoit Manon Lescot (1). Quelle femme ! Je n'ai jamais rien vu de si éveillé ; & je n'aurois pas cru qu'un homme du caractère de ****, pût se charger de la conduite d'une telle princesse. Je ne me souviens pas bien du détail de ses plaintes ; mais elles se réduisoient en général à accuser son armateur de l'avoir tirée de l'obscurité où elle vivoit, & à laquelle elle s'étoit justement condamnée elle-même, afin de cacher le dérangement de sa conduite, pour la produire sur la scène au grand jour, & lui faire courir le monde comme une effrontée qui brave toutes les loix de la pudeur & de la bienséance. Cette seconde plainte fut suivie d'une troisième pour le moins aussi vive, mais beaucoup plus intéressante par la scène touchante dont elle fut l'occasion.

_____

(1) Hist. du ch. des Grieux & de Manon l'Escot, par le même.

Les deux complaignans étoient le fameux Cléveland & la triste Fanny (1). Tous deux faisoient le couple le plus mélancolique qu'on ait peut-être jamais vu. La tristesse étoit peinte sur leur visage : à peine pouvoient-ils lever les yeux. De profonds soupirs précédoient, accompagnoient & suivoient toutes leurs paroles ; & à dire le vrai, il étoit difficile d'entendre le récit de toutes les infortunes que leur armateur leur avoit fait essuyer dans le cours de leur voyage, sans prendre part au juste ressentiment qu'ils faisoient éclater contre lui. Barbare, s'écrioit Cléveland, que t'ai-je fait pour m'accabler ainsi des plus cruels malheurs, sans m'avoir donné dans tout le cours de ma vie presqu'un seul moment de relâche ? N'étoit-ce pas assez de la triste situation où me réduisoit une naissance malheureuse ? Etois-tu peu satisfait de m'avoir donné une éducation si sauvage dans une affreuse caverne ? Devois-tu m'en tirer pour me rendre le jouet de la fortune, & rassembler sur ma tête tous les malheurs, toutes les contradictions, toutes les traverses de la vie humaine ? Oui, mesdames & messieurs, ajoutoit-il, en s'adressant aux juges, que l'on compte tous les meurtres, toutes les morts funestes, les noirceurs, les trahisons, les dangers effroya-

---

(1) Cléveland, par le même.

bles, & tous les événemens tragiques dont il a noirci le cours de mes aventures, & vous aurez de la peine à comprendre comment je puis survivre à tant d'infortunes, & comment on en peut soutenir même le récit.

Encore si dans les malheurs où il m'a plongé, il avoit du moins suivi les règles ordinaires. Mais où a-t-on jamais entendu parler d'une tempête pareille à celle qu'il nous fit essuyer en passant d'Angleterre en France ? Qui a jamais vu une amante comme madame Lallin, joindre ensemble tant de qualités contraires, la malice avec la bonté du cœur, l'extravagance avec la raison, la passion la plus violente avec la modération de la simple amitié ? Que veut dire cette passion ridicule, qu'il me fait concevoir dans un âge déja mûr, & dans le tems que j'ai le cœur dévoré de mille chagrins ? De quel droit me fait-il parler comme un homme qui n'a que des principes vagues de religion, sans aucun culte déterminé ? Ah ! combien d'autres sujets de plainte ne pourrois-je pas ajouter ici ? Mais, non, je veux bien le lui pardonner, je consens à oublier même la cruelle épreuve où il a mis ma constance, en faisant brûler à mes yeux, & dévorer par des barbares ma chère fille & l'infortunée madame Riding. Je ne m'attache qu'à un dernier outrage, qui met le comble à tous ses mauvais traitemens. Il a rendu ma femme, ma chère Fanny.... Dieux! peut-on le croire ? puis-je le dire ? Oui, il a rendu ma femme infidèle.

En achevant ces mots, le malheureux Cléveland outré de douleur ne pouvant plus se soutenir, fut obligé de s'asseoir. Toute l'assemblée attendrie de ses justes plaintes le regardoit avec compassion, lorsque Fanny se levant avec vivacité, attira sur elle l'attention des juges & des spectateurs. Le crime d'infidélité que son époux venoit de lui reprocher la piquoit jusqu'au vif. Ingrat lui dit-elle avec un air de colère & de fierté, soutenu de cette assurance modeste que l'innocence inspire, fais éclater tes plaintes contre notre armateur, je partagerai avec toi l'accusation, puisque j'ai partagé tes malheurs. Mais ne sois pas assez osé pour l'accuser aux dépens de ma vertu. Il a pu rendre Fanny malheureuse, mais il ne l'a jamais rendue infidèle. C'est toi, ingrat, qui n'as pas rougi de me préférer une odieuse rivale, & le ciel sans doute l'a permis pour me punir de t'avoir trop aimé.

Eh! quoi, madame, s'écria Cléveland, avec beaucoup d'émotion, osez-vous nier que vous m'ayez abandonnée pour suivre le perfide Gélin ? Il est vrai, repliqua-t-elle, j'ai voulu te laisser renouveller en liberté tes anciennes amours avec madame Lallin ; mais sachez que si Gélin m'a aidée dans ma fuite, sa passion pour moi n'a jamais eu lieu de s'applaudir du service qu'il m'a rendu. Moi, madame Lallin ! s'écria Cléveland avec étonnement : moi, Gélin ! repartit Fanny avec indignation. Quelle fable ! dit l'un ; quelle imagination ! dit l'autre. On vous a trompé, madame : vous êtes dans l'erreur, monsieur : le ciel m'en est témoin : je jure par les dieux : ah ! je ne vous aimois que trop : hélas ! je sens bien que je vous aime encore : quoi, seroit-il possible ? Rien n'est plus vrai : vous m'avez donc toujours aimé ? Vous m'avez donc toujours été fidèle ? Faisons la paix : embrassons-nous. Ah ! ma chère Fanny : ah ! cher Cléveland····

Ils s'embrassèrent en effet avec mille transports de tendresse. Les petits enfans se mirent de la partie, ce qui fit un spectacle pour le moins aussi touchant que la scène d'Inés de Castro. Et voilà comme après une explication d'un moment, finit la longue brouillerie de ces deux tendres époux. Mais l'armateur n'en parut pas moins coupable. On ne comprenoit pas comment il avoit eu la dureté de les livrer au désespoir pendant des années entières, par la cruelle persuasion où il les avoit mis l'un & l'autre, qu'ils se trahissoient mutuellement, sans vouloir leur accorder un éclaircissement d'un moment. Il eut beau alléguer pour sa défense qu'il avoit eu besoin de cet expédient pour prolonger son voyage, auquel des vues de profit l'engageoient à donner plus d'étendue. Il ne fut point écouté ; & le conseil, ouï le rapport, & toutes les défenses de part & d'autre, condamna ledit D. P...(1) à un bannissement perpétuel de toutes les terres de la Romancie, avec défense d'y rentrer jamais. L'arrêt fut exécuté sur le champ ; & on dit que le pauvre exilé veut se réfugier dans le pays d'Historie, où il a quelques connoissances, & où il espère faire plus de fortune.

A peine cette affaire étoit finie, qu'on annonça dans l'assemblée, l'arrivée des princesses Malabares. Ce nom excita la curiosité. On s'empressa de leur faire place ; mais dès qu'elles eurent commencé à vouloir s'expliquer, tout le monde se regarda avec étonnement, pour demander ce qu'elles vouloient dire. C'étoit un langage allégorique, métaphorique, énigmatique où personne ne comprenoit rien. Elles

---

(1) D. Prévost. L'abbé Prévost avoit été bénédictin.

déguisoient jusqu'à leur nom sous de puériles anagrammes. Elles parloient l'une après l'autre, sans ordre & sans méthode, affectant un ton de philosophe, & une emphase d'entousiaste, pour débiter des extravagances. On ne laissa pas d'appercevoir au-travers de ces obscurités insensées, plusieurs impiétés scandaleuses, & des maximes d'irréligion, qui révoltèrent toute l'assemblée contre ces princesses ridicules. Il s'éleva un cri général pour les faire chasser. Elles furent bannies à perpétuité, & le vaisseau qui les avoit conduites, fut brûlé publiquement. Heureusement pour l'armateur, il s'étoit tenu caché depuis son arrivée; car on l'eût sans doute condamné à un châtiment exemplaire; mais il trouva moyen de se dérober aux recherches, & d'éviter ainsi la punition qu'il méritoit.

CHAPITRE XIV.

Arrivée de la princesse Anémone. Le prince Fan-Férédin devient amoureux de la princesse Rosebelle.

PENDANT que tout le monde étoit occupé du spectacle de ces scènes différentes, le grand Paladin Zazaraph, distrait par son amour &

son impatience, jettoit continuellement les yeux vers l'entrée du port. Il étoit bien sûr que la princesse Anémone, ne pouvoit pas manquer d'arriver inceſſamment; & en effet il découvrit enfin le vaiſſeau qui l'amenoit. La voilà, s'écria-t-il, transporté de joie : c'est la princesse Anémone elle-même. Je reconnois le vaiſſeau qui la porte, & les doux mouvemens que je ſens dans mon ame, ne m'en laiſſent pas douter. Le prince Zazaraph courut auſſi-tôt pour recevoir la princeſſe à la deſcente du vaiſſeau, & je l'accompagnai.

Mais comment raconter tout ce qui ſe paſſa dans cette entrevue ? ce feroit le ſujet d'un volume entier, & pour peu qu'on ait lu de romans, on le comprendra mieux que je ne pourrois le repréſenter : tranſports, vives impatiences, regards tendres, joie inexprimable, ſatisfaction inconcevable, témoignages d'affection réciproque, les larmes mêmes, tout cela fut mis en œuvre & placé à propos. Il fallut enſuite raconter tout ce qui s'étoit paſſé durant une ſi longue abſence. Le grand Paladin ne fut pas long dans ſon récit, n'ayant autre choſe à dire, ſinon qu'il avoit dormi pendant toute l'année, par la vertu d'un enchantement. Mais l'hiſtoire de la princeſſe Anémone fut beaucoup plus longue.

Le prince Gulifax, étoit entré chez elle un soir à main armée, & l'avoit enlevée lorsqu'elle commençoit à se deshabiller pour se mettre au lit, sans lui donner seulement le loisir de prendre ses cornettes de nuit. Elle eut beau pleurer, crier & charger d'injures le ravisseur, il fallut partir & s'embarquer. Que ne fit-elle pas dans le vaisseau, lorsqu'elle se vit éloignée de son cher prince Dondindandinois, & sous la puissance du perfide Gulifax qui avoit l'insolence de lui parler d'amour ? Elle s'évanouit plus de vingt fois : vingt fois elle se seroit précipitée dans la mer, si on ne l'en avoit empêchée. Mais il ne lui resta enfin d'autre ressource, que ses larmes & ses sanglots, foible défense contre un corsaire brutal ; aussi la princesse Anémone passa-t-elle légérement sur ce chapitre pour continuer la suite de son histoire, & elle fit bien ; car je remarquai qu'à certains endroits de son récit, le prince Zazaraph témoignoit quelqu'inquiétude.

Elle raconta donc ensuite que les dieux, protecteurs de l'innocence opprimée, l'avoient délivrée miraculeusement de la tyrannie de son cruel ravisseur. Un prince plein de valeur & de générosité, avoit attaqué & pris le vaisseau de Gulifax, qui avoit péri dans le combat;

mais comme son libérateur la ramenoit, une tempête effroyable avoit englouti le vaisseau dans les ondes. Elle s'étoit sauvée sur une planche, & elle avoit été jettée à terre plus qu'à demi morte. Des pêcheurs après lui avoir fait reprendre ses esprits, l'avoient présentée à leur prince, qui en étoit devenu amoureux ; mais toujours intraitable sur ce chapitre, quoique le prince fut beau & bien fait, elle n'avoit seulement pas voulu l'écouter. Ici pourtant je remarquai que le prince Zazaraph fit encore une grimace ; & ce fut bien pis, lorsqu'elle ajouta qu'elle avoit ensuite passé successivement sous la puissance de trois ou quatre autres princes. Le Paladin Zazaraph ne put plus y tenir. Il étoit écrit dans l'ordre de ses aventures, qu'il devoit au retour de la belle Anémone se brouiller avec elle, & la chose ne manqua pas d'arriver. Son inquiétude sur les périlleuses épreuves où la vertu de la princesse avoit été mise, lui fit faire étourdiment quelques questions imprudentes ; la princesse rougit, pâlit, versa des larmes, & parut offensée à un point, qu'on crut qu'elle ne lui pardonneroit jamais : mais comme il étoit aussi écrit que le raccommodement suivroit de près, quelques sermens équivoques d'une part, & de l'autre mille pardons demandés avec larmes, accommodèrent l'affaire; & la vertu de la princesse fut reconnue pour être à l'épreuve de toutes les aventures & hors de tout soupçon. Il ne resta plus qu'à achever le roman par un mariage solemnel; mais il falloit pour cela sortir de la Romancie, où il n'est pas permis de se marier, & le prince Zazaraph s'y disposa.

Au reste j'avoue que je fis peu d'attention au détail des aventures de la princesse Anémone. J'eus, pendant qu'elle racontoit son histoire, l'esprit & le cœur occupés d'un objet plus intéressant. Au bruit de son arrivée, la princesse Rosebelle, sœur du grand Paladin, & qui étoit liée d'une étroite amitié avec Anémone, accourut pour la voir & l'embrasser. C'étoit-là le moment fatal que l'amour avoit destiné pour me ranger sous ses loix. Voir la princesse Rosebelle, l'admirer, l'aimer, l'adorer, ce fut pour moi une même chose, & tout cela fut fait en un moment. Aussi me persuadai-je qu'il n'avoit jamais rien paru de si aimable sur la terre. C'étoit un petit composé de perfections le plus complet qu'on puisse imaginer, & où l'on voyoit la jeunesse, la beauté, les graces, l'esprit, l'enjouement, la vivacité se disputer l'avantage.

Pendant tout le récit de la princesse Anémone, je ne pus faire autre chose que de faire parler mes yeux, & ils furent entendus. Je crus même appercevoir aussi dans ceux de Rosebelle quelque disposition favorable; mais dès que la belle Anémone & le prince Zazaraph eurent achevé leur éclaircissement, & que j'eus la liberté de parler, je ne fus plus maître de mes transports; & oubliant toutes les loix de la Romancie, dont le prince m'avoit entretenu, je me jettai tout éperdu aux pieds de la charmante Rosebelle, pour lui déclarer la passion dont je brûlois pour elle. J'ai su depuis que Rosebelle ne fut pas fâchée dans le fond de l'ame d'une si brusque déclaration; mais elle ne laissa pas de faire toutes les petites cérémonies accoutumées.

Pour ce qui est des spectateurs, après un moment de surprise que mon action leur causa, ils se mirent tous à sourire en se regardant les uns les autres, & comme la princesse Rosebelle ne me répondoit rien, son frère prit la parole. Ah! prince, me dit-il, en m'obligeant à me relever, que vous êtes vif! Eh! que deviendra la Romancie, si l'on y souffre de pareilles vivacités? Eh! que deviendrai-je moi-même, repartis-je avec transport, si l'adorable Rosebelle n'est pas favorable à mes vœux; & si vous, prince, qui pouvez disposer d'elle, vous refusez de me rendre heureux ! Je sais tous les égards que méritent les loix de la Romancie, & ces formalités préliminaires dont vous m'avez instruit ; mais enfin, ne puis-je pas en obtenir la dispense, ou du moins les abreger ? Car je sens bien que la violence de mon amour ne me permettra pas d'en soutenir la longueur sans mourir.

Je vous ai déja dit, prince, me répondit le grand Paladin, que c'est une chose inouie ; que depuis la fondation de la nation Romancienne, aucun héros ait été dispensé des formalités, & des épreuves ordonnées par les loix ; mais il est vrai qu'il n'est pas impossible d'obtenir du conseil public que le tems en soit abregé. Je me flatte même d'obtenir cette grace pour vous, en considération des grands exemples de constance que la princesse Anémone & moi venons de donner à la Romancie dans les rudes & longues épreuves que nous avons essuyées. C'est d'ailleurs une occasion si favorable de m'acquiter envers vous du service que vous m'avez rendu, & de nous unir étroitement ensemble, que je n'attends que le consentement de la princesse ma sœur pour y travailler efficacement. A ces mots, une aimable rougeur qui couvrit le visage de la princesse, la fit paroître encore plus belle à mes yeux. Je tremblois en attendant sa réponse. Mon frère, dit-elle, c'est à vous à disposer de moi, & puisqu'il faut l'avouer, je ne serai pas fâchée que ce soit en faveur du prince Fan-Férédin. Dieux! quels furent mes transports! Je ne me possédai plus. Je ne sais ce que je devins, je pleurai de joie, je mouillai de mes larmes la belle main de Rosebelle; je voulois parler, & je ne faisois que bégayer; mon amour m'étouffoit, & je crois que je fis en un quart-d'heure la valeur de plus de quinze des formalités préliminaires dont j'ai parlé. Aussi cela fut-il compté pour quelque chose, lorsque le grand Paladin demanda que le tems des formalités & des épreuves fut abregé pour moi. Il eut pourtant quelque peine à l'obtenir; mais il avoit acquis dans la Romancie un si grand crédit & une réputation si éclatante, qu'on ne put pas le refuser. On lui accorda même la grace toute entière, en n'exigeant de moi que trois jours pour accomplir toutes les formalités & toutes les épreuves; après quoi on devoit me permettre de partir avec le grand Paladin & nos princesses, pour aller dans la Dondindandie achever notre union.

Ici on s'imaginera peut-être que trois jours ne purent pas me suffire pour faire des choses qui

qui fournissent souvent la matière de plusieurs volumes ; mais je puis assurer que j'eus encore du tems de reste, tant il est vrai que nos auteurs Romanciens ont un talent admirable pour enfler & allonger leurs ouvrages. Comme j'étois déja fort avancé pour les formalités, j'achevai toutes les autres dès le premier jour, & les deux jours suivans je fis toutes mes épreuves. Je commençai par me battre contre un rival, & je le tuai. Cela fut fait en une heure ; il est vrai que je reçus une grande blessure, mais avec un peu de baume de Romancie, je me retrouvai sur pied au bout d'une demi-heure, & en état de me signaler le même jour dans un grand combat naval qui se donna près du port, je ne me souviens pas trop pourquoi. J'y fis des prodiges de valeur. Je sautai dans un vaisseau ennemi avec une intrépidité digne d'un meilleur sort ; mais n'ayant point été suivi, je fus pris, & déja l'on me menoit en captivité ; tandis que les ennemis faisoient leur descente à terre, lorsque dans mon désespoir je m'avisai de mettre le feu au vaisseau. Il fut consumé en un moment, & m'étant jetté à la mer, je fus assez heureux pour gagner la terre & m'y défendre contre ceux des ennemis que j'y trouvai. J'en fis un horrible carnage, après quoi je retournai

K.

pour me rendre auprès de ma chère Rose-belle.

Hélas ! je ne la trouvai plus : les ennemis en se retirant l'avoient enlevée avec beaucoup d'autres captifs. Quel désespoir ! il étoit presque nuit, je m'embarquai aussi-tôt dans une simple chaloupe de pêcheurs, avec un petit nombre de gens déterminés, & à la faveur des ténèbres, j'arrivai sans être reconnu jusqu'à la flotte ennemie. Je ne doutai point que ma princesse ne dût être dans le vaisseau amiral, & ce vaisseau se faisoit remarquer entre les autres par ses fanaux : je m'en approchai doucement. Aussi-tôt prenant un habit de matelot ennemi, j'y montai sans obstacle, & me donnant pour un homme de l'équipage, je m'informai adroitement ce qu'étoit devenue la princesse Rose-belle. Je sus qu'elle étoit dans une chambre où le capitaine venoit de la laisser en proie à ses mortelles douleurs. J'y entrai, & je me fis reconnoître à elle en lui faisant signe en même tems de me suivre sur le pont, sous prétexte de prendre l'air un moment. Elle me suivit, & à peine y fut-elle, que la prenant entre mes bras, je me précipitai avec elle dans la mer.

Ici on va croire que nous devions périr l'un & l'autre ; point du tout : je profitai d'un stratagême admirable que j'avois appris dans Cléveland. J'avois ordonné à mes gens de tenir dans la mer le long du vaisseau un grand filet bien tendu, & de le tirer à eux dès qu'ils m'entendroient tomber. Je fus obéï à point nommé : à peine fûmes-nous deux minutes dans l'eau. Mes gens nous retirèrent Rosebelle & moi, & nous en fûmes quittes pour rendre un peu d'eau salée que nous avions bue. Cependant notre chûte avoit été entendue dans le vaisseau ; mais on ne put pas s'imaginer ce que c'étoit ou du moins on ne le sut que lorsque nous étions déja bien éloignés.

Nous n'arrivâmes au port qu'à la pointe du jour, & je me flattois d'y être reçu avec des acclamations publiques ; mais quel fut mon étonnement, lorsque je me vis chargé de chaînes & conduit en prison. J'étois accusé d'intelligence avec les ennemis, & le fondement de cette accusation étoit la hardiesse avec laquelle j'avois sauté dans un de leurs vaisseaux, & je m'étois mêlé parmi eux sans recevoir aucune blessure; & c'est, ajoutoit-on, pour prix de sa trahison qu'on lui a rendu la princesse Rosebelle. Si j'avois eu le tems de m'abandonner aux regrets & aux douleurs, il s'en présentoit là une belle occasion; mais je n'avois pas de momens à perdre ; je me dépêchai d'accomplir en abregé tout le cérémonial douloureux qui convient en ces occasions, & à peine arrivé à la prison, les juges mieux informés me rendirent la liberté en me comblant même d'éloges & de remercîmens.

Il me restoit encore près d'un jour entier, & par conséquent la moitié de l'ouvrage à faire. Je n'en eus que trop. Il se fit un magnifique tournois auquel je fus invité. J'étois bien sûr d'y remporter le prix, conformément aux loix de la Romancie, & je n'y manquai pas. C'étoit un bracelet fort riche que le vainqueur devoit donner, suivant la règle, à la dame de ses pensées. Or, comme les princesses avoient jugé à propos ce jour-là d'assister en masque au tournois, je fis la plus lourde bévue qu'on puisse imaginer. J'allai présenter mon bracelet à la princesse Rigriche, que je pris pour l'objet adorable de mes vœux. Il ne faut pas demander si la princesse Rigriche fut satisfaite de mon présent. Elle en devint toute fière, elle se redressa, se rengorgea, & fit toutes les petites façons les plus agréables qu'elle put inventer sur le champ. Après quoi, se démasquant suivant l'usage, elle me fit voir un visage si laid, que croyant bonnement qu'elle avoit deux masques, j'attendois qu'elle ôtât le second, & j'allois même l'en prier, lorsque je reconnus ma méprise par un bruit qui se fit assez près de moi.

La princesse Rosebelle étoit tombée évanouie, & on la remportoit chez elle sans connoissance & sans sentiment. Cruelle situation ! Je prévis toutes les suites de cette funeste aventure. Que va penser, disois-je, ma chère Rosebelle ! Hélas ! je ne vois que trop ce qu'elle a déja pensé. Que dira son frère ? Que vais-je devenir ? Toutes ces réflexions que je fis dans un moment me saisirent si vivement, que je tombai à mon tour sans connoissance, accablé de ma douleur. On s'empressa de me secourir, & comme le tems étoit précieux, je repris bientôt mes sens : j'ouvris les yeux, & que vis-je ? La princesse Rigriche qui me tenoit entre ses bras, m'appellant, mon cher prince, avec l'action d'une personne qui s'intéressoit vivement à ma conservation, & qui me regardoit sans doute comme son amant. J'avoue que j'en frémis, & dans toutes mes épreuves, je crois que c'est le moment où j'ai le plus souffert. Je la quittai brusquement pour courir chez la princesse Rosebelle. Nouvelle aventure.

Le grand paladin Zazaraph vient au-devant de moi, & prétend que je dois lui faire raison du mépris que j'ai marqué pour sa sœur. Moi du mépris pour la princesse Rosebelle! lui dis-je, tout transporté; ah! je l'adore. Les dieux sont témoins....... mais j'eus beau dire; l'affaire, disoit-il, avoit éclaté, l'affront étoit trop sensible. En un mot, il avoit déja tiré l'épée, & il menaçoit de me déshonorer si je ne me mettois en défense. Que faire? Une de ces ressources singulières qui ne se trouvent que dans la Romancie, me tira d'embarras. Il étoit défendu par les loix aux princes de vuider leurs querelles un jour solemnel de tournois. Les magistrats nous envoyèrent ordonner, sous peine de dégradation, de remettre notre combat à un autre jour. C'étoit tout ce que je souhaitois, dans l'espérance que j'avois de désabuser Rosebelle, & d'en obtenir le pardon de ma méprise. En effet, l'étant allé trouver, je me justifiai si bien, & je le fis avec toutes les marques d'une passion si tendre & si véritable, que je m'apperçus qu'elle étoit bien aise de me trouver innocent. La réconciliation fut bientôt faite. Le grand paladin y entra pour sa part, & je croyois toutes mes épreuves achevées, lorsque la princesse Rigriche vint y ajouter une scène fort embarrassante.

C'étoit une grosse petite personne aussi vive qu'on en ait jamais vu. J'étois sans doute le premier amant qui eût rendu hommage à ses attraits, & peut-être n'espéroit-elle pas en trouver un second. Elle saisissoit, comme on dit, l'occasion aux cheveux. Quoi qu'il en soit, la colère & la jalousie peintes dans les yeux, & outrée de la façon dont je l'avois quittée pour courir chez la princesse Rosebelle, elle vint elle-même m'y chercher, comme une conquête qui lui appartenoit, ou comme un esclave échappé de sa chaîne. Elle débuta par des reproches forts vifs, auxquels je ne sus que répondre. Ses reproches s'attendrirent insensiblement, jusqu'à m'appeller petit volage, & à me faire espérer un pardon facile ; augmentation d'embarras de ma part, & tout ce que je pus faire, fut de marmoter entre mes dents un mauvais compliment qu'elle n'entendit pas. Cependant Rosebelle sourioit d'un air malin, & le prince Zazaraph gardoit moins de mesures. Rigriche s'en apperçut, & voyant que je ne marquois de mon côté aucune disposition à réparer ma faute, elle fit bientôt succéder aux douceurs des injures si atroces, que je n'eus d'autre parti à prendre que de lui céder la place. Elle se retira à son tour, le cœur gonflé de dépit ; & comme je n'y savois point de remède, nous oubliâmes sans peine cette scène comique, pour nous disposer à partir tous ensemble le lendemain.

Je témoignai sur cela quelque inquiétude, parce que je n'avois point d'équipage ; mais le prince m'assura que je ne devois pas m'en mettre en peine, parce que c'étoit l'usage de la Romancie, de fournir gratuitement aux princes qui y avoient habité, tout ce qui leur étoit nécessaire en ces occasions, & que j'aurois lieu d'être satisfait. En effet, nous étant levés le lendemain avec l'aurore, nous trouvâmes des équipages tout prêts, & tels que la Romancie seule en peut fournir.

CONCLUSION
ET CATASTROPHE LAMENTABLE.

O QUE que les choses humaines sont sujettes à d'étranges vicissitudes ! Nous étions le grand paladin & moi deux grands princes, fameux héros, montés sur deux superbes palefrois. Des brides d'or, des selles & des housses ornées de perles & de diamans, relevoient la magnificence de notre train. Les harnois de notre équipage n'étoient guères moins riches. L'or, l'argent & les pierreries y brilloient de toutes parts, & répondoient à la richesse de nos livrées. Tous nos officiers se faisoient sur-tout remarquer par leur bonne mine, & se seroient même fait admirer, si l'avantage que nous donnoit notre air noble & gracieux n'avoit attiré sur nous tous les regards. Nous marchions ensemble aux deux côtés d'une magnifique calêche, dont la richesse effaçoit tout ce qu'on peut imaginer de plus beau. Quatre colonnes d'or autour desquelles on voyoit ramper une vigne d'émeraude, dont les grappes étoient de rubis & de saphirs, soutenoient l'impériale, & l'impériale elle-même étoit si belle, qu'elle faisoit honte au firmament. Dans le fond d'un si beau char brilloient nos deux princesses, pour le moins autant que deux des plus beaux astres du ciel; l'éclat de leur beauté, relevé par un air de satisfaction qui animoit leurs beaux yeux, éblouissoit tout le monde. On n'avoit jamais vu en hommes & en femmes un assemblage si complet de perfections, grandes & petites. Les acclamations des peuples nous accompagnoient par-tout. Nous trouvions tous les chemins semés de fleurs, l'air parfumé d'odeurs exquises, & de distance en distance des chœurs de musique qui chantoient nos exploits & la beauté de nos princesses. Enfin, après avoir déja fait un chemin assez considérable, je me croyois sur le point d'arriver au terme, lorsqu'un instant fatal me ravit un si parfait bonheur; mais pour bien entendre ce cruel événement, il faut reprendre la chose de plus haut, & prévenir les lecteurs que je vais changer de ton.

Il y a dans le fond du Languedoc un gentilhomme nommé M. de la Brosse, qui, retiré dans sa terre, joint aux amusemens de la campagne celui de la lecture qu'il aime passionnément. Quoiqu'il sache préférer les bons livres aux mauvais, il ne laisse pas de lire quelquefois des romans, moins par l'estime qu'il en fait, que parce qu'il aime à lire tous les livres. Ce gentilhomme a une sœur qui vient d'épouser un autre gentilhomme du voisinage, appellé M. des Mottes; & pour faire une double alliance, M. de la Brosse a épousé en même-tems la sœur de M. des Mottes. Tandis que ce double mariage se négocioit, & lorsqu'il étoit déja à la veille de le conclure, M. de la Brosse ayant la tête remplie d'une longue suite de romans qu'il avoit lus récemment, rêva dans un long & profond sommeil toute l'histoire qu'on vient de lire. Après s'être métamorphosé en prince Fan-Férédin, il fit de M. des Mottes un grand paladin Zazaraph. Il changea sa sœur en princesse Anémone, sa maîtresse en princesse Rosebelle, & composa tout le beau tissu d'aventures qu'il vient de raconter. Or ce gentilhomme, ci-devant prince Fan-Férédin, c'est moi-même, ne vous en déplaise, & jugez par conséquent quel fut mon étonnement à mon réveil de me retrouver M. de la Broſſe. Je demeurai ſi frappé de la perte que j'avois faite, que pendant toute la journée je ne pus parler d'autre choſe ; & M. des Mottes m'étant venu voir le matin : Ah ! prince Zazaraph, lui dis-je, que nous avons perdu tous deux ! Comment ſe porte la princeſſe Roſebelle ? Avez-vous vu la princeſſe Anémone ? Que dites-vous de la folie de Rigriche ? O les beaux diamans ! Que j'ai de regret à ce bracelet ! Arriverons-nous bientôt dans la Dondindandie ? Il eſt aiſé de penſer que de tels propos étonnèrent étrangement M. des Mottes, & je vis le moment qu'il alloit croire que la tête m'avoit tourné, lorſqu'un grand éclat de rire que je fis le raſſura. Il ſe mit à rire lui-même en me demandant l'explication de ce que je venois de lui dire. Non, lui répondis-je, c'eſt une longue hiſtoire que je ne veux raconter que devant un auditoire complet. Nous devons dîner aujourd'hui tous enſemble ; après le dîner je vous régalerai du récit de mes aventures, & même des vôtres que vous ignorez. Je tins parole, & mon hiſtoire ou mon ſonge leur fit à tous un ſi grand plaiſir, que depuis ce tems-là, pour conſerver du moins quelques débris de notre ancienne fortune, nous nous appellons encore ſouvent en plaiſantant les princes Fan-Férédin & Zazaraph, & les princesses Anémone & Rosebelle. On a de plus exigé de moi que je misse mon histoire par écrit. Ami lecteur, vous venez de la lire. Je souhaite qu'elle vous ait fait plaisir.

Fin du voyage du prince Fan-Férédin.

RELATION
DE L'ISLE IMAGINAIRE,
ET
HISTOIRE
DE LA PRINCESSE
DE PAPHLAGONIE;
Par SEGRAIS.

RELATION
DE
L'ISLE IMAGINAIRE.

L'ISLE dont je veux vous parler n'est ni au nord, ni au midi : le climat est d'une juste température, qui ne tient de l'un & de l'autre que la manière qu'il faut pour en faire dire un mot italien, *il mezotempo* ; & certainement il est fait tout comme cela, & l'on ne peut pas mieux l'exprimer : la douceur de l'air y est grande, & le plaisir qu'il y a à le respirer est inconcevable. Cette île n'a point de nom, & elle est inhabitée. Il y auroit assez lieu de croire que c'est l'île Ferme par sa beauté, quoiqu'il n'y reste rien du palais d'Apollidon ; mais vraisemblablement il a été détruit faute d'être hanté, personne n'étant digne de pouvoir parvenir à passer le lac des Loyaux-Amans : ainsi ce maudit tems, qui détruit tout, a détruit ce digne &

superbe édifice : en récompense, il y a de quoi en faire de plus beaux & des plus à la mode.

Sur le rapport de ceux que nous avons envoyés pour en faire le tour, nous apprenons que cette île a cent lieues de circonférence ; qu'elle est toûte revêtue de porphire & de marbre ; qu'à hauteur d'appui, elle a, tout-à-l'entour, une balustrade de même, & ce pour regarder la mer qui la bat. Il n'y a que deux havres où l'on entre à tous vents, & où les vaisseaux les plus en danger de la tempête trouvent leur asile contre les plus fiers orages. Ses ports sont commandés par deux places, les plus belles & les meilleures du monde ; elles sont fortes par leur situation ; l'une est un rocher escarpé, sur le haut duquel est une terrasse en manière de bastion, d'une pierre aussi dure qu'elle est précieuse & éclatante ; je ne l'oserois nommer, de crainte de passer pour un menteur ; mais je laisse à deviner, & je me persuade que l'on le fera aisément. Il y a force canons qui ne sont point de fonte verte, mais qui sont d'une plus noble matière, & l'on n'en connoît point la valeur en fait de canons, n'y en ayant jamais eu que ceux-là ; ils sont de ce métail à qui le soleil donne son éclat & sa couleur ; & ce qu'il y a d'étonnant, c'est qu'ils sont beaucoup meilleurs que les autres,

autres, bien qu'on n'en ait point fait l'expérience en Europe; leurs affuts sont de bois de calambour, qui s'y trouve, plus propre qu'on ne le croiroit. Les logemens pour les soldats, & les magasins sont creusés dans le roc, & il n'y a de bâtimens qu'un très-petit pavillon, mais très-splendidement bâti de corail, de jais & de la pierre même du rocher. L'autre fort est construit tout d'acier, & armé de même que celui qui lui est opposé: c'est une chose assez extraordinaire à voir, mais fort rare, fort belle & encore meilleure.

Je pense que personne ne doutera que n'ayant que ces deux avenues à garder, la domination de cette île ne soit fort considérable & fort redoutable à tous les princes de la chrétienté. La personne qui achète cette île n'étant pas pour y demeurer, elle peut bien prendre ses mesures pour savoir à qui elle donnera ce gouvernement, puisqu'il est très-honorable, & sur-tout fort utile, si celui à qui elle le destine a le pouvoir de mener des gens pour peupler cette contrée. Je ferai le détail de tout ce qui est nécessaire. Mais revenons à notre sujet.

Le pays est bon; & depuis deux ans que j'y suis, je m'étudie d'en connoître tout, & d'expérimenter ce qui y peut venir. La con-

L

versation ne m'occupant point, puisque je n'ai avec moi que deux valets, que je pourrois nommer esclaves, vous serez, peut-être, en curiosité de savoir qui m'y a mené. Je vous le vais dire.

Etant jeune, je me débauchai de mes études avec quelques-uns de mes camarades. Nous fîmes dessein de nous en aller en pélerinage à Saint-Jacques en Galice, & nous fûmes jusqu'à Orléans. Nous nous amusions, pendant le séjour que nous y fîmes, à pêcher dans la rivière de Loire; & étant fort avancés pour trouver plus de poisson, il vint un tourbillon de vent qui nous emporta jusqu'à Gergeau, où je me trouvai dans un bateau séparé de mes camarades. Je fus au désespoir, ne sachant que devenir, & n'ayant pas un sol. Le batelier eut pitié de moi, & me mena avec lui jusqu'à Rouane, où j'entendis parler de la montagne de Tarare. Je me souvins d'avoir lu dans Voiture, qu'il s'y étoit trouvé par enchantement, le jour qu'on le berna à l'hôtel de Rambouillet. Je songeai alors que je serois heureux s'il arrivoit une aventure pareille qui m'emportât & qui m'emmenât en quelque île enchantée. A l'instant, je me sentis élevé, & je me trouvai à Marseille sur le port, en un état bien différent de celui auquel j'étois parti de

Paris, car j'étois vêtu en homme de qualité, & je trouvai beaucoup d'argent dans mes poches. Jugez de ma joie. Force gens me vinrent acoster, & me demandèrent depuis quand j'étois arrivé. Je ne jugeai pas à propos de me faire connoître pour un écolier, ni de passer aussi pour un homme qui tombe des nues : je leur répondis qu'il y avoit deux ou trois jours que j'étois dans leur ville, & que j'y venois à dessein de prendre emploi sur les vaisseaux, n'ayant pas trouvé le service de terre à ma fantaisie, & qu'il m'étoit même arrivé quelque accident qui m'avoit obligé de m'éloigner de l'armée de Flandres pour quelques années. Ils me pressoient fort de leur conter le détail de mon combat, ne doutant point que ce n'en fût un; mais comme je me serois fort mal démêlé d'un tel récit, n'ayant jamais ni vu ni fait de combats de ma vie, je me tirai honnêtement de celui-ci sans coup férir, & j'évitai d'entrer en matière. Ces messieurs jugèrent que j'étois un joli garçon, & conçurent une grande opinion de moi, & plus que je ne méritois à mon âge, car je n'avois que seize ans, & je n'avois rien vû. Je les hantai, je les régalai: enfin je m'embarquai & je m'abandonnai à la mer. Si je me souviens ce fut avec le chevalier de la Ferrière, qui fut si malheureux

L ij

que de périr, & tout ce qui étoit avec lui. Je me trouvai heureusement sur une planche de galère du débris des nôtres, qui me porta dans un vaisseau turc, où l'on me reçut fort bien : j'y trouvai des François, des Espagnols, des Allemands, enfin des gens de tout pays. Mais peu de jours après, nous fûmes attaqués, nous combattîmes, & tout fut tué sur notre vaisseau ; il n'y demeura que moi, & je fus victorieux de ceux contre qui nous combattions. Enfin je me vis maître des ennemis, d'un navire, & de quantité de richesses. Cela me plut fort. Je m'en allai à la première ville rajuster mon vaisseau, & me munir de tout ce qui m'étoit nécessaire pour continuer cette vie, qui me sembloit fort agréable. Ce fut à ce combat où je pris les deux fidèles esclaves que j'ai avec moi. Nous fîmes encore quantité de prises ; entr'autres nous en fîmes une où il y avoit force femmes, & entre elles une jeune princesse d'une beauté sans pareille ; elle n'avoit que dix-huit ans. Vous disant que c'étoit la plus belle chose du monde, il seroit inutile de vous en faire le portrait; car ce terme comprend tout ce qui se peut imaginer. Elle avoit un casque d'une escarboucle seule, avec une manière de plume d'or, où il pendoit des poires de diamans, taillés à facettes, gros comme des amandes : elle avoit deux émeraudes, dont elle étoit armée comme d'une cuirasse ; une jupe & des manches volantes d'un taffetas d'Avignon, couleur de feu, car c'étoit en été ; les bras à moitié nuds, & les jambes de même avec de petits brodequins seulement, d'un tissu couleur de feu & argent. Je ne vous dirai rien de leur beauté, tout le corps en étoit aussi bien partagé que le visage ; j'en fus surpris & étonné : elle étoit sur une manière de trône, & on ne lui parloit qu'à genoux. Je jugeai bien que c'étoit quelque grande dame ; mais je ne l'appris pas sitôt, car personne ne parloit ni françois ni aucune des autres langues que je savois. Je lui rendis les mêmes devoirs que ceux de sa suite, & jamais prisonniers ne furent si maîtres que ceux-là. Vous jugerez bien, sans que je vous le dise, que dès ce premier moment je fus prévenu d'une grande passion pour ce charmant objet. L'amour ne m'aveugla pas tant que je ne jugeasse bien que cette charmante princesse me mépriseroit, quand elle sauroit que je n'étois qu'un misérable gentilhomme, & que j'aurois beau être jeune & bien fait, tout cela ne lui pourroit plaire. Je m'avisai de me faire servir avec beaucoup de cérémonie, & de lui donner à juger par la manière qu'on en usoit avec moi, que j'étois un fort grand seigneur. Il m'étoit d'autant plus aifé de prendre telle qualité que je voudrois, que pas un de mes gens ne me connoiffoit, & ne fçavoit qui j'étois : je pris donc cette réfolution le lendemain de fon arrivée. Le premier jour elle avoit été retirée, ainfi ni elle ni fa fuite n'avoient pû remarquer que je vécuffe autrement. Je l'allois voir avec foin; mon filence lui parloit de ma paffion, & il me fembloit que le fien me faifoit connoître qu'elle ne l'avoit pas tout-à-fait défagréable. Enfin amour qui entend toutes les langues, & qui eft le meilleur maître du monde pour s'exprimer, m'apprit fon langage, & je me trouvai en état de lui parler. Les premiers entretiens que nous eûmes enfemble furent de plaindre fon malheur, de lui protefter qu'elle étoit la maîtreffe de fes volontés; que j'étois incapable de me prévaloir de fa difgrace, & tout prêt à la ramener où elle ordonneroit. Elle me dit qu'elle étoit fille du roi de Madagafcar, & que fon père l'avoit promife au roi d'Ethiopie, & que l'un de ceux qui avoient été tués au combat, étoit fon oncle qui la menoit au mari qui lui étoit deftiné. Elle me fit paroître peu d'inclination pour cette alliance. La conjoncture étoit fort belle pour faire paroître ma paffion ; mais comme je fongeois par où je devois commencer, elle me demanda qui j'étois, & me dit que la bonne opinion qu'elle avoit de moi, fondée sur les civilités que je lui avois rendues, lui donnoit la curiosité de me connoître. Je me défendis autant que je pus, mais de façon que je lui donnois encore plus de curiosité. Enfin elle me pressa tant, que je lui dis que j'étois le fils du roi de France : ce qui étoit une chose assez difficile à croire en l'état où j'étois, puisque le roi mon père étoit le plus puissant des rois ; mais que des raisons que je n'osois dire m'avoient mis en l'état où j'étois, & que je la suppliois très-humblement de ne me point commander de lui en dire davantage. Elle eut peu d'égard à ma supplication, & elle me commanda absolument de lui dire mon aventure. Le même amour qui m'avoit fait celer ce que je voulois taire, m'obligea à parler. Un jour, (dis-je à cette princesse), comme je chassois dans la forêt de Livri, mon cheval étant tombé, & s'étant enfui avant que je fusse relevé, un page courut après pour me le ramener. Pendant ce tems-là, je vis proche de moi une bergère d'une si grande beauté, qu'elle me donna dans la vue : je l'approchai, & je lui trouvai autant de fierté que de charmes : &, dans le peu de tems que je lui parlai, son esprit me parut aussi poli que celui des dames de la cour. Je lui demandai sa demeure : elle me dit

L iv

que c'étoit dans le village de Livri, & que son occupation ordinaire étoit de garder les moutons. Mon cheval revint; je ratrapai la chasse; & pendant que je courois après le cerf, je n'y songeois guère; mais bien à ma bergère. Je m'imaginai que c'étoit Astrée, & je me résolus d'être Celadon, & de quitter toute la grandeur & la dignité où j'étois né, pour suivre la vie champêtre, & passer une partie de la mienne avec elle, me persuadant que le roi mon père ne me permettroit jamais de l'épouser de son vivant, & que tant qu'il vivroit je serois berger. Je retournai au Louvre, où je fis comme j'avois accoutumé; je donnai mes ordres à un valet affidé que j'avois, de m'acheter tout ce qui étoit nécessaire pour me vêtir en berger. Dès le lendemain, je partis de Paris de grand matin; je me défis de tous mes gens; & comme j'étois au lieu où j'avois donné mon rendez-vous, je trouvai mes habits de berger, dont je me revêtis, & je quittai mes habits de la cour. Je donnai mon cheval à celui qui me les avoit apportés, & je le renvoyai avec ordre de m'apporter, toutes les semaines, de l'argent au lieu même où il me quittoit. Je m'en allai trouver ma bergère, qui ne fut pas fâchée de me voir; mais elle fut surprise de mon changement d'habit: toutefois celui que j'avois la veille n'étoit pas pour me faire croire un grand seigneur, car j'avois une casaque de valet de chiens : je lui dis que la vie de la cour, & la sujétion de panser les chiens, ne m'avoit pas plu ; que j'aimois beaucoup mieux garder les moutons comme elle, & que je la priois de me mettre en condition. Elle me répondit que je rencontrois une occasion fort favorable ; que son maître n'avoit plus qu'elle à garder ses troupeaux, ayant chassé un berger depuis quelques jours, parce qu'on l'accusoit d'être sorcier ; mais que n'ayant point de répondant, elle ne savoit si on me prendroit. Je me trouvai fort embarrassé ; elle le reconnut bien : mais nous ne laissâmes pas d'aller, car elle me promit de me mener chez lui. Je songeois par le chemin, que je m'embarquois à une affaire mal aisée à achever ; que dès que le roi mon père me trouveroit perdu, il me feroit chercher ; que Livri n'étoit qu'à quatre lieues de Paris ; que si ces gens-ci en avoient le bruit (comme l'on ne manqueroit point, en s'informant de moi, de me dépeindre), le bon homme chez qui je serois auroit une grande joie de me livrer ; que ma bergère n'ajouteroit point de foi à tout ce que je lui aurois dit, dès que je serois connu ; & qu'enfin elle me prendroit pour un affronteur.

Toutes ces choses me donnoient tant d'embarras, que me trouvant arrivé à la maison du laboureur, la bergère me présenta; & comme ce bon-homme commença à me parler, je ne savois comment lui répondre. Enfin je commençai, en disant en moi-même: amour, aide-moi: ce qu'il fit. Mon nouveau maître me demanda d'où j'étois, je lui répondis que j'étois de la frontière de Picardie; que mes père & mère avoient du bien; & que, pour mon plaisir, je m'étois amusé à faire le métier que maintenant j'exerçois par nécessité. Il se tourna vers sa femme, & lui dit: ma mie, ce jeune garçon me plaît; il paroît, à la naïveté de son discours, qu'il dit vrai, & à sa mine, qu'il a été bien nourri: il ne faut point s'arrêter à des répondans; il me plaît, prenons-le. La bonne femme à qui je revenois autant qu'à son mari en convint, & lui répondit: ces malheurs peuvent arriver à tout le monde; & s'ils nous arrivoient, nous serions bien heureux de trouver des gens qui en fissent autant à nos enfans. De sorte que je fus arrêté au logis. J'allois tous les jours mener mes moutons aux champs avec ma belle bergère: nous chantions assis sur l'herbe; nous faisions des chapeaux de fleurs à nos moutons les mieux aimez; je leur mettois des rubans: enfin rien n'étoit si joli que nos troupeaux. Je lui consoit mes douleurs, elle les écoutoit, & les soulageoit. A la fin je trouvai que je n'avois plus de sujet de me plaindre, puisqu'elle m'étoit si favorable. Mais un dimanche comme nous étions au prône, j'entendis crier le fils du Roi que l'on demandoit. L'appréhension que j'eus d'être connu me fit résoudre à me déclarer à elle; je le fis, & lui protestai en même tems que rien ne pouvoit empêcher le dessein que j'avois de l'épouser. Je lui proposai de quitter ce pays, & de nous en aller mener notre douce vie aux bords du Lignon; ou dans un lieu plus éloigné, dans lequel l'on nous trouveroit moins. Nous nous y en allâmes par des lieux écartés, en ne logeant ni en bourg ni en village, couchant dans les bois. Comme la France n'est plus comme elle étoit autrefois du tems des Gaulois, nous ne trouvâmes point de chevaliers-errans, & notre voyage se passa sans aucune aventure. Les bords du Lignon me parurent beaux au dernier point: nous allâmes voir les saules où Céladon & Astrée mettoient leurs lettres; nous vîmes la fontaine de la vérité d'amour; nous visitâmes tous les lieux où se faisoient les sacrifices, & nous passâmes là quelque-tems avec beaucoup de douceur: mais mon malheur voulut qu'étant allé à une fête à un village prochain, la foule ou la chaleur causa à ma bergère une maladie, dont elle mourut. Vous pouvez juger de ma douleur dans une si funeste aventure. Ma première résolution fut de m'en aller dans la Thébaïde pour y vivre comme j'avois lu qu'ont fait autrefois les pères du désert ; mais comme j'étois en chemin pour y aller, il me sembla que de la qualité dont j'étois, je pouvois faire une plus rude pénitence en ce monde ; puisque les plaisirs sont un grand supplice pour les gens qui n'ont pas le cœur gai ; mais aussi je songeai que de m'en retourner droit à la cour après quelque mois d'absence, il faudroit rendre compte du sujet qui l'avoit causée, & qu'encore qu'il fût beau pour ceux qui avoient vu la bergère, il ne seroit pas de même pour le roi mon père ; qu'il valoit mieux m'en aller à la guerre, & ne point revenir que je n'eusse fait quelque chose de considérable ; & que ce seroit un honnête prétexte d'avoir quitté la cour, en disant que la crainte que l'on ne m'empêchât d'aller à l'armée m'avoit fait partir de cette manière. Je m'embarquai donc, sur cette pensée, dans un vaisseau étranger, ne voulant pas être connu. Mon dessein a réussi, ayant fait d'assez belles choses pour m'acquérir quelque réputation ; & le ressouvenir de tous mes maux passés est bien effacé maintenant par la joie que j'ai d'avoir l'honneur de vous voir.

Il étoit tard lorsque je commençai mon aventure; ainsi, dès qu'elle fut finie, la princesse me donna le bon soir. Quand je fus retiré, j'admirai mon bonheur de m'être si bien tiré d'affaire, & je me remerciai moi-même de m'être fait si grand seigneur; mais, quand il faut feindre, il ne faut point que ce soit à moitié; il ne coûte pas plus de se faire fils d'un roi, que le dernier de son royaume. Je connus, à la mine de la princesse, que mon récit lui avoit plu, & je me flattai de belles espérances. Je passai toute la nuit à faire ce qui s'appelle des châteaux en Espagne, ce qui fit que le matin je dormis tard. L'on me vint éveiller, & j'appris que c'étoit une des dames de la princesse, qui me venoit avertir qu'elle avoit été malade toute la nuit, & que l'air de la mer lui étoit tout-à-fait contraire; mais qu'elle étoit si peu accoutumée à prier personne, qu'elle mourroit plutôt que de se remettre à me faire une prière, de laquelle elle pourroit être refusée. Je me levai en diligence, & je l'allai trouver pour la supplier de me dire ce qu'elle vouloit devenir, qu'il n'étoit pas juste de la tenir toujours errante & vagabonde, qu'elle étoit la maîtresse, qu'elle pouvoit prescrire ce qu'il lui plairoit, & qu'elle seroit obéie. Elle me dit qu'elle étoit plutôt en état de suivre mes conseils que de commander, & qu'elle m'avoit une grande obligation. Nous fûmes long-tems sur ces propos, interdits l'un & l'autre, & de manière à comprendre que chacun avoit envie de parler & n'osoit. Je crus qu'en cette rencontre mon silence seroit criminel, & que c'étoit à moi à parler. Je me déterminai donc, & jugeai qu'en cette occasion je me devois bien plutôt recommander à l'amour, que quand j'avois dit l'avoir fait en répondant au laboureur ; je dis donc alors : amour, seconde-moi ; & je lui fis une déclaration tout de mon mieux : mais une telle chose est toujours ridicule à redire, & n'est jamais agréable qu'à ceux qui la font, quand elle est bien reçue, ou à celle qui l'écoute, quand elle aime le cavalier. La princesse reçut la mienne fort agréablement : je ne sai pas si ce sont les charmes de ma personne, du moins ne le puis-je croire, trouvant qu'il y en a tant à la qualité dont je lui avois dit que j'étois, que mon récit seul pouvoit avoir captivé sa bonne volonté, sans y rien ajouter. Je lui alléguai les avantages qu'elle auroit, la manière de vivre de la cour de France, les agrémens qu'elle y trouveroit. Enfin, nous conclûmes, & je me trouvai le plus heureux homme du monde de me voir mari d'une beauté & d'une si grande princesse.

Le respect que les honnêtes gens ont toujours pour le sexe, & celui qu'elle m'inspira à sa première vue, furent cause qu'elle demeura toujours dans son vaisseau, & que l'on ne toucha à rien: de sorte que la fortune, non contente de m'avoir donné un si riche trésor que celui de sa personne, me fit paroître beaucoup de chose qu'elle possédoit. Elle me fit voir des millions d'or monnoyé, des lingots en quantité, des barils tout pleins de diamans taillés à facettes, en tables & de toutes les manières, de fort gros rubis, des perles rondes & en poires d'une grosseur démesurée. Jugez de mon étonnement, car la valeur de toutes ces choses ne se pouvoit nombrer. Il y avoit encore des pieces de toile d'or, d'argent, & des tapis de Perse pour faire plus de deux mille ameublemens. Comme l'intérêt n'étoit pas pour lors ma passion dominante, je regardai tout cela comme des feuilles de chêne, & je ne fis autre réflexion, sinon, que mon bon homme de père seroit bien aise de me voir marié à un si riche parti, & que toutes ces sommes seroient fort utiles pour la subsistance de notre famille. Notre dessein étoit de venir en France, mais tous les vents nous furent contraires ; nous fûmes attaqués & victorieux plusieurs fois : à la fin, nous fûmes vaincus ; & par malheur, dans un fort rude combat, la princesse fut tuée d'un coup de mousquet qu'elle reçut dans le cœur, pour la punir, je crois, d'avoir aimé un aussi grand imposteur que moi. Jugez cependant de ma douleur. Je ne songeai plus à rien. Je demeurai dix jours sans parler & sans manger; de sorte que mes deux fidèles esclaves avoient soin du vaisseau. A la fin, je donnai quelque signe de vie : je fus encore un long-tems sans parler, & peu-à-peu je revins; mais comme un homme outré de mélancolie : nous allions dessus la mer errant deçà & delà, sans savoir où, & sans dessein. Un jour, pour me divertir, ces fidèles esclaves s'avisèrent de m'apporter des livres qu'ils avoient trouvés dans quelques-unes de nos prises; je m'amusai à les lire; c'étoit des philosophes, sur-tout Epictète me plut; car en l'état où j'étois, souffrir & s'abstenir étoit une philosophie qui donnoit fort dans mon sens. Le vent me jetta dans l'île dont il est question. D'abord je fus surpris de la beauté de ce port. Etant entré dans ce beau & brillant rocher dont je vous ai fait le récit, je fis mon possible pour en sortir, ne jugeant pas que tant de beauté convînt à ma mauvaise fortune; mais il me fut impossible. J'appréhendois d'y trouver du monde digne d'habiter un si beau lieu; mais

il

quand je n'y trouvai personne, j'eus autant de joie que j'étois capable d'en pouvoir sentir, de me trouver seul avec mes deux esclaves. J'oubliois de vous dire que pendant que ma douleur m'avoit réduit au misérable état où l'on me croyoit mort, nos vaisseaux avoient combattu, & que l'on m'avoit pris celui où étoient toutes mes richesses, & qu'il n'étoit demeuré dans le mien que les choses nécessaires, dont je ne me souciois point. Pendant que je lisois mon Epictète, & que je passois les jours & les nuits sur la dure dans ce charmant lieu, la beauté duquel faisoit que je n'avois plus d'yeux pour tous les autres, mes esclaves se promenant dans l'île, y découvrirent des raretés si grandes, qu'ils m'en racontoient tous les jours quelque chose de nouveau. A force de lire les philosophes, je le devins tant, que je me consolai de la mort de la princesse, & n'y songeai plus. Sénèque me parut avoir mené une vie plus agréable qu'Epictète, ayant possédé des biens en les méprisant. Je commençai à sortir & à me promener par toute l'île; je la trouvai d'une beauté extraordinaire: nous nous mîmes tous trois à la cultiver, ce qui nous fit connoître la bonté du terroir; & ce qui me donna lieu de penser à la peupler, & à en donner avis à quelque personne considérable, comme j'ai fait,

M

songeant que je trouverois à y vivre avec repos & tranquillité, même à y avoir du bien pour y vivre heureusement. Ce fut dans cette pensée que je dressai ce projet.

L'île a, comme j'ai déja dit, cent lieues de circonférence, de longueur & de largeur en tout sens environ quarante. J'ai parlé de la manière dont elle est revêtue. Il y a dix forêts, à savoir une d'orangers, qui est en partie à mi-côte; au milieu, qui est sur une hauteur, il y a un grand étang d'une eau claire & vive: cette source forme un ruisseau qui tombe en cascade sur du marbre noir dans le milieu d'une route, & qui fait un grand rond au bas. Les routes y sont à perte de vue, & les arbres touchent aux nues. A l'opposite, l'on rencontre une autre forêt de grenadiers, qui est très-agréable par la couleur de ses fleurs & par la grosseur de ses fruits. Des grenades que l'on y cueille, il y en a la moitié qui sont douces: ces arbres fleurissent & portent des fruits deux fois l'année, & les orangers de même. Une autre m'a paru assez extraordinaire, parce que les arbres qui la composent, grossissent rarement en France : elle est de jasmin ; mais d'une hauteur & d'une grosseur incroyables, aussi bien que la quatrième, qui est de genêt d'Espagne. Les autres sont de chênes, d'ormes, de sapins & de cèdres ; si on en avoit le débit, elles seroient de grand revenu, un arbre y croissant en deux ans, comme en quarante dans l'Europe. Les autres sont d'oliviers, & d'arbres fruitiers de toutes sortes : de poires, de prunes, cerises, bigarreaux & pêches de toutes les manières ; & celles-là sont beaucoup plus grandes que toutes les autres ; & au pied des arbres, il y vient des raisins muscats de toutes les façons, qui entourent les arbres, & sur la terre toute sorte de fruits rampans, comme fraises, framboises, groseilles, melons, concombres & citrouilles ; enfin de tout ce que l'on se peut imaginer, & de toutes sortes de légumes. Sous les autres, il y vient du blé, de l'avoine, de l'orge, hors sous celle des orangers, grenadiers, jasmin & genêt d'Espagne, attendu que cela est plus pour la décoration du pays que pour l'utilité : mais il y naît de toutes sortes de fleurs, qui y sont toujours comme au printems. Les prés y sont d'une beauté & d'une bonté singulières, puisque l'on les coupe quatre fois l'année. Il y a des champs où il ne vient que des champignons de toute sorte de couleurs pour réjouir la vue ; &, dans le même endroit, des trufes. Il y a force rivières de toutes longueurs & largeurs, des lacs & des ruisseaux ; le cours des uns est doux ; des autres, il eſt rapide, & les eaux de différent œil. L'on y prend des poiſſons d'une monſtrueuſe groſſeur ; l'on y voit ſouvent des chevaux marins, des baleines, des dauphins, des naïades, & des ſirènes les plus jolies du monde ; elles chantent mélodieuſement ; &, quand le ſoleil donne ſur leurs écailles, rien n'eſt plus plaiſant à voir. Les petits ruiſſeaux & les prés d'alentour ſont toujours couverts de tous les oiſeaux qui aiment cet élément, & qui ſont d'un plumage le mieux nuancé du monde ; & l'on peut croire par-là que la nature mêle mieux les couleurs, que les marchands du Palais. Les forêts ſont toutes pleines de ſatyres qui ſont beaucoup plus modeſtes qu'ailleurs, ne ſongeant qu'à jouer de leur flute douce, & à les accorder au chant des oiſeaux qui font un agréable concert. Les cerfs y ſont communément pies, & beaucoup jaunes & noirs, & même de tout blancs avec les cornes couleur de feu, ſi vive, qu'il ſemble qu'elle ſoit de vernis. Les biches, faons, chevreuils & dains ſont preſque toujours couleur de roſe & iſabelle. Pour les lapins, ils y ſont de toutes couleurs, ainſi des autres bêtes ; elles ſont toutes différentes des autres ; mais les chevaux noirs, blancs, bais ou gris y ſont rares, étant tous bleus, incarnat, gris-de-lin

& mêlés de ces couleurs ; il n'y en eut jamais de si beaux : comme ils y sont sauvages, leurs queues & leurs crins pendent jusques à terre ; cela fait un effet admirable. Les éléphans, les licornes, les dromadaires & les chameaux y sont communs : enfin il n'y a d'aucune sorte de bêtes ni d'oiseaux dont vous avez vu, ouï parler, ou lu qui n'y soient en quantité, & d'une beauté exquise & rare. Le gibier y est merveilleux. Le bœuf, le mouton y ont un goût qui n'est point connu en lieu du monde. Les soirs, rien n'est si beau à voir que les prairies au coucher du soleil. Toute sorte d'animaux y viennent : les silvains aussi & les naïades se viennent promener quelquefois dans ces petits ruisseaux ; de sorte que leur voix, les flutes des silvains, avec le chant des oiseaux, les mugissemens & hennissemens des bêtes, tout cela fait un concert le meilleur du monde ; & le plaisir qu'on a de voir tant de créatures irraisonnables donner une telle satisfaction, montre bien que la nature est une chose bien admirable ; encore plus celui qui en est l'auteur & cela très-assurément donne de beaux sujets de penser à soi, & de faire de bonnes & solides réflexions. J'oubliois une espèce de bête que l'on ne devroit point nommer ainsi, puisque hors la parole rien ne fe rapporte mieux à l'homme, non par la forme, mais par l'efprit, puifqu'ils en ont infiniment, qu'ils entendent, qu'ils font fidèles, & intelligens : perfonne ne doutera que ce ne foit des chiens dont je veux parler. J'ai remarqué qu'en cette île ils y font comme en manière de république, ainfi que quelques naturaliftes ont écrit des fourmis & des mouches à miel : mais affurément les chiens de cette île le font avec plus de reconnoiffance & de raifon. Ayant donc remarqué qu'ils avoient un chef, & que les uns & les autres le révéroient, je me fuis tout-à-fait appliqué à voir où la chofe alloit : j'ai trouvé en eux une vraie monarchie, un roi, une reine, & toute leur maifon. Ce font les lévriers qui règnent maintenant; il m'a même paru qu'ils ont difputé long-tems avec les épagneuls : mais ce parti étoit le plus foible, puifqu'il n'étoit foutenu que des bichons, & que les chiens courans, les dogues, les turcs, les chiens d'Artois, les mâtins, & toute autre efpèce, avoient reconnu les levriers comme leurs véritables princes. La race qui règne maintenant eft d'une fort petite efpèce, mais beaux à merveille : ils ne chaffent point ; mais ils font chaffer les autres pour leur divertiffement. La reine eft noire, avec du blanc & du feu. Le roi est blanc, & les princes du sang sont communément gris & blancs, & noirs ou fort gris : il y en a deux seulement isabelle & blancs, d'une beauté singulière, que l'on destine de marier ensemble. Leur monarchie est en fort bon ordre ; ils y vivent sans dissention ; les barbets agissent peu ; mais, pour les épagneuls, ils font contre fortune bon cœur ; car ils chassent, & apportant de leurs prises font subsister les autres : enfin ils paroissent fort zélés pour l'état. De vous dire si c'est par politique ou par inclination qu'ils agissent, je ne vous le dirai point : mais vous saurez que les lions y sont fort jolis, ils sont couleur de feu, & enjoués extrêmement. Je pense que cela leur vient de la liaison qu'ils ont avec les chiens ; car assurément il y a alliance & confédération ; &, dans cette dernière affaire, ils furent fort zélés pour le parti des levriers ; les singes & les renards furent pour les épagneuls : pour les autres bêtes, je ne les vis point prendre parti dans cette guerre. L'on mange en toute saison des pois verts, des fêves & des asperges, & toute autre sorte de ces denrées. Il n'y auroit rien de si aisé que de faire des confitures ; les cannes de sucre y sont en quantité. La canelle, la casse, le ris, la rhubarbe, le séné, le tabac, & toutes les drogues orientales y viennent à foison. Nous ne manquons que de gens pour travailler; car nous avons de toute matière; & dès que nous aurons du monde, nous aurons de l'argent. Les vers-à-soie sont à milliers, tous les mûriers en sont pleins. Enfin amenez-nous de toutes sortes d'ouvriers, car tout est à faire ici. Les carrières sont visibles, quoique l'on n'en ait rien tiré; le marbre, le porphyre, la pierre de touche, le jaspe, le lapis, la cornaline, le jais, les roches de diamans, d'émeraudes, de rubis, de saphirs, de turquoises y sont de même; & les bords de la mer y sont tout remplis de coquilles où l'on trouve des perles. Amenez d'honnêtes gens pour peupler l'île, des bourgeois, des gentilhommes & des gens d'églife, car il faut que la vigne du seigneur y soit cultivée, aussi-bien que le reste; des religieux & des religieuses, entr'autres des Jésuites, car autrement l'île seroit décriée, & un lieu où ils ne veulent pas être n'est pas en réputation : ils y feront de superbes collèges. Si vous voulez, envoyez y des jansénistes, ils sont laborieux, & ne songent pas seulement au travail de l'esprit : quoiqu'ils fassent les plus beaux ouvrages, & que ce soient les meilleures plumes de ce tems, ils ne laissent pas de s'adonner à travailler à toute forte de métiers, imitant les anciens qui ne demeuroient point inutiles. Il seroit assez à propos d'y amener des gens de guerre, de police, & de justice : des premiers, si on en suit mon avis, il y en aura de plusieurs nations, comme François, Allemands & Suisses, qui sont les peuples de tous assurément les plus aguerris. Il n'en faut pas en grand nombre, n'ayant point de guerre ; mais seulement pour garder les ports, & pour suivre le gouverneur, qui représentera la personne du prince. Ce n'est point une chose extraordinaire d'en user ainsi; il y en a en Flandres qui servoient auprès des ducs de Bourgogne, qui servent encore maintenant à tous les gouverneurs qui y sont pour sa majesté catholique. Quant à la justice, je pense que c'est sur quoi on aura plus long-tems à penser, afin de n'y envoyer que des gens triés sur le volet, ne prévoyant pas qu'il puisse y avoir de plus d'une année aucun procédé litigieux. Je suis toutefois d'avis que l'on y établisse un parlement, quand ce ne seroit que pour le *decorum* de la magistrature ; le nombre dont il sera composé, je n'en dis rien, n'ayant point de connoissance de ces choses-là, non plus que de beaucoup d'autres, dont je ne parle ici que par les livres : mais je dirai, s'il m'est permis de donner mon avis, que j'ai lu quelque part qu'au parlement de Dijon il y avoit un chevalier d'honneur, & même dans un autre qui avoit été créé à l'inſtar d'icelui ; mais ma mémoire me manque, auſſi-bien que de la manière dont il fut fait. Comme vous êtes ſur les lieux, vous pouvez prendre vos meſures, & vous fonder ſur des exemples ; car les innovations ne ſont pas bonnes, même en un lieu où il faut que tout ſoit nouveau. Les corps de ville auront ſoin de la police, quand on en aura bâti. Pour de la monnoye, on y en battra tant que l'on voudra, car nous avons des mines d'or, d'argent, de cuivre, de plomb, & d'autres choſes qui, faute de nom, ne ſe peuvent dire. Les comédiens ſont choſe néceſſaire : de François, d'Italiens, des batteleurs, ſauteurs de cordes, & buveurs d'eau, ſans oublier les marionnettes & joueurs de gobelets ; des chiens dreſſés à ſauter, & des ſinges pour montrer aux nôtres ; des violons, des trompettes, des joueurs de luth, de harpe, de claveſſin, d'épinette, d'orgues, de mandores, de ſiſtres, des pſaltérions, manicordions, trompes marines, & trompes de cors pour la chaſſe ; car il eſt bon de joindre les arts libéraux aux mécaniques : & comme la muſique eſt un de ceux qui me plaît davantage, j'en ai fait le détail, ce que je ne ferai point des autres : des baladins & de bons danseurs, sur-tout qu'ils sachent la sarabande à l'espagnole, avec des castagnettes, rien ne me paroissant plus agréable dans un ballet que de les voir après les machines. N'oubliez pas un machiniste. J'ai vu autrefois à Paris de certaines gens de tout sexe & conditions qui hantoient les honnêtes gens; les uns mélancoliques, & les autres gais, habillés différemment des autres, & parlant de même. Parmi ceux-là, il y avoit des rois, des empereurs, des gens de rien, des oiseaux, le Saint-Esprit même à ce qu'il disoit; enfin des personnages propres à récréer la compagnie. Comme les cours ne sont jamais sans cela, amenez-en pour divertir notre gouverneur; le mot qui les signifie m'est échappé de la mémoire; mais je crois le désigner assez pour me faire entendre : quelque bouffon qui soit demi fait. Je pense que voilà toutes les choses que je pouvois imaginer pour peupler un beau & agréable séjour, & en rendre la demeure telle. Après avoir songé à ce bien public, je veux songer au mien : je crois qu'il me faudra marier; mais je songerois plutôt à l'alliance, qu'à la personne de mon infante ; car étant fille d'un homme tel que je le vais dépeindre, elle ne pourroit être qu'incomparable. Je voudrois donc que mon prétendu beau-père fut un homme âgé de cinquante-neuf ans, large d'épaules, d'entre deux tailles, blanc comme un cigne, assez frisé pour laisser à juger aux spectateurs qu'il a eu une belle tête de grosseur à l'avoir bonne, rouge en visage, de gros yeux bleus un peu hors de la tête, entre doux & hagards, plus souvent l'un que l'autre, puisque la douceur lui doit être naturelle : & que quand ils ne le sont pas, il faut qu'ils se sentent de son humeur martiale ; que son nez soit entre le camard & le pied de marmite, sa bouche assez commune : enfin à tout prendre, qu'il ait bonne mine, & qu'il soit bienfait, qu'il ait l'air fin, qu'il fasse des mines, selon les occurences, qui signifient beaucoup de choses. Il me semble que je le vois ; son esprit ne se peut exprimer ; il parle comme un livre, & a la langue mieux pendue qu'homme du monde ; il écrit comme Nervèze ; il est un régistre vivant de tous les commandemens, soit en guerre ou en province : il fait la fonction de toutes les charges, & parfaitement bien les formalités de justice, les séances, les rangs des compagnies souveraines, & sur-tout leur manière de siéger. Il a pour ses maîtres des respects inouis, une fidélité sans égale, & aussi pour ses amis est le plus ferme & le meilleur homme du monde ; il est à naître qu'homme qui vive s'en soit plaint : il rend toujours de bons offices ; sert l'un, oblige l'autre, & n'abuse point du crédit qu'il s'est acquis par son propre mérite : ce qui a fait sur l'esprit de son maître une impression capable d'éblouir par ses rayons tous ses compatriotes d'envie ; mais ils ne sont pas assez forts pour la dissiper : je pense que voilà un abrégé d'un homme bien parfait. J'en ai parlé comme d'un homme vivant ; car puisqu'il sera mon beau-père, il y a quelque apparence qu'il est sous la voûte des cieux, & qu'il n'y a qu'à le connoître. Fasse le ciel que ce soit plutôt que l'on ne s'imagine, & qu'il lui donne une dignité : si c'étoit le gouvernement de notre île, je serois au comble de mes souhaits ; mais il faudroit être Nostradamus pour le connoître maintenant. Mais à propos de Nostradamus, envoyez-nous aussi de ces gens, qui, de leurs cabinets, se promènent dans la moyenne région de l'air ; & qui, par les habitudes qu'ils ont avec les astres, fouillent, par la permission des dieux, dans les secrets les plus cachés de nos rois, même pénètrent jusques dans l'avenir.

HISTOIRE
DE LA PRINCESSE
DE PAPHLAGONIE.

Lorsque les Perses vinrent dans la Paphlagonie, & que Cyrus s'en rendit le maître, tout le pays eut de la terreur & de l'effroi des conquêtes d'un si grand capitaine, si honnête homme, & si bien fait. La reine de Paphlagonie craignit que les charmes de ce conquérant ne donnassent dans la vue de sa fille, ou qu'il ne ressentît lui-même les charmes de la princesse; & comme ce n'étoit point des intérêts de leurs états que l'union de ces deux maisons, la bonne femme de Paphlagonie envoya la princesse sa fille chez la reine de Misnie sa tante. La jeune princesse étoit née avec beaucoup d'esprit & de beauté; elle étoit fort aimée de sa mère, & elle l'avoit été encore davantage de son père, de qui elle tenoit la vivacité d'esprit, & l'agrément qu'elle avoit en toutes choses, ce qui redoubloit sa tendresse pour elle par cette ressemblance. Ce prince avoit été un des plus braves & des plus galans hommes de son tems, & l'on peut dire que, s'il avoit vécu, les Perses ne seroient pas entrés dans son pays, ou du moins n'y auroient pas fait de si grands progrès, & assurément il est mort trop tôt pour le bien de ses états. Cette jeune princesse, dont l'enfance avoit été chérie par ce prince, avoit encore cultivé les commencemens de ses belles lumières dans sa cour, qui étoit aussi grande, aussi agréable, & pleine d'aussi honnêtes gens qu'aucune de tous les princes ses voisins; mais cette cour devint une solitude par sa mort, & ce lieu ressembloit plutôt à un couvent par la vie que l'on y menoit, qu'à la cour d'une grande princesse; ce qui donnoit beaucoup d'ennui à sa fille, qui s'adonnoit à toute sorte de lectures; car c'étoit un esprit à qui il falloit donner toujours de l'occupation : elle apprit toutes les langues qui étoient à la mode, & convenables aux personnes de son sexe; & pendant que sa mère étoit dans les temples aux pieds des autels, addressant ses prières aux dieux pour la conservation de ses états, notre jeune princesse tâchoit de se rendre digne de les gouverner. Comme elle arriva chez la princesse de Misnie, on admira cette jeune merveille, & tout le monde en étoit charmé. On ne comprenoit pas comment elle s'étoit pu faire au point qu'elle étoit dans la solitude où sa mère la faisoit vivre, ce qui faisoit d'autant plus admirer la beauté de son naturel; mais ce que l'on y remarqua surtout fut un grand éloignement pour la galanterie, quoi qu'elle aimât les esprits galans, & qu'elle eût une délicatesse admirable à en faire le discernement. Un jour un cavalier, en lui racontant une histoire, nomma l'amour; à l'instant il lui vint un vermillon aux joues beaucoup plus éclatant que celui qu'elle y avoit d'ordinaire, ce qui fit remarquer à la compagnie que le cavalier avoit dit quelque chose qui avoit blessé sa pudeur; il s'arrêta tout court (car le respect l'interdit jusqu'à lui faire perdre la parole), & elle remédia à cela de la manière du monde la plus ingénieuse, & la plus nouvelle; elle reprit le discours en lui disant : Hé bien, l'autre qu'a-t-il fait? ne voulant point nommer l'amour, pour lui apprendre à se faire entendre sans prononcer une chose qui lui déplaisoit : de sorte que depuis on ne parla plus que de l'*autre*, & l'amour fut banni des conversations de la princesse, aussi-bien que de son cœur.

Rien ne ressemble mieux à Paris que la ville où demeuroit la reine de Misnie, & rien n'étoit plus semblable à la place royale qu'une place où où étoit son palais; c'est pourquoi, après cette comparaison, il seroit inutile d'en faire la description; mais il n'est pas ainsi de sa personne, car on ne la peut comparer qu'à elle-même. C'étoit une femme grande, de belle taille & de bonne mine; sa beauté étoit journalière par ses indispositions qui en diminuoient un peu l'éclat: elle avoit un air distrait & rêveur, qui lui donnoit une élévation dans les yeux, & qui faisoit croire qu'elle méprisoit ceux qu'elle regardoit; mais sa civilité & sa bonté raccommodoient en un moment de conversation ce que les distractions pouvoient avoir gâté par cet air méprisant. Elle avoit de l'esprit infiniment, un esprit capable, instruit, connoissant & extraordinaire en toutes choses. Il falloit avoir une grande politesse pour être de sa cour; car tout ce qu'il y avoit d'honnêtes gens de tout sexe, s'y rendoient de tous côtés; mais quelque bonté qu'elle eût pour excuser les défauts des personnes qui venoient pour y apprendre, ses courtisans, moins charitables qu'elle, n'avoient pas la même indulgence, & ainsi la crainte en bannissoit le ridicule. Elle ne vivoit point comme le reste des mortels, & elle ne s'abaissoit pas à cette règle où l'usage assujettit les gens du commun à se régler selon les horloges; elles étoient défendues dans tous ses états, & on eût réputé pour insensé un homme ou une femme qui se fussent asservis à un coup de cloche; on croyoit en ce pays-là que cela choquoit tout-à-fait le bon sens, parce que d'ordinaire on règle les cadrans sur le soleil, & c'étoit l'ennemi mortel de la princesse. Elle avoit coutume de dire, pour s'excuser, qu'elle craignoit la chaleur, & que dès que les rayons de cet astre entroient dans sa chambre, elle se mouroit, elle s'évanouissoit; mais, pour moi, je crois que l'aversion en étoit réciproque, & que si le feu de l'esprit de la princesse, & celui de ses yeux se fussent rencontrés avec celui du soleil, ils eussent fait un tel incendie, que le genre humain en eût souffert: peut-être croyoit-elle que ce devoit être par-là que devoit commencer le déluge de feu, qui viendra à la fin du monde. Peut-être aussi notre princesse, qui étoit très-éclairée en toutes sciences, pénétroit-elle dans l'avenir par l'astrologie; & par ce moyen connoissant le mal qu'elle craignoit de causer, elle l'éloignoit autant qu'il lui étoit possible. Sans doute c'étoit la raison qui faisoit qu'elle ne sortoit jamais en plein midi, qu'elle ne se levoit qu'au coucher du soleil, & qu'elle ne se couchoit qu'à son lever. Elle craignoit extrêmement la mort par cette raison encore à ce qu'elle disoit qu'elle vouloit allonger le monde tant qu'elle pourroit : & assurément quand elle n'auroit pas eu ce sentiment par elle-même, elle l'auroit eu par la communication de la princesse Parthénie son amie intime, qui avoit des frayeurs de la mort au-delà de l'imagination ; il n'y avoit point d'heures où elles ne conférassent des moyens de s'empêcher de mourir, & de l'art de se rendre immortelles. Leurs conférences ne se faisoient pas comme celles des autres ; la crainte de respirer un air ou trop froid ou trop chaud, l'appréhension que le vent ne fût trop sec, ou trop humide, une imagination enfin que le tems ne fût aussi temperé qu'elles le jugeoient nécessaire pour la conservation de leur santé, étoit cause qu'elles s'écrivoient d'une chambre à l'autre. On seroit trop heureux si on pouvoit trouver de ces billets, & en faire un recueil, je suis assuré que l'on y trouveroit des préceptes pour le regime de vivre, des précautions jusques au tems propre à faire des remèdes, & des remèdes même dont Hypocrate & Galien n'ont jamais entendu parler avec toute leur science ; ce seroit une chose fort utile au pubilc, & dont les facultés de Paris & de Montpellier feroient bien leur profit. Si on trouvoit leurs lettres, on en tireroit de grands avantages en toutes manières, car c'étoit des princesses qui n'avoient rien de mortel que la connoissance de l'être dans leurs écrits ; on apprendroit toute la politesse du style, & la plus délicate manière de parler sur toutes choses. Il n'y a rien dont elles n'ayent eu connoissance : elles ont sçu les affaires de tous les états du monde, par la participation qu'elles y ont eu de toutes les intrigues des particuliers, soit de galanterie ou d'autres choses où leurs avis ont été nécessaires, tantôt pour appaiser les brouilleries, & les querelles, tantôt pour les faire naître selon les avantages que leurs amies en pouvoient tirer : enfin c'étoient des personnes par les mains desquelles le secret de tout le monde avoit à passer. La princesse Parthénie avoit le goût aussi délicat que l'esprit : rien n'égaloit la magnificence des festins qu'elle faisoit : tous les mets en étoient exquis, & sa propreté a été au-delà de tout ce qui s'en peut imaginer. C'est de leur tems que l'écriture a été mise en usage, auparavant on n'écrivoit que les contrats de mariages, & des lettres il ne s'en entendoit point parler ; ainsi nous leur avons l'obligation d'une chose si commode pour le commerce. Cyrus vint en Misnie, & s'adonna à rendre visite très-soigneusement à la reine de cette contrée ; la princesse de Paphlagonie qui étoit avec elle ne lui déplût point; il aimoit fort sa conversation. Comme ce prince étoit fort jeune & fort enjoué; un soir il vint chez la princesse habillé en femme; car dans ce tems-là on s'habilloit en masque aussi-bien qu'en celui-ci. Sous cet habit trompeur il embrassa la princesse de Paphlagonie, & se jouant avec elle comme auroit pu faire quelqu'autre princesse, puis il se démasqua; elle en demeura transie à un tel point, qu'elle en pensa mourir, & Cyrus eut toutes les peines du monde à obtenir pardon d'une liberté en laquelle il n'avoit point cru manquer au respect qu'il lui devoit : elle lui reprocha en colère que c'étoit des jeux qu'il apprenoit chez la reine Gélatille : il est bon d'expliquer qui étoit cette reine. Gélatille étoit une veuve, qui depuis la mort de son mari, étoit venue habiter la ville de Morisane, c'est le nom de la capitale de Misnie. Comme le royaume de cette veuve étoit dans un pays si éloigné & si barbare, qu'elle n'avoit point vu le monde, elle le cherchoit avec empressement; & pour en être plus proche, par la permission de la reine, elle logeoit dans un coin de la place du palais. C'étoit une jeune femme de la plus agréable taille du monde : elle avoit deux beaux yeux & un beau tein; mais elle étoit fort maigre,

& elle avoit un air fort étourdi, qui faisoit juger, aussi-bien que sa conduite, de son peu de jugement. Tout ce qu'il y avoit de jeunesse à la cour ne bougeoit de chez elle depuis le matin jusques au soir : on y vivoit sans respect, dînant & soupant avec elle, quand il y avoit de quoi ; car bien qu'elle ne fût pas dans une grande opulence, elle en avoit assez pour maintenir sa dignité. Dans son dérèglement, qui faisoit que tout alloit chez elle dans un grand désordre, elle conservoit néanmoins sa majesté dans son train ; & entre ses principaux officiers, elle avoit un chancelier qui étoit une aussi bonne tête qu'elle. Comme elle faisoit sa cour chez la princesse, tous ses courtisans suivoient son exemple, & le chancelier devint amoureux de la princesse de Paphlagonie à un tel point, qu'il s'en rendit le jouet de tout le monde, tant il parut ridicule. Un jour on le trouva devant la porte de la princesse, poignardé, mais de telle manière qu'il n'étoit pas tout-à-fait mort ; il tenoit dans sa main une espèce de manifeste, pour justifier l'homicide de soi-même, par sa cause ; & comme cette folie lui avoit encore assez laissé de sens pour respecter la princesse, ce manifeste étoit écrit en Grec, afin que tous ceux qui le lui expliqueroient, le fissent d'une manière moins passionnée qu'il n'eût fait lui-même, sachant bien que les termes tendres & amoureux lui déplaisoient; mais il lui étoit difficile de s'expliquer autrement. Enfin il lui vouloit plaire en tout. La reine de Mitnie eut soin de le faire emporter à son logis, & donna charge qu'on tâchât de le guérir. Cette aventure fit fort rire toute la cour; & Cyrus se servit bien de ce sujet pour faire la guerre à la princesse de Paphlagonie. Elle en rougissoit comme si c'eût été Cyrus qui se fût poignardé pour elle; je crois que maintenant ceux qui voyagent en ce pays-là en entendent parler. Vous remarquerez ce que c'étoit que l'étoile de la reine Gélatille; on ne parloit que d'elle & des siens; il n'y avoit jour qu'il n'arrivât quelque aventure chez elle, ou pour elle, dont toutefois pas une n'étoit héroïque. Un certain chevalier, jeune étourdi comme elle, en devint amoureux; assurément cela se pouvoit, car elle avoit beaucoup de choses aimables parmi tout ce que j'en ai dit: ce chevalier ne lui déplût point. Un prince de ses cousins, qui lui étoit obligé de sa fortune, prenant grand intérêt à la conservation de la sienne, fit son possible pour lui faire connoître l'inégalité qu'il y avoit de lui à elle, dans la crainte qu'elle ne l'épousât: je ne fais si elle le redit au chevalier, ou s'il l'aprit d'ailleurs. Le chevalier l'envoya appeller, & lui donna rendez-vous sur le rempart de la ville, où le prince se rendit. C'étoit en hyver. Comme le chevalier arriva, d'abord il s'excusa de son retardement sur quelque indisposition; ensuite il lui dit que le feu de son amour avoit tellement éteint la chaleur naturelle, qu'il ne se pouvoit aider ni de ses pieds ni de ses mains, qu'il falloit qu'il s'allât chauffer devant que de se battre; l'autre qui ne passoit pas pour le plus grand héros de ce tems, se contrefit fort à l'égard du chevalier, il le menaça, il lui dit plusieurs paroles outrageantes, & il s'en alla rendre compte de son démêlé à la reine, qui depuis fut dégoûtée de son amant. Cette aventure fit oublier celle du chancelier, qui se guérit de ses blessures.

Dans ce tems-là il vint en cette cour un prince Italien très-beau & très-bien fait. Après avoir rendu ses premiers devoirs à la reine de Misnie, il s'alla échouer comme les autres chez la reine Gélatille, il en devint amoureux: ce qui donna beaucoup de divertissement au public; car les Italiens étant fort galans, il n'y avoit jour qu'il ne fît voir chose nouvelle: on couroit la bague, les têtes & le faquin; on faisoit des carousels; il donnoit

DE LA PRINCESSE DE PAPHLAGONIE. 201

mille sérénades, & toujours de différentes manières. La princesse de Paphlagonie regardoit ces divertissemens avec plaisir, songeant avec une satisfaction intérieure combien elle étoit heureuse de voir cela pour une autre, puisqu'elle auroit été au désespoir si on en avoit autant fait pour elle, ayant une vraie horreur pour les amans. Pour la reine de Misnie, le récit de toutes ces choses la divertissoit, & le plaisir d'en parler avec Parthénie (dans ses lettres s'entend ;) car le moindre zéphir qu'elle eût senti à la fenêtre, elle l'eût trouvé une tempête, ou un grand orage. Ce prince fit venir des comédiens de son pays, qui représentoient les plus belles pièces du monde en musique, & avec des machines, dont on n'avoit point encore vu de pareilles. Il avoit infiniment de l'esprit : il étoit adroit à toutes sortes d'exercices : il écrivoit bien, se connoissoit en vers, & en faisoit de fort agréables : il n'y avoit passion qu'il n'eût eues avant celle de l'amour, il sembloit que c'eût été pour s'y rendre plus propre, & pour se mieux faire aimer que cela étoit arrivé ainsi ; car il avoit aimé toutes sortes de danses, toutes les courses dont j'ai parlé, tous les jeux d'exercices, ceux de cartes & de dés, même je pense que cela avoit été jusqu'aux jeux de la merelle, de la poule &

du renard, tant il portoit loin les choses ; pour la poésie il en avoit été fou, aussi-bien que de tous les vieux livres : il n'ignoroit pas une langue : il avoit aimé la peinture, & il avoit la connoissance des tableaux, celle des fleurs, des plantes & des médailles, même des papillons & des coquilles. Il connoissoit la sculpture : il avoit aimé les bâtimens, les jardinages & les fontaines : il avoit eu la curiosité des meubles & des pierreries, & toutes ces choses avoient succédé les unes aux autres, quand l'amour pour la reine Gélatille vint à son tour. Il n'y avoit que l'astrologie dont il n'avoit point eu de connoissance, & sa fortune le fit assez connoître ; car s'il eût connu l'avenir, il auroit évité toutes les disgraces qui lui sont arrivées. Gélatille l'aimoit extrêmement, & cela est facile à croire, puisque par-dessus toutes ces bonnes qualités, il avoit celle de la nouveauté, ce qui n'étoit pas peu de chose pour elle. Leurs amours durèrent long-tems, & cette longueur les diminua. Ils entrèrent en jalousie l'un de l'autre à un tel point, qu'ils se querellèrent souvent, & même je ne sai s'ils ne s'étoient point battus ; mais tout cela n'empêcha pas qu'ils ne se mariassent ensemble sans s'aimer, car pour lors l'amour étoit tout passé. Elle s'en alla demeurer au pays de son mari, ce qui fâcha fort toute la jeunesse de cette cour ; les plaisirs finirent presque en même-tems. Cyrus poursuivit ses conquêtes ; & le roi de Misnie s'étant attaché à ses intérêts, aussi-bien que le prince Italien, ils le suivirent. L'histoire de Perse fait assez mention de ses conquêtes, & du progrès de ses armes, sans que j'en parle ; c'est pourquoi je demeurerai toujours à nos dames. La princesse de Parthénie s'éloigna de la cour, & s'en alla demeurer parmi un nombre de vierges qui s'étoient retirées pour servir aux dieux ; c'étoit un lieu comme l'on pourroit dire maintenant un monastère ; là elle conversoit quand elle vouloit avec ses dames, & quand elle vouloit aussi elle voyoit ses amies. Pendant le voyage du roi de Misnie, la reine sa femme alloit quelquefois se retirer avec elle, dont la princesse de Paphlagonie étoit au désespoir, n'y ayant jamais eu une vertu si libertine que la sienne : la cloture lui étoit insupportable, aussi-bien que le silence : jamais personne n'aima tant à parler qu'elle, aussi s'en acquitoit-elle admirablement bien. La reine de Misnie étoit fort éloignée de la dévotion, & ainsi elle ne confirmoit pas la princesse Parthénie dans la résolution qu'elle avoit prise de devenir dévote. Je dis de le devenir, car je sus qu'elle s'étoit retirée avant que d'être fort touchée ; espérant cet effet du bon exemple, assurément le lieu de la retraite étoit fort propre à inspirer de bons sentimens ; c'étoit une société de personnes d'une vertu & d'un merite tout extraordinaire, qui causoit même de l'envie aux gens du siècle, parce qu'il y avoit peu de personnes ailleurs qui pussent s'égaler à ceux qui composoient cette assemblée. Un grand mérite ne s'acquérant pas pour le vouloir acquerir, & la vertu étant un effet de la grace, ne l'a pas qui veut.

Le prince Italien fut tué dans les guerres de Cyrus, ce qui causa beaucoup de douleur à la reine Gelatille : quoique l'on ne doive pas attendre beaucoup de tendresse d'une personne de son humeur, elle en eut beaucoup dans les premiers momens. Elle se retira en Italie dans les états de son mari : ce fut là qu'elle prit amitié pour une certaine marchande, qui avoit épousé par amour un soldat estropié, de la garnison d'une des places de son mari. Cette femme avoit eu quelque beauté étant jeune : cela se peut croire aisément par ceux qui auront ouï dire que le diable même étoit beau dans sa jeunesse. Cette créature plaisoit par sa gentillesse ; car il me semble que le mot de beauté ou d'agrément seroit profané pour elle. Cette gentille dame danſoit & chantoit bien ; elle jouoit du luth : elle avoit enfin force qualités qui la faiſoient ſouffrir dans les bonnes maiſons, même chez les plus grands. Elle s'amouracha de ce pauvre ſoldat, parce qu'il étoit jeune, & qu'il avoit de l'eſprit ; elle en avoit auſſi, mais ſon eſprit étoit peu délicat, & ſans lumières ; & elle étoit encore aveuglée de la paſſion qu'elle avoit pour lui, qui l'empêchoit de remarquer combien ſon amant avoit l'eſprit de travers. Cette inclination ſe fit en un village où il étoit allé prendre l'air pour ſe remettre de la bleſſure dont il étoit eſtropié. Pour elle, elle étoit à la maiſon des champs de ſon père, qui eut cette amour déſagréable, & qui défendit ſa maiſon au ſoldat ; même elle n'oſoit plus aller danſer ſous l'orme, ce qu'elle aimoit fort. Comme ils virent cela, ils firent ce qui s'appelle un trou à la nuit, ils s'en allèrent, & depuis ils ne bougèrent de chez la reine Gélatille. Le mari ſe fit ſoldat dans le château où demeuroit cette princeſſe, qui prit ſa femme en ſi grande amitié, que fermant les yeux ſur ſa naiſſance, elle la fit la principale perſonne de ſa cour : elle l'habilla en femme de qualité, ce qui la déguiſa fort ; cet habit étoit ſi oppoſé à ſon air, qu'elle en étoit encore plus mal. Cette femme changea tellement l'humeur de Gélatille, que l'on ne la connoissoit plus; & d'un autre côté, l'amour qu'elle avoit eu pour son mari se tourna en une si grande haine, qu'elle ne le pouvoit plus souffrir : cependant le chevalier dont j'ai parlé, ne sachant où donner de la tête en son pays, se fit bandit; il courut longt-tems sur la mer, & fit toutes sortes de métiers. Enfin sachant que le mari de Gélatille étoit mort, il l'alla trouver en Italie; & comme

> Une flamme mal éteinte
> Est facile à rallumer.

la dame dont je n'ai pu trouver le nom, non plus que celui de son mari dans tous les livres où j'ai vu cette histoire, ni même de quel pays ils étoient, tant ils ont été peu remarquables; cette femme, dis-je, obligea la pauvre Gélatille à épouser le chevalier, & à s'en aller errante sur les mers avec lui, par le seul intérêt que par ce moyen elle quitteroit le soldat, qui lui étoit devenu un mari insupportable. Jugez quel trait c'étoit faire à une maitresse qui l'aimoit comme son amie, & quelle pitié on doit avoir de la pauvre Gélatille. Pour moi j'avoue qu'elle m'en fait beaucoup, & qu'encore que l'on ne s'affectionne point aux personnes que l'on n'a jamais connues, je ne songe point à cette histoire sans sentir pour elle de la compassion, au lieu que je sens un grand mépris pour l'autre; que même cela iroit aisément à l'aversion, tant je trouve dans son procedé de sentimens bas, & des marques d'une méchante ame, & d'un cœur peu reconnoissant. La princesse de Paphlagonie voyant qu'il n'y avoit plus de guerre dans ses états, & que sa mère étoit morte, se crut obligée de s'en retourner : elle devint reine, quoique nous l'appellions toujours princesse, & on la vint querir avec un équipage aussi pompeux que l'on en ait jamais vu en Paphlagonie. Je crois, selon ce que j'en sais, que ceux qui la venoient querir étoient vêtus à-peu-près comme les Polonois, lorsqu'ils vinrent querir la reine. Ce qu'on y remarquoit de particulier, c'étoit une certaine calèche doublée d'un brocard d'or, argent & bleu, & attelée de six cerfs-pies. La princesse avoit toujours été nourrie à craindre le chaud & le froid. La reine de Misnie, s'écria : » Seigneur dieu ! me veut-on » faire mourir, de m'envoyer une telle voiture? » il vaudroit autant que j'alasse à cheval »; ce qui étoit une action fort redoutable pour elle. A l'instant on lui fit voir une litière de cristal de roche; ce qui la satisfit fort. Les adieux de la reine sa tante & d'elle furent du dernier tendre. Pour moi je m'imagine que sa tante lui dit : » Ah petite ! ah mignone ! » le moyen de vous quitter ! mais au moins » on vous écrira. Il faudra songer pour se mettre » l'esprit en repos, que nous sommes enrhu- » mées toutes deux : que vous êtes là-haut » dans votre lit, & moi dans le mien : & j'imagine encore que la princesse lui répondit : » En » effet, il faut bien croire cela, madame ; car » autrement on seroit au désespoir ». Elle partit, & elle fut reçue dans ses états avec des applaudissemens non-pareils ; on ne peut point nombrer les troupes qui étoient sous les armes, ni la quantité de chars qui vinrent au-devant d'elle. On m'a promis de me faire voir un livre où sont tous les vers que l'on fit pour elle, & les devises qui étoient par-tout. Un de ses serviteurs les recueillit & les augmenta de quelques épigrammes, ayant un talent particulier pour cela. Un des beaux esprits de ce tems, & qui est de l'académie, les a traduits. Rien n'étoit égal à la joie de ses peuples, ni à sa prospérité. Elle dormoit quinze heures, & ne donnoit ses audiences qu'aux flambeaux ; sa chambre & un grand nombre d'autres que l'on passoit pour y arriver, étoient éclairées de mille lustres plus beaux, à ce que je crois ;

que

que ceux que nous voyons maintenant. Elle ne vivoit que de consommés, ne mangeoit que des ortolans, & d'autres viandes de cette délicatesse, & beaucoup de confitures, car elle les aimoit fort : elle étoit toujours couchée sur un lit de repos, d'où elle ne levoit sa tête, qui étoit sur mille petits oreillers, pour personne : elle ne sortoit point : dès que l'on l'importunoit, elle faisoit sortir le monde, & envoyoit querir qui il lui plaisoit : mais, hélas ! il lui survint un embarras qui lui causa bien du chagrin. Le chevalier étant couru par d'autres bandits qui étoient les plus forts, fut obligé de s'échouer dans un port de Paphlagonie, où ayant pris terre avec sa troupe, ils s'informèrent de ce qui s'y passoit, & de la reine; on leur conta la vénération qu'on avoit pour elle. Cette maudite créature que nous n'avons point nommée, mais qui ne sera que trop remarquable par ses méchancetés, dit qu'il falloit troubler ses états; & en profiter; & s'adressant à sa troupe : laissez-moi faire, s'écria-t-elle. Composant des placards contre la princesse, elle les envoya afficher par-tout. La princesse qui est fort prompte, & qui n'aime pas qu'on lui manque de respect, fit châtier quelques-uns de ceux qui s'en trouvèrent saisis, quoiqu'ils n'en fussent pas coupables; & comme elle vit que l'insolence continuoit, elle continua les châtimens de même. Cela souleva les esprits, & il se fit quelque manière de révolte. Le bandit & sa suite se mirent à la tête des rebelles ; & ses troubles durèrent quelque tems, pendant que la princesse envoya demander du secours à ses alliés. Il y avoit long-tems que les Amazones désiroient de s'allier avec elle, & même il y avoit un ambassadeur de la part de leur reine, à qui elle accorda ce qu'il demandoit il y avoit long-tems. La reine des Amazones vint avec des troupes fort lestes & fort aguerries ; elle tailla en pièces tous ces révoltés ; chassa les conjurés hors de la Paphlagonie, & notre princesse demeura sur son trône triomphante de tous ses ennemis. Le bandit & sa troupe s'embarquèrent, & continuèrent leur train ordinaire. Comme c'étoit des gens qui ne respiroient que feu & flamme, & qui ne pouvoient demeurer en un lieu où regnoit la paix, ils apprirent qu'en Trace il y avoit de grands troubles ; il jugèrent que c'étoit un parti à prendre pour eux ; ils se rembarquent, & ils y parviennent: mais incontinent après leur arrivée la paix se fit, ce qui les embarrassa extrêmement, néanmoins ils n'y furent pas long-tems, qu'ils y trouvèrent un emploi digne d'eux. Il y avoit là une manière de ministre de ce roi de Thrace, qui avoit fait sa fortune dans les derniers troubles, & qui étoit bien aise de donner des marques de son élevation en toutes choses : même, pour imiter les souverains, il se faisoit bâtir un serrail ; & comme d'ordinaire ces lieux-là sont remplis d'esclaves de toutes nations, il jugea qu'il étoit bon de les faire gouverner par des gens qui eussent quelque politesse. Il entendit parler de ces étrangers nouvellement arrivés ; & les jugeant propres à le servir, il les envoya querir, & leur communiqua son dessein. Ils acceptèrent cette commission avec la plus grande joie du monde, ne sachant plus où donner de la tête ; & on leur donna le gouvernement de ce serrail. Cet emploi nous paroît une chose bien odieuse ; mais en un pays où l'on ne connoissoit point le christianisme, & où la coutume étoit d'avoir quantité de femmes, cela étoit une chose ordinaire. Il faut pourtant avouer que c'étoit une étrange réduction après avoir commandé dans un grand état comme Gélatille, de reine se voir réduite à servir des personnes si inférieures. Quand cette nouvelle vint à la princesse de Paphlagonie, elle en fut fort étonnée. Quelque sujet qu'elle eût de ne pas aimer ces gens-là, elle eut pitié du bandit, & de la reine de s'être laissés entraîner à une si abjecte condition, par les mauvais conseils de la créature qui les avoit ainsi perdus. Cette malicieuse femme n'y trouva pas son compte elle-même : après avoir jetté la reine dans cet abîme, elle commença à se vouloir séparer d'elle : elle la voyoit quelquefois ; mais elle alloit blâmant la conduite qu'elle lui avoit inspirée. C'est proprement comme mettre les gens dans un bourbier, & les y laisser. Depuis pour se faire une autre société, cette femme s'attacha à une cabale de Thraciennes, qui demeuroient auparavant sur la frontière. Ensorte que la dernière guerre avoit pillé leurs biens, & les avoit chassées de leurs maisons. Ces dames de campagne avoient de l'esprit ; mais l'âge & leurs déplaisirs avoient tout-à-fait terni ce que la nature leur avoit donné de beauté, dont elles étoient bien fâchées, ne sachant par où se faire valoir. Elles avoient quelque chose d'agréable dans la conversation ; car elles étoient fort railleuses, & cela plaît quelquefois. Desorte qu'elles attiroient du monde chez elles se faisant aimer de peu, & haïr de beaucoup : voilà la manière dont elles se firent connoître. Elles avoient de la vertu ; mais elles croyoient qu'il n'appartenoit pas aux autres d'en avoir, & elles méprisoient toutes celles qui en avoient, leur imaginant des défauts, si elles n'en avoient pas, ou les exagèrant pour peu qu'elles en eussent : enfin elles critiquoient tout le monde, & on leur rendoit la pareille. La dame sans nom commença à renier Gélatille, & à blâmer ses desseins, aussi-bien que ces autres dames avec qui elle s'étoit associée; mais pourtant le besoin qu'elles eurent du ministre, fut cause qu'elles la visitèrent, non pas dans le serrail, car bien qu'elle en prît le soin, elle n'y demeuroit pas. Quand on disoit à ces dames qu'elles hantoient des personnes moins austères qu'elles, elles s'en défendoient fort, ayant pour coup-sûr de chercher leur compte, & puis de se mocquer des personnes qui le leur faisoient trouver. Elles s'avisèrent de faire des railleries de la princesse de Paphlagonie. Rien n'est plus éloigné des belles âmes que d'envier la prospérité des autres, & quelquefois en cherchant le foible de ses ennemis, on montre le sien. Elles en firent de même; car elles ne purent trouver de foible en la princesse, & ne firent que montrer leur mauvaise volonté, & l'envie secrete qu'elles avoient de sa bonne fortune. Elle portèrent Gelatille à retourner lui faire la guerre, & à mettre le ministre dans ses intérêts pour fournir aux frais de la guerre. Il l'entreprit volontiers, comme il a coutume de faire toutes les choses d'éclat : mais leur dessein ayant été divulgué, le bruit en vint jusqu'à la reine des Amazones, qui en donna avis à la princesse de Paphlagonie. Elle lui manda qu'elle ne se mît point en peine ; qu'elle la tireroit de cette affaire, aussi-bien que de l'autre ; qu'il étoit au-dessous d'elle de demeurer sur la défensive avec des personnes si inégales ; qu'elle y donneroit remède dans le principe de ses mauvais desseins, & en empêcheroit le progrès de hauteur & d'autorité. La redoutable Amazone envoya un ambassadeur au roi de Thrace, pour lui faire des plaintes de son ministre, & de Gélatille. Cette généreuse reine, & le roi de Thrace avoient liaison ensemble, leur traité de paix & d'alliance ayant été renouvellé depuis peu. Le roi envoya quérir le personnage, & lui faisant la réprimande qu'il méritoit, lui ordonna de s'en aller trouver la reine des Amazones, pour la satisfaire sur toutes les choses en quoi il auroit pu manquer envers la princesse de Paphlagonie, laquelle par ce moyen eut la satisfaction que la reine des Amazones lui avoit fait espèrer. Gélatille & les autres voyant qu'il n'y avoit plus rien à faire, voulurent avoir recours à la miséricorde de la princesse de Paphlagonie, & pour cela employèrent la princesse Aminte, amie particulière de notre héroïne. Aminte partit de Thrace, elle arriva en Paphlagonie, ce qui donna beaucoup de joie à la princesse, qui la reçut avec tout l'accueil imaginable: elle la régala de tous les plaisirs qui se peuvent imaginer. Elle crut bien qu'Aminte avoit quelque proposition à lui faire; car cette princesse avoit un esprit de pacification, & portoit la paix par-tout où elle alloit. C'étoit une personne aimable, & aimée de tout le monde, qui n'a jamais fait que du bien, & qui a toujours empêché le mal autant qu'elle l'a pû. Elle avoit des charmes dans l'esprit qui se faisoient connoître à tous ceux qui l'approchoient; mais qui ne se peuvent exprimer. Jamais personne n'a mieux su qu'elle conserver l'affection de ceux qui étoient le plus mal ensemble, ni être si bien venue chez les ennemis des gens qu'elle venoit de quitter. Rien n'étoit bien sans elle: les maisons qu'elle ne vouloit pas honorer de ses visites étoient désertes & décriées. Enfin son approbation seule faisoit valoir ceux qu'elle en jugeoit dignes; & pour bien débuter dans le monde, il falloit avoir l'honneur d'être connu d'elle. C'est une chose qui semblera difficile à croire; (mais je l'ai su de fort bonne part:) elle étoit fille de la déesse d'Athènes, qui vivoit en ce tems-là, & qui fut adorée dès son vivant. Cette Déïté étoit si honnête, si savante, & si sage, que c'est sans doute ce qui a donné sujet à la fable de dire, qu'elle étoit née de la tête de Jupiter, & qu'elle avoit toujours été fille. Toute révérée qu'elle étoit, elle s'humanisoit quelquefois: elle écoutoit les prières & les vœux d'un chacun, & y répondoit à toute heure, sans distinction de la qualité, mais bien de la vertu, & souvent sans qu'elle en fût requise. Lorsque des personnes profanes ont eu la témérité d'entrer dans son temple, elle les en a chassées avec toutes les fulminations dignes d'un tel sacrilège, & leur a donné toutes les maledictions qu'elle jugeoit à propos, pour tâcher de corriger la perversité de leur naturel par la crainte, puisqu'à sa vue ils ne s'étoient point rendus à sa douceur; jamais il n'y en eut de pareille. Pour moi, j'aurois toutes les envies du monde d'aller à Athènes pour la voir, si cela se pouvoit encore; car je me persuade que j'aurai grande satisfaction de l'entendre. Je la crois voir dans un enfoncement où le soleil ne pénètre point, & d'où la lumière n'est pas tout-à-fait bannie. Cet antre est entouré de grands vases de cristal pleins des plus belles fleurs du printems, qui durent toujours dans les jardins qui sont auprès de son temple, pour lui produire ce qui lui est agréable. Autour d'elle il y a force tableaux de toutes les personnes qu'elle aime ; ses regards sur ces portraits portent toute bénédiction aux originaux. Il y a encore force livres sur des tablettes qui sont dans cette grotte ; on peut juger qu'ils ne traitent de rien de commun. On n'entre dans ce lieu que deux ou trois à la fois, la confusion lui déplaisant, & le bruit étant contraire à la divinité, dont la voix n'est d'ordinaire éclatante que dans son courroux, lorsqu'elle lance les tonnerres; celle-ci n'en a jamais, c'est la douceur même. La dévotion que j'ai pour elle fait que je m'écarte un peu de mon sujet pour en parler ; mais je suis assuré que je n'ennuyerai point le lecteur en parlant d'une chose si adorable.

La divine Aminte sa fille, après avoir été quelques jours en Paphlagonie, ne manqua point de parler à la princesse du sujet qui l'amenoit. La princesse lui répondit que la reine des Amazones l'ayant traitée si obligeamment dans tout le cours de ses affaires, elle ne pouvoit rien répondre sans lui en donner part. Elle dépêcha en toute diligence vers elle, & lui fit savoir les propositions. La reine manda que quelqu'égard que l'on dût avoir pour toutes les choses dont Aminte se mêloit, la princesse ne devoit rien écouter sur ce chapitre, & que l'on ne devoit jamais parler de ces personnes, qui étoient indignes de la bonté qu'Aminte avoit pour elles, & qu'il falloit les ensevelir dans un oubli éternel. Aminte reçut avec beaucoup de respect la réponse de la reine des Amazones, & fut satisfaite du procédé de la princesse, car elle entendoit raison mieux que personne du monde.

Alors il y avoit en Sirie un roi de Damas, qui s'étant marié, par une aventure bizarre, à une princesse des Celtes, envoya un ambassadeur à la princesse de Paphlagonie lui donner part de son mariage, à cause de la parenté qui étoit entre eux. L'ambassadeur lui comptant comme la chose s'étoit passée, lui disoit que son maître voyageant comme un chevalier errant dans un pays si éloigné du sien, rencontra cette princesse qui avoit nom Galathée, & qu'à l'instant il en étoit devenu amoureux; aussi étoit-elle d'une exquise beauté. Son père, qui étoit roi des Pictes, peuple des plus éloignés des Celtes, avoit beaucoup d'enfans, & elle n'avoit jamais été de l'inclination de sa mère : de sorte que l'un & l'autre furent bien aises de donner au roi de Damas la satisfaction qu'il desiroit. Il la vit, il l'aima ; le mariage fut résolu, & il l'épousa en vingt-quatre heures.

Sa condition plaisoit à Galathée: l'extérieur de sa personne lui revenoit moins; & pour les bonnes & mauvaises qualités de son ame, elle ne les pouvoit connoître en si peu de tems. Elle eut bien desiré que la chose n'eût pas été si précipitée: mais je crois que la raison qu'elle en avoit n'étoit pas tant de le vouloir connoître, que la connoissance qu'elle avoit de l'amour d'un prince des bords de la Garonne. Ce prince étoit jeune, bien fait, en grande estime, puissamment établi par les belles charges qu'il avoit auprès du grand empereur des Celtes, & possédoit les plus belles maisons du monde, & dans le voisinage du père de Galathée. Il commandoit pour lors les armées de son père, pour mettre à la raison quelques villes qui s'étoient révoltées contre lui. Je ne sai si Galathée étoit fort assurée de l'épouser; mais la simple espérance qu'elle en avoit, lui sembloit plus avantageuse que le parti qui se présentoit. Pour éloigner ce mariage, elle se servit de tous les moyens qui lui furent possibles. Voyant que tous lui avoient manqué, & étant devant celui qui étoit préposé pour recevoir leur foi, elle dit qu'ils étoient parens: je pense qu'elle ne dit pas au degré défendu, puisque cela n'a été résolu qu'au concile de Trente; mais assurément il y avoit quelque règle dès ce tems-là, que nous ne savons point. Comme on l'appelloit, elle surprit fort la la compagnie, & son père & sa mère plus que tout le reste. Je pense que l'époux ne le fut pas moins, car à Damas on n'est pas accoutumé à de semblables traits. Son père & sa mère la grondèrent, & tournant la chose en plaisanterie, tâchèrent de la faire prendre ainsi à sa majesté damasquine. Ce prince avoit fort peu de politesse, & il avoit si peu été parmi les Celtes, qu'il n'avoit pu en prendre les mœurs. Quoique sa femme eût bien du regret à quitter son pays, elle avoit grande impatience de s'en aller pour en faire partir son mari, qui lui faisoit honte : & s'il eût voulu s'en aller seul, elle en eût été bien aise, mais il ne voulut pas. Ils partirent ; & comme ils furent près de ses états, un prince, son beaufrère, vint au devant d'elle, qui lui fit la révérence. Elle lui fit une petite inclination de la tête & ne le salua pas, quoique ce fût la mode du pays. Lorsqu'elle fut arrivée dans son palais, au lieu de se montrer à ses sujets, elle se mit sur son lit avec son masque, & ne l'ôta point de tout le jour, même les jours suivans elle le mettoit souvent. Quand ses belles-sœurs la vinrent visiter, elles la trouvèrent sur un lit qui filoit sa quenouille. On dit qu'à Damas l'usage est d'aller mener les dames qui vous viennent voir, dans leur chambre. Galathée ne prit point cette peine. Se tournant vers ses belles-sœurs : vous êtes nées céans, leur dit-elle, vous en savez mieux les êtres que moi qui y arrive ; c'est pourquoi allez en vos chambres, vous en savez le chemin. Elle vécut dans ce royaume les premières années avec une grande hauteur, n'en voulant apprendre, ni la langue, ni les coutumes : cela fini, elle les apprit, & se fit aimer des sujets de son mari. Voilà la relation que l'ambassadeur de Damas fit à la princesse de Paphlagonie, qui eut plus de joie de la fin que du commencement de cette aventure, étant bien aise de la satisfaction qu'avoit alors le roi son cousin, & ayant été en inquiétude des peines qu'il avoit eues dans le commencement de son mariage. A la vérité, on pourroit excuser la reine sa femme de s'être ainsi masquée dans son avénement à la couronne, parce que les damasquines ont le regard rude : & possible craignoit-elle que la trop grande attention qu'elles avoient à la regarder, ne lui écorchassent le teint, qu'elle avoit beau par excellence, & qu'elle conserva toujours avec soin. Quand on fait les choses sur quelque fondement, encore cela est-il excusable : mais il lui arriva un accident peu de jours après, qui causa bien du chagrin au roi son mari. Elle étoit allée à la promenade sur un de ses chevaux de manège ; se promenant dans un bois, le sentier n'étoit pas droit ; elle donna un coup de canne à son cheval, qui l'emporta comme dans une carrière ; il sautoit les haies, les fossés & les buissons, & la reine ayant eu peur, tomba sur des épines ; elle avoit oublié alors à mettre son masque, & elle eut le visage, la gorge & les bras un peu écorchés, elle en fut quitte pour cela. Mais puisque nous sommes sur les ambassades, il est bon d'ajouter encore une particularité qui ne sera, peut-être, pas des moins considérables de cette histoire paphlagonique. Il revint un ambassadeur extraordinaire, que notre princesse avoit envoyé en grande diligence vers la reine Uralinde, pour une affaire importante. Il avoit demeuré un an à son voyage, ce qui étonnoit fort toute la cour de Paphlagonie, parce qu'il mandoit dans toutes ses lettres, qu'il partiroit au plutôt pour s'en revenir, & que le royaume d'Uralinde n'étoit pas excessivement éloigné de Paphlagonie : enfin à son retour, la princesse lui demanda le sujet d'un si long retardement, & il lui dit que le lendemain de son arrivée, il avoit vu la reine, qui l'avoit reçu avec tous les honneurs possibles, & avec toutes les marques d'un grand respect, & d'une grande affection pour elle ; que le même jour elle lui avoit promis de le dépêcher au plutôt, & de donner à la princesse toute la satisfaction qu'elle pouvoit désirer dans l'affaire qu'il lui avoit communiquée ; mais que depuis ce tems-là, ayant sollicité ses dépêches & son audience de congé, on l'avoit toujours remis de jour à autre, sans lui en dire la raison ; qu'enfin, avec bien de la peine, il avoit découvert que le jour de sa première audience, cette reine ayant été jouer, (ce qu'elle faisoit tous les jours,) elle avoit perdu, & s'étoit mise dans l'esprit que l'ambassade & l'ambassadeur lui avoient porté guignon. De sorte qu'elle n'avoit pas voulu qu'il revînt depuis, parce qu'elle gagna, & qu'elle eut peur de perdre sa bonne fortune par une seconde vue de ce visage qui l'avoit choquée : & comme sa fortune avoit duré onze mois, ce fut ce qui causa le long retardement. Au bout de ce tems, la reine ayant été pressée, au sortir du jeu, de l'expédier, elle avoit répondu : j'y consens, aussi-bien je suis en malheur : &, dès qu'il avoit eu sa réponse, il étoit parti à l'instant. La princesse le questionna fort sur la beauté du pays, & la demeure de la reine : il lui dit que le pays étoit fort beau, & que sa maison étoit admirablement belle ; mais que si quelqu'un y eût voulu trouver quelque défaut, comme d'ordinaire on en peut trouver aux plus grands ouvrages, n'y en ayant point de parfaits, elle faisoit mettre ces critiques-là en prison. La princesse lui demanda si la manière de s'habiller dans la cour d'Uralinde étoit semblable à celle de Paphlagonie ; il répondit qu'il y trouvoit peu de différence ; que cette reine étoit toujours très-superbement vêtue ; quelle avoit des assortimens de toutes sortes de pierreries d'une beauté extraordinaire ; qu'elle avoit une affection fort vive pour les bijoux ; enfin que rien n'étoit mieux qu'elle, tant en ce qui dépendoit de l'art, que des beautés de la nature. Il ajouta qu'il avoit remarqué qu'en donnant sa main à baiser, elle montroit son coude, ce qui l'avoit surpris d'abord ; mais que le considérant mieux, il l'avoit trouvé d'une beauté si extraordinaire, qu'il avoit jugé qu'elle avoit raison. Il lui dit encore, que comme il hantoit les dames de la cour de cette reine, parce qu'il avoit été assez long-tems inutile pour chercher ce divertissement, s'étant écrié un jour en fort bonne compagnie sur l'ajustement de la reine, quelqu'un lui avoit répondu : vraiement elle n'est

pas

pas toujours ainsi ; elle est quelquefois quinze jours sans changer de linge, avec une robe grasse, des rubans sales, les cheveux dans la même négligence, faute de se peigner, & le tout de peur de changer sa fortune au jeu; son scrupule étant si grand, qu'elle fait garder jusqu'aux épingles dont elle étoit vêtue le jour qu'elle a gagné, & s'il en manquoit une, ou qu'on la lui changeât, toute sa cour seroit en consternation ; qu'au reste c'étoit la meilleure femme du monde, & que ses peuples l'adoroient; qu'elle étoit bonne & familière; qu'elle avoit beaucoup d'esprit, & l'avoit fort agréable dans la conversation. Il n'y a qu'au jeu, disoit le chef de l'ambassade, où elle n'est pas toujours de bonne-humeur. Elle traite fort bien les gens de haute qualité, & les fait souvent manger avec elle; car elle n'aime pas à garder sa gravité en mangeant. Sa table est servie magnifiquement ; mais, madame, il y a bien des mets dont votre majesté ne mangeroit pas. Et quoi, dit la princesse ? Des gigots de mouton à l'ail, répondit l'ambassadeur, des barberobert, des pigeons à la poivrade, des canards à la dodine, des pâtés froids, des pigeonneaux en compote, le tout fort poivré & assaisonné avec oignons ou échalottes ; & pour son fruit, des saucissons de

P

Boulogne, & des cervelats ; elle trouve que cela lui fortifie l'estomac : & elle me dit dans ma dernière audience, qu'elle seroit d'avis que votre majesté s'en servît. La princesse demanda quelle étoit sa boisson ordinaire : l'ambassadeur repartit que depuis que les peuples de la Phocide avoient fondé une colonie dans le pays des Celtes, elle faisoit venir ses vins de ce pays-là ; & vous remarquerez que c'étoient les vins de Condrieux, & de la Cioutat, qui étoient déja en vogue dès ce tems-là ; comme aussi, à ce que dit le même ambassadeur, elle fait encore venir du vin d'une contrée qui n'est pas fort éloignée de celle-là ; & par la description qu'il lui en fit, tous les auteurs qui ont traité cette histoire, grecs, arabes, ou latins, ont jugé que c'étoit l'excellent vin de Macon, dont jamais la reine de Damas ne perdit le goût : quelqu'éloignée qu'elle pût être du pays qui le produit, elle en faisoit venir jusqu'à Damas, & en envoyoit tous les ans aux étrennes à Uralinde, dont les états étoient voisins des siens. Mais la princesse, continuant ses questions : prend-elle de l'eau de veau, ou un bouillon le matin, dit-elle, à son ambassadeur ? Non, madame, dit-il, elle boit un grand trait de ces excellens vins avec une rôtie dedans, & ne mange jamais de potage. Quoi! elle ne boit point l'après dînée de limonade? Point du tout, elle ne mange même ni confiture ni fruit. Ce discours m'échauffe, dit la princesse, & toutes ses viandes si salées & si épicées me prennent à la gorge. On courut promptement aux offices, & on lui apporta deux grands traits d'eau de jasmin qu'elle but soudain pour se rafraîchir, & la suite de la relation acheva de dissiper les vapeurs chaudes qui étoient montées à la tête; car l'ambassadeur conta comme Uralinde aimoit la musique, & le plaisir qu'elle prenoit à l'entendre: il dit que ceux qui l'aimoient comme elle, y en avoient beaucoup; mais que ceux qui n'y donnoient pas une attention telle qu'elle eût voulu, étoient contraints de sortir, qu'autrement cette reine eût toujours grondé. On sut encore, par cette relation, que les dedans de sa maison avoient été tous renouvellés & changés par son ordonnance. En vérité, disoit cet éloquent ministre, rien n'est plus galant, plus commode, ni plus superbe: mais elle a une fantaisie dont les plus sages de son royaume sont fort étonnés; c'est qu'elle ne couche qu'au grenier, encore c'est avec une si grande précaution contre le bruit que lui pourroient faire les rats, qu'il y a un de ses principaux offi-

P ij

ciers qui n'a point d'autre soin que de les empoisonner; & cette charge est si considérable dans son état, qu'on ne la donne que pour récompense de grands services, & à un homme fort experimenté dans les grandes affaires. Comme elle m'a commandé de convier votre majesté de l'aller visiter, je ne lui en dirai pas davantage, elle m'a assuré qu'elle vous traiteroit à votre mode. La princesse dit qu'il falloit attendre un tems favorable pour cela. L'ambassadeur ajouta qu'il avoit oublié de lui dire qu'on attendoit en ce pays là la reine des Amazones au printems. La princesse témoigna qu'elle seroit bien aise de prendre le même tems pour visiter Uralinde; &, congédiant l'ambassadeur, lui fit connoître qu'elle étoit satisfaite de lui.

Je n'ai point dit comme *l'Autre*, (on se souvient bien que l'Amour s'appelloit ainsi en Paphlagonie) régnoit dans tous les états voisins; mais cela se doit entendre. Qui est maître du cœur des rois & des souverains, l'est toujours de tout ce qui est sous leur domination. On ne rencontroit sur la frontière qu'ambassadeurs, & l'on ne trouvoit dans les grands chemins que messagers qui portoient lettres douces; mais on jettoit toutes ces lettres au feu sans les lire, & l'on renvoyoit les ambassadeurs beaucoup plus vite que la reine Uralinde n'avoit renvoyé celui de Paphlagonie. Un matin, entre l'aube & le lever du soleil, dans un beau jour d'été, la princesse s'éveilla, & ouvrant son rideau, elle vit Diane qui lui fit force complimens & amitiés pour la remercier du bon exemple qu'elle avoit donné dans le monde, & pour la louer de la constance qu'elle avoit eue à demeurer pure comme elle. Elle lui dit que cela méritoit qu'on la déifiât, & que la chose avoit été résolue dans le conseil de tous les dieux; que ceux qui faisoient vœu de virginité s'adresseroient désormais à la princesse de Paphlagonie, aussi-bien qu'à Diane même; & que bien loin d'être jalouse des autels, & des sacrifices qu'elle lui ôteroit, elle se tiendroit honorée d'être associée à elle, & d'être sa compagne. La princesse, toute surprise, ne savoit ce que c'étoit, ni ce qu'elle devoit répondre, & cette éloquence qui lui étoit si naturelle fut muette en ce moment. Diane l'enleva avec l'aide de ses chastes compagnes; & au lieu qu'elle va chassant & errant dans les bois, attendu l'humeur sédentaire de notre princesse, il fut arrêté qu'elle demeureroit en l'air dans une gloire fixe, sans bouger de la même place; sinon qu'en certains jours de l'année on la verroit en Paphlagonie avec toute la beauté qu'elle a jamais eue, & plus encore s'il se pouvoit comme Mélusine à Lusignan: enfin être dans la gloire, c'est tout dire, & même davantage que si on particularisoit, car on n'a point encore fait de description d'une gloire immortelle : la gloire de Niquée est une chose profane, & outre qu'elle n'est qu'une imitation de celle-ci, elle n'en peut donner qu'une très-imparfaite idée.

Fin de l'histoire de la princesse de Paphlagonie.

CLEF
DE LA PRINCESSE DE PAPHLAGONIE.

La princesse de Paphlagonie : *mademoiselle Vands, de la maison d'Apremont.*

Grus : *M. le Prince.*

La reine de Ninive : *la comtesse de Maure.*

La princesse Parthenie : *la marquise de Sablé.*

La reine Gélatille : *madame la comtesse de Fiesque, qui se nommoit Gélonne d'Harcourt.*

Marisalle, capitale de Misnie : *Paris.*

Le chevalier de la reine Gélatille : *de Lionne, président de la monnoie.*

Le chevalier étourdi : *le chevalier Depuis, comte de Grammont.*

Le prince Italien : *le comte de Fiesque.*

Le roi de Misnie : *le comte de Maure.*

La marchande qui a épousé le soldat : *madame de Frontenac.*

La reine des Amazones : *mademoiselle de Montpensier.*

Le ministre du royaume de Thrace : *l'abbé Fouquet.*

Les dames de campagne & les précieuses : *madame de Scomberg, qui étoit mademoiselle d'Aumale, & madame d'Harcourt.*

La princesse Amynte : *madame de Montausier ; madame de Rambouillet.*

Le roi de Damas : *M. de Thianges, de la maison de Damas.*

La princesse Galathée : *mademoiselle de Mortemart.*

Le roi des Celtes : *le duc de Mortemart.*

Le prince des bords de la Garonne : *M. de Candale fils.*

La reine Uralinde : *madame de Montglas, de la maison d'Hurault de Chiverny.*

VOYAGES
DE
L'ISLE D'AMOUR.
A LICIDAS.
Par l'abbé TALLEMANT.

PREMIER VOYAGE
DE
L'ISLE D'AMOUR:
A LICIDAS.

Il est bien juste, cher Licidas, que je vous fasse savoir de mes nouvelles, & qu'après un an d'absence, je vous délivre enfin de l'inquiétude où vous met assurément l'incertitude de ma destinée. J'ai bien vu du pays depuis que je vous ai quitté ; mais, dans l'état où je suis, je ne sais si j'aurai assez de force pour vous faire une relation de mon voyage : c'est augmenter mes maux présens, que de me souvenir de ceux qui sont passés ; & c'est accroître ma douleur, que de représenter à ma mémoire des plaisirs dont il ne me reste que le cruel souvenir : je crois pourtant que ce ne me sera pas une petite consolation, que celle de faire part à un de mes amis, de mes malheurs & de mes plaisirs ; la plainte fo[...] un misérable ; j'oublierai ma douleur e[n vous] contant mon histoire, & je ferai pour un [mo]ment trêve avec mes soupirs.

Mon ame, pour un tems, cache-moi ma doul[eur];
  Vous, mes yeux, arrêtez vos la[rmes];
  Cesse, ma voix, de plaindre mon mal[heur];
  Toi, mon cœur, suspens tes alarmes:
Vous n'êtes plus heureux ; c'est par la cruauté
  D'un sort & barbare & funeste ;
Mais jouissez au moins du plaisir qui vous reste,
  Souvenez-vous que vous l'avez été.

Il y a un an, comme vous savez, que je m'embarquai sur la mer océane avec plusieurs personnes de tous âges & de toutes conditions, la plupart fort étourdis pour aller en un pays qu'on nomme le Plaisir. Nous voguâmes paisiblement pendant quelques jours ; mais assez près d'une île où nous voulions nous rafraîchir, il s'éleva un orage furieux, & un vent si fort, qu'il nous poussa avec violence à un côté opposé à celui où nous devions aller : nous fûmes fort tourmentés pendant quatre ou cinq heures, après quoi le tems s'éclaircit, le soleil parut sur l'horizon plus beau que jamais, & nous nous trouvâmes près d'une île bordée de jardins fort agréables. La curiosité nous prit aussi-tôt d'en savoir le nom, & par bonheur il se trouva un homme dans le vaisseau, qui avoit fait voyage dans cette île, lequel nous dit,

Nous sommes assez près de la côte d'Afrique,
Vers ces lieux fortunés de la Mer Atlantique,
Et cette île agréable est l'île de l'Amour,
A qui chaque mortel rend hommage à son tour.
Les jeunes & les vieux, les sujets & les princes,
Pour voir ce lieu charmant ont quitté leurs provinces:
Ici bas, tôt ou tard, tout ce qui fut jamais
A borné dans ce lieu ses plus ardens souhaits.
Par cent chemins divers on aborde en cette île,
Et de tous les côtés l'accès en est facile:
Les Graces, l'Agrément, les Attraits, la Beauté,
Ont tous les ports commis à leur fidélité;
Et lançant à propos les traits qu'Amour leur donne,
De leurs aimables bords il n'échappe personne.

Pendant que cet homme nous instruisoit ainsi, nous approchions toujours de l'île ; & quand il eut fini, nous en étions si près, que nous distinguions les objets:

  En ce lieu la mer est paisible
  Comme le plus petit ruisseau :
  Un doux Zéphir presqu'insensible,
  Effleurant le dessus de l'eau,
  Fait entendre un si doux murmure
  En se jouant avec les flots,
  Que l'on diroit que la nature
S'y repose elle-même en donnant du repos.

De mille belles fleurs tous les bords sont remplis;

Le jasmin, les œillets, les roses & les lys,
Etalent à l'envi leurs beautés nompareilles,
Et ne font de ce lieu que les moindres merveilles.

En effet le long de ces bords, l'on voit une infinité de belles choses, les Beautés & les Attraits, les Agrémens & les Graces s'y promènent; mais ce qui me surprit, fut de voir des vieilles & des laides qui accompagnoient les Agrémens. Le même homme qui nous avoit instruits du nom de l'île, voyant mon étonnement, me dit,

Amour avec ses traits veut blesser tout le monde,
 Et comme il est le plus puissant des rois,
Reconnu dans les cieux, sur la terre & sur l'onde,
Sous différens objets, il donne mêmes loix;
 Et pour se venger quelquefois
 D'une trop longue indifférence,
 Il fait remarquer sa puissance
En attachant nos cœurs par un indigne choix.

Durant qu'il me parloit ainsi, je m'arrêtai à considérer, avec une attention qui ne m'étoit pas ordinaire, une fille qui se promenoit sur le rivage de cette île; elle étoit au milieu des Beautés & des Graces, & ternissoit leur lustre par l'éclat de son beau visage; je vous avoue qu'elle me surprit d'abord,

Car tout ce qu'a d'appas la brillante jeunesse,
Tout ce qui peut d'un cœur attirer la tendresse,

La fraîcheur, l'embonpoint, la douce majesté,
De la bouche & du teint la charmante beauté,
Des roses & des lys le mélange agréable
Rendoient de ses beaux yeux le charme inévitable.

Cependant dix ou douze petits bateaux se détachèrent du rivage; ils étoient tous parés de belles fleurs; les cordages étoient de soie de mille couleurs différentes; plusieurs petits Amours étoient les rameurs; les Zéphirs voloient autour, & de leur douce haleine mêlée avec celles des fleurs, qu'ils baisoient incessamment, remplissoient l'air d'une odeur agréable, & faisoient voguer paisiblement cette petite flotte.

Quand elle fut auprès de notre vaisseau, nous entendîmes un concert admirable, où de fort belles voix chantoient ces paroles;

Vous qui cherchez d'un amoureux desir
A goûter ici bas les plaisirs de la vie,
Abordez en ce lieu pour passer votre envie;
Sans amour, il n'est point de solide plaisir.

En même tems les Zéphirs volant autour de nous, tendoient leurs mains, &, par un doux souris, sembloient nous inviter à les suivre. Toutes ces surprenantes merveilles m'avoient enchanté de telle sorte, que je n'étois plus maître de moi-même. Cette adorable beauté que j'avois vue, & que je brûlois de rejoindre, & je ne sais quoi qui me saisit le cœur au même instant, me firent résoudre à passer dans cette île. Je donnai les mains, les Zéphirs m'enlevèrent, & me mirent dans un bateau, où les Amours me reçurent avec mille amitiés.

Il y en eut plusieurs dans notre vaisseau qui me suivirent, mais il y en eut aussi qui demeurèrent & se moquèrent de nous : j'admirois leur dureté quand ils nous crièrent en riant,

Allez, aventuriers, chercher le vrai plaisir ;
  Que l'amour vous inspire,
 Et vous saurez un jour que nous en dire,
  Si vous pouvez en revenir.

Nous voguions cependant accompagnés de concerts & couverts de fleurs, & en peu de tems nous abordâmes :

En abordant à terre, une belle déesse,
Et des esprits sensés la prudente maîtresse,
La Raison, dont les yeux sont si vifs & perçans,
D'une puissante voix, arrête les passans ;
Elle occupe l'entrée, & défend le passage ;
Mais les sens éblouis nous cachent son visage,
Et seule dans ce lieu, contre tant d'ennemis,
Aux ordres de sa voix personne n'est soumis.

Aussi je passai sans écouter ses discours, & courus avec grande impatience vers le lieu où étoit la charmante personne qui m'avoit
engagé

engagé d'aller en amour; mais, en m'approchant, un homme que je vis auprès d'elle me glaça de crainte par un de ses regards. Il étoit grand & de bonne mine, mais fort sérieux & fort grave, ses yeux étoient modestes, & son regard étoit fort soumis, & il tenoit en me regardant un doigt sur sa bouche. Une fille l'accompagnoit, qui marchoit dessus ses mêmes pas; elle faisoit les mêmes gestes & les mêmes démarches que lui, regardant toujours autour d'elle. Un petit Amour, qui se donna dès ce tems là à moi pour m'accompagner dans mon voyage & pour m'instruire, me dit,

  Celui que tu vois si sévère,
  Est le Respect, fils de l'Amour;
  Il a l'estime pour sa mère,
Il a beaucoup d'amis dans cette auguste cour.
Ceux qui ne veulent pas s'attacher à lui plaire,
Ne plaisent pas souvent aux beautés de ces lieux;
Pour lui faire ta cour, il ne faut que te taire,
Et même retrancher le langage des yeux.
Cette autre que tu vois, sa compagne fidelle,
  Est la sage Précaution;
Elle est d'un sage amant la compagne éternelle:
  Un amant dans sa passion
  Ne peut avoir trop de précaution.

Instruit par un si bon maître, je fis de grandes civilités au Respect & à la Précaution, & demandai leur amitié, que l'un & l'autre m'a-

Q

cordèrent de fort bonne grace : je m'avançai ensuite en tremblant vers cette belle qui m'avoit charmé, je la priai de souffrir que je l'aidasse à marcher, ce qu'elle accepta assez fièrement, & après avoir quelque tems parlé de choses indifférentes elle me quitta.

Comme la nuit approchoit, Amour me conduisit à un village fort proche, où nous fûmes mal couchés : ce village se nomme Inquiétude, du nom de la maîtresse du lieu que nous allâmes voir ; mais il est assez mal aisé de vous dire comme elle est faite, car elle ne sauroit se tenir en une même place ; elle est un moment debout, puis elle se recouche ; elle va tantôt lentement, tantôt si vîte qu'on ne la sauroit suivre ; elle ne dort jamais, ce qui la rend fort maigre ; elle est fort négligée, les cheveux épars, & sur-tout mal rangés sur le front, à cause qu'elle se le frotte souvent. Après l'avoir saluée, à quoi elle ne prit pas garde, j'allai me coucher dans un lit où je ne pus dormir, & cette belle personne étant toujours présente à ma pensée, me fit faire cette réflexion,

Je dis tout fort mal-à-propos,
Des soupirs tranchent tous mes mots;
Je sens ma liberté perdue ;
N'auriez-vous point surpris mon cœur,

Amynte? Avant vous avoir vue,
Je n'avois pas cette langueur.

Le lendemain, je me levai de grand matin, & Amour me fit aller à un autre village qu'on nomme petits-Soins, qui est bien différent d'Inquiétude, & c'est à mon avis un des plus agréables lieux de tout le pays :

L'on y voit venir tous les jours
Les amans de cette contrée,
Pour voir l'objet de leurs amours.

Ils ne manquent jamais d'y passer la journée;
Là, toutes les maisons sont couvertes de fleurs;
Tout y rit, tout y plaît, tout paroît magnifique;
Les danses, les festins, le bal & la musique
Eloignent de ce lieu la plainte & les douleurs.
Les vices sont bannis de ce lieu délectable;
Le plus fâcheux y devient agréable;
Et l'avare y répand ses trésors amassés;
Le sot a de l'esprit, le rêveur parle assez;
Et les muses y font leur séjour ordinaire;
Enfin chacun y fait tout ce qu'il faut pour plaire.

En effet, l'on n'y voit que parties de galanterie ; la propreté, la magnificence, la complaisance, les petits jeux, & la gaieté ne bougent de ce lieu, & tout s'y fait enfin de la meilleure grace du monde.

En arrivant, je me sentis l'humeur complaisante & ingénieuse à trouver des divertissemens pour plaire à Amynte. Dans ce dessein, après m'être ajusté proprement, Amour me mena chez elle plus satisfait que je n'avois encore été de ma vie, mais il fallut revenir coucher à Inquiétude, parce qu'on ne loge point à petits-Soins, si bien que je passai encore fort mal la nuit dans l'impatience que j'avois de revoir Amynte, & n'eus de bon qu'une heure de sommeil, où j'eus un songe tout à fait agréable.

  Je vis mourir entre mes bras
    Cette charmante blonde,
  Mais ce fut d'un si doux trépas,
  Qu'elle en revint plus belle au monde.

  Je vis pour un tems la clarté
    De ses beaux yeux mourante,
  Et tomber toute sa beauté
    Dans mes bras languissante.

  Mais je connus à mon réveil,
    Que c'étoit une fable,
  Et me vis, après mon sommeil,
    Encor plus misérable.

Je retournai le lendemain dès le matin à petits Soins, & j'y fus de mieux en mieux reçu d'Amynte. Il n'y avoit que les nuits que je passois à Inquiétude qui me donnoient du tourment; mais, au bout de quelque tems, après avoir fait tout ce que j'avois pû pour plaire à Amynte, un jour elle alla à un autre village qu'on nomme Bon-Accueil, c'est le nom du seigneur, qui est un homme obligeant & civil au dernier point; il a l'abord fort agréable, & reçoit bien tout le monde; les habitans de ce lieu sont aussi fort civils, & Amynte s'y conforma à l'exemple des autres; elle me reçut fort obligeamment, & me laissa croire, par sa manière d'agir, qu'elle n'étoit pas fâchée de me voir.

Cela fit qu'Amour me mena coucher à Espérance, qui est une belle & grande ville fort peuplée, pour l'abord de mille gens qui y viennent de tous côtés. La plus grande partie de cette ville est bâtie sur du sable sans fondemens, ce qui la fait souvent tomber en ruine: l'autre partie est assez bien fondée, & est presque toujours demeurée en son entier. Toute cette ville est sur la rivière de Prétention, qui prend sa source à une montagne de ce nom voisine d'Espérance. Cette rivière est tout-à-fait belle, mais il est dangereux de s'y embarquer; & c'est pourquoi même les maisons bâties sur son rivage sont d'ordinaire renversées; mais, durant qu'elles subsistent, les plus beaux palais ne les égalent pas pour la beauté de la vue.

Ce beau fleuve est fameux par le naufrage de plusieurs personnes illustres; je fus tenté de m'y baigner, & Amour m'y laissoit aller assez étourdiment, quand je rencontrai le Respect suivi de la Précaution, qui m'arrêta par le bras, & me dit que c'étoit le vrai moyen de me perdre, & que je me devois contenter d'être en Espérance, sans aller m'exposer dans la Prétention.

Je le remerciai de son bon avis, & m'acheminai du côté de la ville, qui est le plus éloigné du fleuve : c'est-là qu'est le palais de la princesse Espérance, qui passe pour l'oracle du pays d'Amour, quoiqu'il ne soit pas sûr de se fier à ce qu'elle dit, car

Elle promet toujours, & souvent ne tient pas;
A poursuivre d'aimer toujours elle convie,
  Et bien souvent promet la vie
A qui bientôt après rencontre le trépas.

En entrant dans son palais, on rencontre les Pensées qui volent toujours, tantôt haut, tantôt bas, & tantôt au milieu de l'air, selon qu'il leur prend fantaisie; je les rencontrai assez sages, car elles avoient un vol égal. Je fus ensuite voir la princesse Espérance, qui est une aimable personne : elle a le visage riant, la physionomie douce & engageante, & l'on ne s'ennuye jamais en sa compagnie: elle console les plus affligés, enfle le courage des superbes, & flatte agréablement ceux qui sont raisonnables dans leurs souhaits. Quand j'allai la voir, deux hommes entrèrent avec moi, dont l'un aimoit en un lieu si haut, qu'il n'osoit en rien attendre de bon, & l'autre, avec même dessein, espéroit tout de sa bonne fortune. J'admirai l'adresse de cette princesse, qui consoloit l'un & animoit l'autre; elle disoit au premier,

Le respect & le tems forcent tous les obstacles,
Et l'amour obstiné peut faire des miracles.

Et se tournant vers l'autre;
 Il est beau d'avoir l'avantage
D'abaisser la fierté d'un généreux courage;
 Et quand on l'entreprend en vain,
Il est beau de mourir dans un si beau dessein.

Pour moi, quand je lui eus conté mon histoire, comme elle me vit assez raisonnable, elle me dit :

Tu peux tout espérer de ta sage tendresse,
Et tu seras un jour aimé de ta maîtresse.

Quoique je connusse bien qu'elle flattoit tout le monde, ses paroles ne laissèrent pas de me donner un peu de repos cette nuit-là.

Et le lendemain Amour voulut me mener à Déclaration, mais comme nous étions en chemin, nous rencontrâmes encore le Respect tout chagrin, qui me dit qu'il ne falloit pas

aller si vîte, & fit même une rude remontrance à l'Amour qui ne le pouvait souffrir,
Quoi ! soupirer, dit-il, d'un éternel martyre,
   Toujours aimer, toujours souffrir,
   Et peut-être à la fin mourir,
    Sans en rien dire,
Et sans savoir si, lorsque l'on expire,
Celle pour qui l'on meurt y prendra quelque part !
Faut-il, pour être heureux, attendre le hasard
Qu'enfin, prêt de mourir, une belle inhumaine
S'avise de connoître & finir notre peine,
Sans songer qu'elle peut s'en aviser trop tard ?

Le Respect lui dit qu'il n'en seroit pas ainsi ; & que si je le suivois, ma passion seroit bientôt connue, sans aller à Déclaration ; qu'au reste, je trouverois toujours Amynte au lieu où il me vouloit mener, & qu'elle ne demeureroit peut-être qu'un jour à Déclaration, après quoi je ne la reverrois plus : je me laissai emporter à ses raisons, malgré tout ce que put dire l'Amour, & j'allai avec lui à une forte place dont il est gouverneur : c'est une citadelle bien fortifiée de plusieurs bastions imprenables ; les murailles en sont si hautes, que l'on les perd de vue, & si épaisses & si forte qu'on ne peut les ébranler. La Modestie, le Silence & le Secret gardent la porte qui n'est qu'un fort petit guichet ; la Modestie est une femme fort sérieuse, sans affecter pourtant de l'être ; ses yeux ont le regard arrêté, & l'on y remarque une grande retenue ; elle est vêtue fort simplement, ayant les bras & la gorge fort cachés. Le Silence est, comme vous l'avez vu peint, faisant une grimace des yeux & de tout le corps, & tenant un doigt sur sa bouche. Pour le Secret on ne le voit point, il est caché là dans un lieu obscur, d'où il ne sort que bien à propos; s'il parle quelquefois, c'est tout bas, il a l'ouïe fort subtile, & fait entendre le moindre signe. Nous entrâmes dans cette citadelle, à la suite du Respect, sans rien dire, & presque en cachette, & nous vîmes que

  Les maisons sont fort rétirées,
  Et tout s'y fait à petit bruit ;
  Jamais on n'y voit d'assemblées,
  L'on n'y marche que dans la nuit ;
  Tout le monde y fait ses affaires
  Sans confidens ni secretaires,
  L'on se rencontre rarement,
  Il faut sans cesse se contraindre,
  Toujours souffrir, jamais se plaindre
  Dans le plus sensible tourment.

  C'est là que l'on met en usage
  Ce muet & savant langage,
Qui fait si bien lire dedans le cœur,
  Qui, sans parler, fait si bien dire,
  Et qui, selon qu'on le desire,
Persuade aisément la joie ou la douleur.

Cette place s'appelle Discrétion du nom de la fille du Respect qui est sa lieutenante en ce château ; c'est une fort belle personne, mais elle ne plaît pas d'abord ; ceux qui le pratiquent, aiment fort sa conversation ; elle a les yeux perçans & animés, qui lorsqu'il leur plaît se font entendre à tout le monde, elle a la physionomie d'une personne fort sage & fort retenue, où il paroît néanmoins un fond d'adresse & de finesse, dont elle se sert quand elle veut.

Après que je l'eus saluée, je m'enquis adroitement où étoit Amynte ; quand je le sus, je m'allai loger en une maison fort éloignée de la sienne ; &, quand je la voyois, je lui parlois de toute autre chose que de mon amour ; je demeurai assez long-tems dans cette citadelle, traînant une misérable vie ; & n'ayant commerce avec personne.

<blockquote>
Je ne faisois que répandre des fleurs ;
J'allois mourir, sans que jamais Amynte
Eût entendu la moindre plainte,
Dans mes plus cruelles douleurs,
Et j'attendois, avec respect & crainte,
D'Amynte ou de la mort la fin de mes malheurs.
Seulement en tous lieux je suivois ma maîtresse,
Et mes yeux lui disoient ce que souffroit mon cœur ;
Mes soupirs enflammés, ma profonde tristesse
Lui faisoient assez voir qu'elle étoit mon vainqueur.
</blockquote>

Amour prenoit souvent pitié de moi, & me vouloit quitter; mais je lui faisois tant d'amitiés, qu'il ne pouvoit s'y résoudre.

Au bout de quelque tems, je fus encore plus misérable, car Amynte s'étant apperçue de mon amour par mes actions, s'alla retirer dans l'antre de la Cruauté : cet antre est un rocher si escarpé, qu'il est très-difficile d'y monter ; l'entrée en est défendue à tous les amans, & est gardée par des tigres ; je voulus arrêter Amynte sur le point qu'elle y voulut entrer, mais j'en fus empêché par une grande femme fort laide & d'un regard farouche : les yeux lui sortent de la tête ; elle a de grands bras secs & des ongles prodigieux ; elle traite tout le monde de haut en bas, & se plaît à tourmenter ; un seul de ses regards jette le désespoir dans le cœur.

  Elle se nomme Cruauté,
  C'est une fort laide princesse,
 Et qui pourtant accompagne sans cesse,
  Et la jeunesse & la beauté.

J'eus une si grande frayeur en la voyant, que je me retirai, & m'en allai sur le bord d'un grand torrent, qui descend du haut du rocher.

  Ce torrent n'a point d'autre source
  Que les yeux de tous les amans,
Qui par leurs pleurs mêlés à leurs gémissemens,
Au travers du rocher précipitent sa course ;

Son onde en s'écoulant amollit le rocher,
Son murmure plaintif se fait par-tout entendre ;
Les arbres & les fleurs s'y sont laissés toucher ;
La seule Cruauté sait toujours s'en défendre.

Ce torrent est entouré d'un bois fort épais & fort sombre ; toutes les écorces des arbres sont gravées, & l'on y voit les pitoyables histoires de plusieurs amans ; tout ce bois retentit, & de cris, & de reproches ; l'écho n'y répète que des choses tristes & lamentables, & tout enfin ne parle que de mort dans ce triste lieu. Ce fut là que, désesperant de pouvoir tirer Amynte d'entre les bras de la Cruauté, je m'écriois souvent.

   Hélas ! cruelle Amynte,
Ne pourrai-je, à ma mort du moins, vous attendrir ?
Ces bois & ces rochers sont touchés de ma plainte ;
  Ils voudroient bien pouvoir me secourir :
   Et vous, cruelle Amynte,
Qui causez tous mes maux, vous me laissez mourir.

Je faisois ainsi retentir de mes plaintes tous les échos voisins. Je n'avois point de repos, & ne cessois de répandre des larmes ; j'étois le plus souvent autour du rocher où je rencontrois quelquefois Amynte, mais toujours accompagnée de la Cruauté que je tâchois en-vain de fléchir par toutes sortes de soumissions.

Un jour que j'étois plus défefperé que de coutume, Amour me conduifit fur le bord d'un lac.

Le lac du Défefpoir, où les amans trahis
Ceffent d'être, à la fin, malheureux & haïs,
Défefpérant toujours d'être aimés de leurs belles,
Et ne pouvant auffi vivre ici-bas fans elles.
Après avoir en vain paffé de triftes jours,
Ils viennent y finir leurs vies & leurs amours :
Là font tous les oifeaux de malheureux préfage ;
Là nagent lentement mille cignes fauvages,
Dont les triftes accords & les mourantes voix
Semblent plaindre un amant quand il eft aux abois.

Le long de ces bords fe promenent plufieurs triftes amans, & j'en vis peu qui fe précipitaffent ; je fus tenté de mourir, mais je réfolus encore une fois auparavant de tâcher d'attendrir Amynte, & la Cruauté. Dans ce deffein, je m'allai coucher à l'entrée du rocher, réfolu de n'en point partir que lorfqu'Amynte en fortiroit, ce fut-là que, par un ruiffeau de pleurs, je fis entendre mes plaintes, & que je fus fouvent maltraité par la Cruauté ; enfin, je crois que mes douleurs m'euffent accablé, fi Amour ne m'eût donné un fidèle confeil qui me fauva la vie. Un jour je vis paffer auprès de moi une fille bien faite, qui verfoit des larmes en me regardant ; & il fembloit, à sa posture, qu'elle donnât ces larmes à mes malheurs.

> Elle sembloit dire en soi-même :
> Hélas ! que je plains cet amant ;
> Sa tendre ardeur & son amour extrême
> Méritoient bien, hélas ! un plus doux traitement.

Je me sentis si obligé à cette fille, que je demandai son nom, & Amour me dit que c'étoit la Pitié qui venoit ainsi souvent pour tâcher d'obliger quelqu'amant malheureux ; & que si elle se mettoit de mon parti, elle feroit sortir Amynte du rocher de la Cruauté pour suivre son conseil ; je tâchai d'émouvoir la Pitié, en lui faisant voir le déplorable état où j'étois ; & elle en fut si touchée, qu'elle me promit son assistance : elle ne tarda pas long-tems à me faire voir l'effet de ses promesses ; car tournant autour du rocher, à la fin elle apperçut Amynte, & les larmes aux yeux, lui conta ma triste aventure, & d'une manière si touchante, qu'elle tira des pleurs des beaux yeux de l'inhumaine. La Pitié la voyant attendrie à son récit, l'emmena où j'étois, & lui fit voir l'état où elle m'avoit reduit. Amynte ne put se défendre d'être sensible à ce spectacle ; elle commença à écouter mes amoureux reproches ; elle en approuva le triste murmure, & enfin se résolut de l'appaiſer. La Cruauté, qui en fut avertie, voulut l'arrêter, mais la Pitié la repouſſa rudement & me rendit Amynte, qui en me relevant me dit,

Trop fidèle Tirſis, j'approuve enfin ta flamme;
Rends grace à la Pitié que tu vois avec moi;
Par ſes preſſans diſcours, elle a mis dans mon ame
      De tendres ſentimens pour toi.
Vis, Tirſis, j'y conſens; prends la douce eſpérance;
      Qu'Amynte quelque jour,
      D'un éternel amour,
      Payera ta conſtance.

Je ne ſaurois vous dire la joie que j'eus en entendant ces paroles; je me vis en un moment, du plus malheureux de tous les hommes, devenu le plus heureux, & dans mon tranſport je m'écriai,

Réjouis-toi, mon cœur, Amynte eſt adoucie;
Bannis de tous tes maux le fâcheux entretien,
      Et commence à chérir ta vie,
      Puiſqu'Amynte en eſt le ſoutien:
Sur le bord de la tombe où tu voulois deſcendre,
      Sa belle main t'a donné du ſecours:
Ce qu'elle a conſervé, mon cœur, il faut lui rendre,
Et paſſer à ſes pieds le reſte de tes jours.

Me voilà donc plus heureux que je ne croyois jamais l'être; je bénis mille fois toutes les peines que j'avois ſouffertes, & j'en perdis la mémoire en un moment.

Mais la Pitié ne se contenta pas de faire sortir Amynte de ce déplaisant séjour; elle la mena encore jusqu'à Confiance, & puis nous abandonna pour aller assister quelqu'autre misérable. Je la priai en partant de se souvenir qu'elle m'étoit toujours nécessaire, & elle me promit son assistance dans le besoin, & de plus nous remit entre les mains de la Confiance à qui appartient le village où elle nous quitta : ce village n'est proprement qu'une maison de plaisance, mais la plus agréable à mon avis de tout le pays. La Confiance est une fille qui a la mine ouverte & franche, on lit jusques dans le fond de son ame, & l'on connoît tous ses sentimens : elle est toujours d'égale humeur, & il y a pleine liberté dans son château. C'est-là que sont les rendez-vous, qui sont des petits boccages détournés, dont les avenues sont secrettes, & où l'on n'est point interrompu. C'est là qu'on a le plaisir de se parler tout un jour sans se lasser, c'est-là qu'on se voit à toute heure, & qu'il semble qu'on ne se voie pas assez. L'on y jouit des secrets entretiens; l'on a le plaisir de chercher à la dérobée mille moyens différens de se voir & de se parler ; les billets doux y sont aussi fort fréquens. Enfin, j'y passai de fort heureux jours & les plus beaux de ma vie,

vie, car j'étois sans cesse avec Amynte ; elle me faisoit part de toutes ses pensées, & je lui disois aussi les miennes.

<blockquote>
Que je goûtois de doux plaisirs !
Ah ! que mon ame étoit ravie !
Avec quelle douceur j'eusse passé ma vie,
Si j'avois dans ce lieu su borner mes desirs !
Je voyois Amynte en tous lieux,
Je lui parlois sans me contraindre ;
J'étois assez aimé pour ne pouvoir me plaindre.
A quoi pensois-je, hélas ! de vouloir être mieux !
</blockquote>

Tout ce qu'on peut souhaiter de marques d'amitié, & même d'un peu de tendresse, je l'obtenois après quelque foible prière. Je menois enfin la plus agréable vie du monde, si j'eusse pu m'en contenter ; mais Amour me pressoit toujours de la mener à son temple, & j'étois toujours mal avec elle quand je lui proposois d'y aller.

Mais enfin, après plusieurs poursuites, nous sortîmes ensemble de Confiance, & nous étions à peine dehors, qu'un homme, qui sembloit homme d'autorité, se présenta à nous ; &, d'un bras puissant, arracha Amynte avec violence de ma main. Malgré son incivilité, je ne pus m'empêcher de le respecter ; &, comme je voulois l'adoucir, lui, sans me regarder, emmena Amynte d'un autre côté, & tout ce qu'elle put faire, fut de me dire,

R

> Je ne puis m'empêcher de suivre,
> Et le Devoir m'emmène malgré moi :
> Ne laisse pas toujours de vivre,
> Et de me conserver ta foi.

Je demeurai immobile à ce spectacle, & je la regardai s'éloigner de moi sans rien dire ; à la fin mon premier mouvement fut de courir après elle, & de l'arracher par force d'entre les bras du Devoir ; mais le Respect & la Précaution qui survinrent à propos, m'en empêchèrent. Cette rencontre inopinée me fâcha d'abord, mais je m'étois toujours si bien trouvé de leurs conseils, que je voulus encore les suivre.

De sorte que je m'allai confiner dans un désert qui me sembla conforme à mon humeur ; c'est un lieu entouré de plusieurs montagnes & fort éloigné de tout commerce ; il y a un château situé au milieu d'un grand bois, & là demeure toujours une triste personne qu'on nomme l'Absence. On ne la voit guères ; elle a toujours les yeux couverts de larmes, & est par conséquent fort abattue & fort défigurée ; elle est toujours en deuil, & est sans cesse accompagnée de la Rêverie, qui est aussi fort maigre ; ses yeux ne s'arrêtent jamais sur aucun objet, & regardent tout sans rien voir ; elle ne prend garde & n'est attentive à rien, elle ne parle jamais que mal-à-propos, & ne répond presque point à ce qu'on lui demande; elle semble recueillie en elle-même & n'aimer que sa compagnie : la chute des eaux, leur doux murmure, & le chant des oiseaux sont son entretien ordinaire. Je fis grande amitié avec elle, & me conformai fort à sa façon d'agir; je promenois ma douleur dans les plus vastes solitudes, & je m'entretenois seul de même qu'elle avec les bois, les ruisseaux, les échos & les fontaines. Je souffrois cependant mille rudes peines; je sentois toujours l'envie de voir Amynte, & je ne la pouvois contenter; & ce que je trouvois de fâcheux, c'est que le tems dure en ce lieu-là plus qu'en aucun endroit du monde; les momens y sont des heures, & les heures des jours : l'on rencontre par-tout des Ennuis, qui sont de grands hommes fort dégoûtans, & qu'on ne peut néanmoins s'empêcher de voir, car ils y sont en si grand nombre, qu'on ne peut les éviter. Enfin, las de vivre en un si cruel tourment, prêt de mourir, je composai ces vers:

Enfin il faut mourir, mes maux sont sans remède,
Les vouloir appaiser, ne fait que les aigrir;
  Et, dans l'ennui qui me possède,
  Ne pouvant vivre, il faut mourir.
Tous tes plaisirs sont morts, mon cœur, la belle Amynte

A pour jamais quitté ces lieux.
Cessons de murmurer, abandonnons la plainte,
Et renonçons à tout en perdant ses beaux yeux.

Loin de ce bel objet qui fait toute ma joie,
Eloigné de ses yeux qui font tous mes plaisirs,
  Mon ame demeure la proie
  De cent inutiles desirs.
Il ne me reste rien d'une flamme si belle,
  Que des regrets & des ennuis ;
Et de mes tristes jours la langueur trop mortelle
Me plonge sans ressource en d'éternelles nuits.

Une trop longue absence efface enfin d'une ame
Le cruel souvenir de ses tendres amours ;
  Mais, las pour éteindre ma flamme,
  En vain je cherche son secours :
Elle m'ôte l'amour & l'entretien d'Amynte ;
  Elle m'en ôte les douceurs.
Mais ses divins attraits, dont je ressens l'atteinte,
Me sont toujours présens pour croître mes malheurs.

J'éprouvois ainsi les cruels maux que fait souffrir l'Absence, & ne recevois d'autre consolation que quelques lettres qu'Amour trouvoit le moyen de me faire rendre.

Mais je n'eusse pas long-tems vécu, si enfin Amynte s'étant débarrassée du Devoir, ne m'eût rappellé de mon exil. J'oubliai en un moment toutes mes peines passées, & courus la revoir avec toute l'impatience d'un amant ; mais je n'en fus pas plus heureux, car je la trouvai dans un lieu où jamais l'on n'a eu du repos.

> Là chacun se rompt en visière,
> L'on n'y parle que de combats:
> Sans respecter ami, prince, ni frère,
> Chacun s'y donne le trépas.
> La Rage, le Soupçon, la Colère & l'Envie,
> Etalent dans ce lieu leur dangereux poison.
> Chacun veut se détruire ou bien perdre la vie;
> Et l'on n'y voit enfin qu'horreur & trahison.

Il se nomme les Rivaux. Je n'y fus pas plutôt, que voyant autour d'Amynte plusieurs personnes qui rougissoient de colère à mon abord, & m'empêchoient de lui parler, je me sentis une haine secrète pour tous ces gens-là, & peu-après croyant qu'Amynte leur faisoit trop bon visage, je me laissai conduire par l'Amour dans le palais de la Jalousie, qui est voisin des Rivaux.

Ce palais est un lieu bien plus déplaisant encore que les autres, car l'Absence & la Cruauté ne font pas souffrir la moitié des maux que l'on souffre dans la Jalousie. La tempête, la pluie & les vents en rendent le séjour fort désagréable; la foudre y gronde toujours; l'air y est fort obscur; & fait multiplier les objets; les moindres ombres y font peur, & tout est plein de précipices où l'obscurité est souvent cause que l'on se perd. A l'entrée de ce palais, l'on trouve l'Emportement, les Visions & les Troubles qui enchantent les yeux de manière que l'on voit tout de travers. l'Emportement est toujours en agitation sans savoir pourquoi, parle fort vîte, & dit toutes choses mal à propos & sans ordre : les Troubles s'effrayent pour la moindre chose & s'étonnent de rien ; & les Visions font toujours leur malheur elles-mêmes, parce qu'elles se forment des phantômes vains pour se tourmenter. Tous ces personnages-là, en entrant, me firent prendre un breuvage qui me rendit tout autre que je n'étois.

>Je devins emporté, méfiant, soupçonneux,
>Et mon emportement me parut raisonnable :
>Je me fis des tourmens pour être misérable ;
>Enfin tous les objets me devinrent fâcheux.

Dans ce malheureux état, je fus voir la Jalousie, qui est fort laide & fort décharnée, & couverte de serpens qui lui rongent sans cesse le cœur ; son regard est funeste, & elle ne voit rien à quoi elle ne porte envie : elle me jetta un de ses serpens, qui, dans la fureur où j'étois, m'enflamma encore davantage ; je m'en allai ensuite courant par-tout sans savoir où : quand je voyois Amynte en compagnie, je n'osois l'aborder, & je tremblois dans l'ame ; je tâchois d'écouter ce qu'on lui disoit & ses réponses ; je tournois toutes ses paroles du sens qui pouvoit me tourmenter ; quand on lui parloit à l'oreille, je pâlissois tout-d'un-coup, comme si j'eusse été prêt de mourir ; j'expliquois le moindre geste, le moindre signe en faveur des autres ; & quand je ne la voyois point, je me l'imaginois entre les bras d'un rival : si elle étoit seule, je croyois qu'elle attendoit quelqu'un ; enfin, dans mon emportement j'étois jaloux de tout ce que je voyois, & même des choses inanimées.

 Arbres & fleurs, disois-je en mon transport jaloux,
 Que ne me parle-t-elle aussi souvent qu'à vous,
 Vous êtes confidens de son inquiétude ;
 Elle passe le jour dans votre solitude ;
  Si cette ingrate, hélas ! n'a pas manqué de foi,
 Pourquoi se plaire plus avec vous qu'avec moi ?

Amynte cependant, qui voyoit bien ma foiblesse, au commencement, en sourioit ; après, elle se mit en colère ; & ce fut alors que je fis connoissance avec un homme qui voulut me guérir de mon amour & de ma jalousie en même-tems, c'étoit le Dépit.

  L'ennemi mortel du tourment,
  Et qui lors qu'on le maltraite,
  Aidé de son ressentiment,

  Fait au plus vîte la retraite,
  Et quelquefois fauve un amant
  D'une entière & trifte défaite.
  L'infidélité de ma belle
Me fit faire le vœu de ne la plus aimer ;
  Et le Dépit me fut charmer
Jufqu'à paffer trois jours fans retourner vers elle.
La trifteffe & l'ennui ne me quittèrent pas ;
Et de tant de douleurs mon ame fut atteinte,
Que j'aimai mieux mourir en adorant Amynte,
Que de ceffer d'aimer tant de charmans appas.

Je me replongeai donc encore plus qu'auparavant dans mes foupçons jaloux ; mais Amynte fe laffa, après beaucoup de tems, de me voir en un état fi déplorable ; & la Pitié, qui m'avoit promis fon fecours au befoin, n'y manqua pas ; elle éloigna d'Amynte tous les objets qui pouvoient me fâcher, & me retira avec grande peine d'un lieu fi défagréable : Amynte m'ouvrit les yeux en fortant, & après m'avoir défabufé, me fit voir toutes mes fautes ; alors je me jettai à fes pieds, & lui demandai mille fois pardon, en lui difant,

  Armez-vous de rigueur,
  Soyez cruelle & fière ;
  Si j'ai de la colère,
  Je la garderai dans le cœur :
  Non, non, quelques maux que j'endure,
La douleur en fera peinte dedans mes yeux,
Mais vous ne verrez pas mon cœur audacieux

Jusqu'à vous accabler d'un insolent murmure.
>Vous me verrez plein de langueur
Vous prier tendrement de n'être plus sévère :
>Mais s'il me vient de la colère,
>Je la garderai dans mon cœur.

Amynte néanmoins ne me pardonna pas d'abord ; elle avoit peine même à souffrir ma présence, puisque j'étois capable de tant de foiblesse ; je tâchois de la fléchir, en lui disant,

>Songez que la peine est mortelle,
>Lorsque l'on aime tendrement,
>De rencontrer une cruelle
>Qui se rit de notre tourment.

Qu'on ne peut vivre amant sans voir ce que l'on aime.
Redonnez-moi l'espoir d'attendrir votre cœur :
Si je vous ai déplu par quelqu'offense extrême,
J'en ai souffert assez par ma propre douleur.

Mes larmes & mes prières, jointes à l'inclination naturelle qu'elle avoit pour moi, & qu'elle m'avoit témoignée à Confiance, me firent redonner ses bonnes graces.

Et enfin, après plusieurs travaux, nous arrivâmes à la capitale du pays d'Amour ; elle porte le nom de l'île, & c'est où se tient la cour, qui est tout-à-fait belle, car elle est composée de toutes sortes de nations, de rois, de princes & de sujets, & les uns néanmoins n'y sont pas plus grands seigneurs que les autres. La ville est fort grande, & tout y est pêle-mêle; les gens de mérite y sont quelquefois avec ceux qui n'en ont point; les personnes bien faites souvent y quittent tout pour de laides, ce qui fait assez voir que le dieu qui y préside est aveugle. Au milieu de cette ville, il y a un temple fameux, plus ancien que le monde, car Amour y étoit quand il débrouilla le cahos; ce temple est fort spacieux, & à peine est-il assez grand pour recevoir tous les sacrifices qui s'y font à chaque heure du jour. Nous y allâmes pour faire un sacrifice; en entrant, il fallut donner les victimes, qui sont les cœurs. Amynte avoit encore de la peine à donner le sien, mais les Desirs l'emportèrent à la fin avec un peu de violence. Nos cœurs furent donc offerts en sacrifice à l'Amour, & la flamme qui les brûloit ne les consuma pas; après le sacrifice, nous les trouvâmes encore tout entiers, mais brûlans :

> Et par un fort heureux échange,
> Au lieu de reprendre le sien,
> Amynte, en cet heureux mélange,
> Se saisit aussi-tôt du mien.
> Ainsi, sans force & sans contrainte,
> Je me vis possesseur du cœur de mon Amynte.

Me voilà au comble de tous mes vœux, ne

croyant plus avoir à souffrir. Je demeurai quelque tems dans cette ville-là, jouissant de tous les plaisirs qu'on peut avoir, étant aimé tendrement ; c'est-à-dire,

  Je faisois toute sa tendresse,
  Elle vouloit toujours me voir :
  Mon chagrin faisoit sa tristesse,
  Mes moindres maux son désespoir.

Mais ce n'étoit pas assez pour moi, car je la voulois mener au palais du vrai Plaisir, qui est la maison de campagne où Amour va voir Psiché ; & dans ce dessein, je la menois de ce côté-là, quand nous rencontrâmes le plus fâcheux de tous les hommes,

  Le grand ennemi des plaisirs,
Qui tourmente toujours les plus fortes tendresses,
Tyran des passions, ennemi des caresses,
Et qui ne peut souffrir l'Amour ni ses desirs :
  Il a grand monde à ses côtés,
  Charmé de ses sottes maximes,
Qui de tous les plaisirs nous font autant de crimes,
Et condamnent en nous les moindres libertés.

Cette grande troupe qui le suit, est assez mal en ordre ; ce sont toutes femmes malades, qui ont grande peine à le suivre : l'amour qui les possède répand une langueur sur toutes leurs personnes, qui les rend maigres ; elles ont le regard mourant, & l'on voit bien que la flamme les dévore. Cet homme, en un mot, étoit l'Honneur; la Pudeur l'accompagnoit; je ne saurois vous dire comme elle est faite, car elle a toujours un voile sur le visage, & ne se montre à personne. Tous deux ayant arrêté Amynte, ils lui dirent mille belles raisons, qui me semblèrent fort ridicules, mais qui ne semblèrent pas telles à Amynte. Car les ayant entendues, elle voulut suivre leur conseil. Je fus fort étonné de ce nouveau procédé, & je m'écriai aussi-tôt,

  Pleurez, mes yeux, votre malheur
  Et votre disgrace imprévue :
Amynte ne veut plus supporter votre vue,
  Et vient de reprendre son cœur.
Si vous fûtes heureux en la voyant sans cesse,
Si vous prîtes plaisir à vous voir dans ses yeux ;
Pleurez, mes yeux, pleurez, couvrez-vous de tristesse;
Vous ne reverrez plus un tems si précieux.

Je conjurai ensuite Amour de la retenir ; & il y prit tant de peine, qu'il y réussit & nous poursuivîmes notre chemin au palais du vrai Plaisir. Nous n'en étions pas fort éloignés, quand nous rencontrâmes le Respect & la Précaution : le Respect n'avoit plus la mine si sérieuse; il avoit l'air galant, enjoué, & le visage riant. La Précaution ne faisoit aussi plus tant de façons, & en souriant le Respect nous dit,

Allez, parfaits amans, contenter vos desirs,
Et recevoir d'Amour la belle récompense :
Vous n'avez plus ici besoin de ma présence,
Le Respect n'a que faire à vos secrets plaisirs.

Et après m'avoir embrassé, il me quitta; il fut à peine parti, que je vis venir une femme toute nue fort belle, les cheveux pendans par-devant, & chauve par derrière, qui couroit fort vîte; plusieurs gens étoient-là, les uns qui la négligoient, les autres qui couroient mollement après elle, & tous néanmoins sembloient fort fâchés de l'avoir laissée passer; Amour me dit en la voyant, que c'étoit l'Occasion; qu'elle seule avoit le crédit de faire entrer au palais du vrai Plaisir, & qu'il ne falloit pas la laisser échapper, parce qu'elle ne revenoit pas toujours : pour suivre son conseil, je courus au devant de l'Occasion & l'arrêtai, & elle acheva de résoudre Amynte à entrer dans le palais du vrai Plaisir, & nous y arrivâmes enfin avec le plus grand contentement du monde. Car en vérité c'est un bel endroit.

Un éternel printems y conserve un air pur;
Le ciel découvre-là son plus brillant azur;
L'on y voit en tout tems éclater mille roses,
Chaque instant en fait voir de nouvelles écloses;
Les arbres sont toujours couverts de fruits mûris,
Les rameaux toujours verds, les prés toujours fleuris;

Mille endroits écartés font mille antres sauvages
Où règnent les Plaisirs, les Ris, les Badinages :
Les rameaux enlassés en bannissent le jour :
Ces antres, de tout tems, sont sacrés à l'Amour ;
La nature elle-même a tissu les feuillages.
Tous les petits oiseaux, avec leurs doux ramages,
N'y parlent que d'amour dans leurs belles chansons,
Et même aux yeux de tous en montrent les leçons.
Mille petits ruisseaux, dans des lits de verdure,
Font ouïr de leurs eaux l'agréable murmure.
Et la nuit, le silence, & tous les élémens
Concourent en ces lieux aux plaisirs des amans.
L'on n'entend point parler de la rigueur des belles,
Ni du destin fâcheux qui les rend si cruelles.
C'est-là que les amans, après plusieurs soupirs,
Goûtent mille douceurs qui passent leurs desirs ;
Là tout ce que jamais le ciel, la terre & l'onde
Formèrent à l'envi de plus beau dans le monde,
A senti des desirs & de l'empressement,
Et poussé des soupirs dans les bras d'un amant.

Je vous avoue qu'on est heureux en ce pays-là ; pour moi, quand je songeois que j'étois au comble de mes vœux, je ne pouvois assez me louer de ma fortune, mais mon bonheur étoit trop grand pour durer, aussi j'en vis bientôt la fin, comme vous allez entendre : mais quelques jours auparavant, en me promenant, je rencontrai une fille assez laide, mais qui fait la précieuse & ne se contente de rien ; elle n'a point de demeure assurée, parce qu'elle néglige d'en avoir ; les plus belles choses l'importunent ; elle se nomme Tiédeur ; elle a un grand pouvoir dans l'île, car ceux qui la veulent suivre sortent sans peine & sans regret de l'Ile d'Amour ; elle les mène au lac du Dégoût, où l'on ne trouve que trop de bateaux pour sortir : je vis quelques gens qui la suivirent, mais je la trouvai si laide & si déraisonnable, que je ne m'arrêtai pas un moment avec elle. Je retournai au palais du vrai Plaisir, où, quelques jours après, il m'arriva un malheur qui m'accable encore, & dont je ne crois jamais voir la fin.

Au milieu de mes délices, un matin je vis un homme qui effrontément vint troubler mes plaisirs. Il avoit l'air majestueux & indépendant. La physionomie haute, & les yeux & le front d'un homme absolu, & qui ne sait ce que c'est que d'obéir. En un mot, c'étoit le Destin, dont les arrêts sont irrévocables, qui enleva Amynte d'entre mes bras. Tous mes efforts ne purent l'empêcher, & il l'emmena je ne sais où, car je n'en ai pu avoir de nouvelles depuis ce tems-là : je quittai aussi-tôt le palais du vrai Plaisir, qui me sembloit désagréable, puisqu'Amynte n'y étoit plus, & je me vins retirer en ce lieu, où je crois paſſer le reſte des jours que m'accordera ma douleur. Je ſuis ici ſur le haut d'une montagne qu'on nomme le Déſert du Souvenir; la Solitude y eſt fort belle, mais ce qui s'y trouve de fâcheux, c'eſt que le lieu eſt ſi éminent, qu'on découvre de-là toute l'île d'Amour, ſi bien qu'on a toujours ſon malheur devant les yeux; l'on ne peut s'empêcher de voir ſans ceſſe les endroits par où l'on a paſſé, & c'eſt ce qui me rend miſérable, car de quelque côté que je me tourne, je trouve des objets qui me repréſentent toujours mon bonheur paſſé,

  C'eſt le ſouvenir de ma gloire
  Qui me tourmente dans ces lieux;
  Si je n'avois pas de mémoire,
  Hélas, j'en ferois beaucoup mieux.
  Dans l'infortune qui m'accable,
  Je crois que le ſort obſtiné
  Ne m'a rendu ſi fortuné
  Que pour me voir plus miſérable:
  Mon ſort ſeroit moins rigoureux
  Si j'avois été moins heureux.
C'eſt mon bonheur paſſé qui fait tout mon martyre.
  O triſte & dure extrémité,
  D'être réduit enfin à dire:
Que je me plains d'un bien que j'ai tant ſouhaité!

Il y a quelque tems que je languis ici, & j'ai ſongé enfin, cher Licidas, que votre amitié
auroit

auroit sujet de se plaindre de la mienne, si je ne vous faisois savoir de mes nouvelles avant ma mort. Il y a la Confidence en ce pays-ci, qui a soin de faire tenir les lettres aux pays étrangers; je lui donnerai la mienne; j'espère qu'elle vous sera rendue fidellement & secrettement, car c'est ce que je lui recommanderai. Adieu, plaignez un peu ma disgrace, peut-être qu'un jour vous aurez besoin de la même consolation que je vous demande.

A PHILIS,

Sur le voyage de l'Ile d'Amour.

Lisez, belle Philis, à loisir cet ouvrage,
Il parle d'un pays charmant, aimable & doux;
Il n'est pas mal-aisé d'en faire le voyage,
    Vous le pouvez sans partir de chez vous,

SECOND VOYAGE
DE
L'ISLE D'AMOUR:
A LICIDAS.

MES malheurs sont finis, cher Lycidas, & s'il n'y a que l'amour qui me mette au tombeau, je ne crois pas mourir jamais. Depuis ma dernière lettre mon humeur est bien changée, & quoique j'aie tout sujet de me louer de l'amour dans mes dernières aventures, je l'abandonne néanmoins pour toujours.

Je ne suis plus amant que de la belle-gloire,
Elle seule à présent occupe mes esprits,
  Et j'ai banni de ma mémoire
  les Amyntes & les Iris.
J'ai goûté de l'amour les charmantes délices,
Et ce dieu fut toujours conforme à mes desirs:
  Si quelquefois il causa mes supplices,
Ce fut pour augmenter ma joie & mes plaisirs.
Je ne m'en repens point; j'en chéris la mémoire;
Je vois avec plaisir le débris de mes feux:
  Mais c'est seulement à la gloire,
Que je veux désormais adresser tous mes vœux.

Vous vous étonnez peut-être, cher Lycidas, de m'entendre parler ainsi; mais apprenez-en la cause en apprenant mes dernières aventures, qui vous divertiront assurément plus que les premières. Quoique je ne songe plus à l'amour, je vous avoue que je suis bien aise de vous faire l'histoire de mes feux passés, j'en aime le souvenir, & mon cœur qui s'applaudit en secret de mes conquêtes, trouve un commencement de gloire à avoir triomphé de trois cœurs.

> Trois illustres beautés ont brûlé de mes feux,
> Tant que je fus amant, je fus toujours heureux;
> Sur des cœurs indomptés, j'ai gagné la victoire;
> Je n'ai point fait de vœux que l'on n'ait exaucés:
> Toi, mon cœur, qui n'es plus sensible qu'à la gloire,
> Triomphe au souvenir de tes amours passés.

Il y avoit déja long-tems que je languissois dans le désert du Souvenir, & je commençois à croire par une tristesse extraordinaire qui m'étoit survenue depuis quelques jours, que le terme de mes maux approchoit, & que la mort m'en délivreroit bientôt; quand un jour étant couché sous un arbre, rêvant à mes malheurs, & tout noyé dans mes larmes, je vis une femme qui voloit d'une grande vîtesse; elle parloit en allant & faisoit un grand bruit; je sentis à sa vue un tremblement qui me saisit le cœur sans que j'en connusse la raison; je vis bien d'abord que cette femme étoit assurément la Renommée, mais je ne savois pas d'où venoit mon inquiétude, quand ces paroles ne m'en firent que trop connoître le funeste sujet: elle cria en passant près de moi,

  Amynte est en confidence
  Avec un nouvel amant;
  Tyrcis, avec sa constance,
  Est la dupe assurément.

Je crus deux ou trois fois avoir mal entendu, mais elle le répéta si souvent, que je ne doutai plus de mon malheur.

Je vous laisse à penser combien je fis de plaintes sur cette infidélité, il me vint mille différentes pensées de vengeance contre l'ingrate & son amant; mais la violence de ma colère étant passée, j'en vins aux regrets.

 Pour avoir plus d'amour que l'on n'en eut jamais,
 Que ne me laissiez-vous du moins mourir en paix.
 Ingrate, vous pouviez, sans être criminelle,
 Attendre encor deux jours à paroître infidelle,
 Et ne m'exposer pas à cette cruauté
 De voir, avant ma mort, votre infidélité,
 Quand, accablé d'ennuis & prêt à rendre l'ame,
 Vous deviez retenir votre nouvelle flâme;
 Et je méritois bien, par mon sort malheureux,
 Que votre amour durât encore un jour ou deux.

Je passai ainsi plusieurs jours à me plaindre,

& je ne voulois pas m'éclaircir entièrement de mon malheur, de crainte de trouver de trop grands sujets d'affliction. Il y avoit même quelques momens où je m'imaginois, que peut-être la Renommée avoit selon sa coutume, accusé faussement Amynte de perfidie, & je ne pouvois croire qu'après tous les sermens qu'elle m'avoit fait si légèrement, Amynte eût trahi sa parole, & qu'elle put oublier en peu de jours mes services, & recevoir ceux d'un autre. Quelquefois aussi j'excusois en moi-même son ingratitude par mille raisons qui, ce me sembloit l'y pouvoient avoir contrainte : mais enfin je ne fus que trop assuré de toute ma disgrace. Je vous ai dit dans ma première lettre, que le désert du Souvenir est placé si haut, qu'on découvre de-là toute l'île d'amour. Un jour je vis Amynte dans le palais du vrai Plaisir, avec un homme que je connus pour un de ceux que j'avois rencontré dans les Rivaux.

Là cet amant qui sut lui plaire,
Rendant de son bonheur le ciel même jaloux,
D'un transport amoureux embrassoit ses genoux ;
Et l'ingrate le laissoit faire.

L'ardeur de son brûlant desir
D'un incarnat brillant alluma son visage ;
Ses baisers redoublés étoient son seul langage ;
Et l'ingrate y prenoit plaisir.

Enfin, j'en crus perdre le jour,
Je vis à cet amant mille beautés en proie.
Et l'ingrate à ses yeux montroit la même joie
Qu'elle m'avoit fait voir du tems de notre amour.

Quand je songe à la douleur que j'eus d'abord en voyant cette lâche trahison, je m'étonne comment je n'en fus pas accablé; ma rage me fit dire des choses qu'elle seule est capable d'inspirer, & soutenu par mon amour, qui me faisoit voir avec une douleur inconcevable, qu'un autre eut triomphé en un moment de ce qui m'avoit couté tant de peine, je fus long-tems sans pouvoir être maître de mon désespoir; mais à peine eus-je fait un peu de réflexion sur cette aventure, que je me trouvai en état de me servir de ma raison, & un homme qui parut à mes yeux au même instant m'inspira une froideur qui me rendit insensible à cette infidélité; cet homme avoit le regard fier, & faisant un souris dédaigneux, en me regardant de côté & par dessus l'épaule, me dit :

Quoi ! l'infidélité d'Amynte,
Lâche, te donne au cœur de mortels déplaisirs !
Tu t'abandonnes à la plainte !
L'infidelle qu'elle est te coûte des soupirs
Après sa noire perfidie !
L'ingrate ne veut pas qu'on regrette son cœur,

Et l'on doit oublier des momens de sa vie
Tous ceux qu'on a passés dans cette indigne ardeur.

Je connus à ces paroles que c'étoit le Mépris, & courus l'embrasser ; mais lui, voyant que je balançois, & que l'amour étoit encore avec moi, il tourna ses pas ailleurs sans me regarder. Moi qui ne voulois plus le perdre, aidé de ses conseils je donnai congé à ce petit amour, qui m'avoit toujours accompagné dans mon voyage. Cet adieu ne se fit pas sans bien des larmes ; & comme il avoit été le témoin de toutes mes aventures, j'avois bien de la peine à le quitter, & je m'amusai si long-tems avec lui, que j'en pensai oublier le Mépris ; enfin en l'embrassant,

 Adieu, lui dis-je, Amour, mes plus chères délices,
 Toi qui fus autrefois mon espoir le plus doux,
 Toi que j'aimai toujours malgré tous mes supplices ;
 Amynte ne veut plus de commerce entre nous.

 Après sa trahison, & si lâche, & si noire,
 Je veux que de mon cœur ses traits soient effacés ;
 Mais je ne veux jamais bannir de ma mémoire
 Tous ces heureux momens qu'avec toi j'ai passés.

En quittant l'Amour, je fus long-tems à chercher le Mépris, mais enfin je le ratrapai, & il me dit d'aller à une ville qu'il me montra ; j'y adressai d'abord mes pas, & je commençai alors à sentir une joie, que je n'avois point eue depuis que j'étois dans l'île, & le repos me sembla plus doux, à cause qu'il m'étoit nouveau d'en avoir. Quand j'arrivai à cette ville, je vis que tout le monde y étoit oisif : la ville est déserte, & presque tous les habitans demeurent en leur particulier ; il y a un port par où l'on sort de l'île d'Amour ; car pour y entrer par-là, c'est ce qui n'est jamais arrivé. Cette ville ce nomme Indifférence, & donne le nom à une princesse qui est belle à la vérité, & qui sur-tout à beaucoup d'embonpoint, mais elle a la mine si peu spirituelle, & paroît si inutile & si niaise, qu'elle en est ridicule.

D'abord que je fus dans cette ville, le souvenir de l'affront que m'avoit fait Amynte, me le rendit assez agréable, & je ne pouvois m'empêcher de crier mille fois le jour,

L'on n'est jamais content alors qu'une beauté
Dessous ses dures loix tient notre ame asservie ;
    Pour être heureux toute sa vie,
    Il faut garder sa liberté.

Je me trouvois fort heureux d'être débarrassé de mon amour, & je m'étonnois souvent de toutes les folies que ce dieu m'avoit fait faire : quoique je songeasse quelquefois à Amynte, il me sembloit qu'elle étoit enlaidie depuis son infidélité : l'humeur où j'étois ne me la representoit que comme une personne qui ne méritoit plus une forte paſſion comme celle que j'avois eue pour elle, & qui avoit perdu toutes les graces qui me l'avoient fait aimer. Enfin j'étois dans un ſi grand repos, que je commençai à m'en ennuyer, & ce changement extrême d'un violent amour à une froideur extraordinaire, me devint ſi inſupportable, qu'une langueur me ſaiſit qui me donnoit un chagrin que je n'avois jamais ſenti. Mon cœur qui étoit accoutumé à l'amour, ne ſavoit où placer ce fonds de tendreſſe qui lui étoit reſté en quittant Amynte, & trouvoit bien rude une vie auſſi pareſſeuſe que celle que je menois dans Indifférence: je chantois tous les jours en moi-même,

  Sans amour & ſans tendreſſe,
  Il n'eſt point de doux momens:
  Il faut ſoupirer ſans ceſſe,
  L'on n'eſt heureux qu'en aimant.
  A quoi paſſer tout le jour,
 Si l'on ne cherche point à plaire?
  Et ſi l'on n'a point d'amour,
   Que peut-on faire?

  Que la vie eſt ennuyeuſe
  Quand on n'a point de deſirs!
  Qui n'a pas l'ame amoureuſe,
  La voit couler ſans plaiſirs.
  A quoi paſſer tout le jour,
 Si l'on ne cherche point à plaire?

Et si l'on n'a point d'amour,
Que peut-on faire ?

Je ne voulois pourtant pas m'y rengager tout-à-fait, & je me trouvois trop mal de l'amour, pour me rembarquer encore dans une autre passion ; mais je cherchois à m'occuper du moins agréablement.

C'est ce qui faisoit que je sortois de la ville tous les jours pour voir si je n'aurois point quelque aventure, quand un jour je rencontrai une femme, dont l'abord étoit tout-à-fait agréable ; elle avoit un air libre & enjoué, & quelque chose qui plaisoit d'abord en la voyant : elle ne m'eut pas plutôt apperçu qu'elle vint à moi, & me pria de venir chez elle, que j'y trouverois de quoi me satisfaire, & me montra un papier où ceci étoit écrit :

Voir toutes les beautés sans amour, sans desirs,
Et faire chaque jour nouvelle connoissance,
Avoir pour tous objets la même complaisance,
Et chercher en tous lieux sa joie & ses plaisirs,
    C'est l'agréable & douce vie
    Que l'on mène à Galanterie.

Je trouvai si bien mon compte à cette façon de vivre, que j'acceptai d'abord le parti, & suivis la Galanterie à la ville qui porte son nom.

C'est une ville fort magnifique & fort superbement bâtie ; l'on trouve à la porte la Libéralité, l'Esprit-doux, la Belle-conversation & la Complaisance qui donnent des passe-ports pour avoir les entrées libres par toutes les compagnies, sans quoi l'on passe fort mal son tems : il n'est pas tout-à-fait nécessaire d'avoir quatre passe-ports, c'est assez d'en avoir deux & quelquefois un ; mais plus on en a, mieux on se divertit ; les plus nécessaires pour être estimé sont l'Esprit-doux & la Belle-conversation, & ceux qu'on estime le moins, & qui font dupper les gens d'ordinaire, c'est la Complaisance & la Libéralité. De plus, c'est un lieu de grand divertissement, & les agréables parties y sont fréquentes, on invente tous les jours mille plaisirs nouveaux ; la musique, le festin, le bal, la sérénade & la comédie, y ont de l'emploi chaque jour.

Comme j'étois avec la Galanterie, j'eus quatre passe-ports, & je commençai dèslors à m'introduire par-tout ; je n'eus pas grande peine, & je fis tant de parties, que je me fis connoître dans toutes les compagnies de la ville ; je passois le jour en festins, & la nuit à donner des sérénades, & je ne me donnois pas ainsi le tems de m'ennuyer, mais à la fin cette sorte de vie me fatigua.

Alors qu'on a goûté le plaisir d'être aimé,
Tout ce qui vient après ne fait que nous déplaire ;
  Et si le cœur n'est enflammé,
 Tous les plaisirs ne touchent guère.

Je commençois à en avoir du chagrin, quand je fis une partie dans laquelle il se rencontra deux filles également aimables, l'une se nommoit Sylvie, qui avec une taille admirable avoit tout ce qu'il faut pour faire une fort belle personne ; & ce qui me charmoit le plus, c'étoit un air de joie & de jeunesse qui inspiroit tous les plaisirs, elle avoit quelque chose de si engageant & de si aimable, qu'on ne pouvoit s'empêcher de l'aimer : l'autre se nommoit Iris, qui n'avoit pas la taille si belle, mais fort bien prise ; & de plus elle avoit une certaine négligence en marchant fort agréable ; mais aussi tous les traits de son visage étoient accomplis ; elle avoit un teint vif, beaucoup d'éclat, de grands yeux, le nez bien fait, & dans la bouche un charme inexplicable. Il sembloit que les Graces & les Ris y eussent fait leur demeure, & quand elle rioit sur-tout on y remarquoit mille beautés qu'il est impossible d'exprimer.

  En la voyant, il n'est point d'armes
Pour contr'elle un moment garder sa liberté :
   Et pour couronner tous ses charmes
Elle avoit de l'esprit autant que de beauté.

Ces deux belles perfonnes me firent prendre à cette partie plus de plaifir que je n'avois fait aux autres, & je me féparai d'elles avec des fentimens bien différens de ceux que j'avois accoutumé d'avoir : je fus bien aife de fentir quelque penchant dans mon cœur, mais je ne voulois pas auffi m'y abandonner entièrement, & d'un autre côté il me fembloit étrange d'avoir deux inclinations, & je ne pouvois comprendre comment on pouvoit aimer deux perfonnes enfemble, & les fervir. Quand une femme fe préfenta à moi qui étoit magnifiquement vétue, elle avoit fur-tout obfervé dans fon habillement ce qui pouvoit rehauffer fa beauté, elle étoit fort parée, & ne faifoit pas une action qui pût déconcerter fa bonne grace ; elle avoit le regard attirant, l'accueil fort agréable, & il fembloit qu'elle cherchât à plaire à tout le monde, & qu'elle en fît fon capital ; elle avoit une grande fuite, mais elle me careffa plus que les autres. Vous connoiffez bien aux marques que je vous en donne que c'étoit la Coquetterie, & vous ne vous étonnerez pas de fes careffes, puifque j'étois nouveau venu ; auffi-tôt qu'elle me vit, elle me parla ainfi,

Ceffe de t'oppofer à cette double ardeur ;
Deux objets peuvent bien avoir place en ton cœur.

Si l'amour fait lui seul le bonheur de la vie,
  Plus on est amoureux,
  Et plus on est heureux.
Reçois l'amour d'Iris & celui de Sylvie,
Encore est-ce bien peu de n'en avoir que deux.

Du puissant dieu des cœurs les douceurs sont si grandes,
Qu'il faut sur mille autels lui faire mille offrandes ;
Hélas ! il est si doux de s'y laisser charmer,
Qu'alors qu'une Philis refuse d'être nôtre,
  Il faut en avoir une autre,
  De peur de cesser d'aimer.

Cesse de t'allarmer pour avoir tant d'amour ;
L'on peut fort aisément ménager deux tendresses :
  Il est assez d'heures au jour
  Pour s'occuper de deux maîtresses.

Je lui fis mille remerciemens de ses bons conseils, & j'y trouvai mon humeur si portée, que je ne balançai pas à suivre la Coquetterie jusques dans la ville qui porte son nom ; je vis sur la porte ceci écrit en lettres d'or.

Le dieu des cœurs voyant que de son vaste empire
  Tant d'amans sortoient chaque jour,
  Et qu'après un premier amour,
  Un cœur fatigué de martyre,
Y venoit rarement faire un second séjour,
  Fit bâtir cette belle ville
Où les amans lassés de ses injustes loix,
  Trouvant l'amour doux & facile,
S'y rengagent encore une seconde fois.

Ici règne un amour commode,
Avec l'agréable méthode
Qui fait aimer sans trouble & sans emportement,
Qui bannit le fâcheux tourment,
Qui fait braver les inhumaines,
Qui ne donne en amour que de tendres desirs,
Et qui, sans en causer que les plus douces peines,
En fait goûter tous les plaisirs.

Cette agréable inscription me donna encore plus d'envie de voir la ville ; j'y rencontrai mille belles personnes toutes parées comme pour faire quelque conquête ; elles n'épargnoient rien de tout ce qui peut plaire, & employoient toute leur adresse pour attirer les passans,

C'étoit en un mot de ces belles
Qui ne cherchent par-tout qu'à s'en faire conter,
Et, quoiqu'il en puisse coûter,
Veulent voir la foule autour d'elles.

La Coquetterie en entrant me donna pour guide un Amour-coquet ; & pour vous expliquer ce que c'est, apprenez que ces sortes d'amours sont de la véritable race d'amour ; mais comme ils sont enfans de l'Amour & de la Coquetterie, ils tiennent aussi de leur mère, ils ont l'arc & la flèche, mais ils n'ont point de bandeau ni de flambeau, & tiennent des loix de la Coquetterie, qu'ils observent exactement. Je ne fus pas plutôt avec un de ces amours, qu'il me dit toutes ses loix qui sont fort agréables, & qu'il n'eſt pas néceſſaire de vous dire encore, puiſqu'auſſi bien vous en verrez les effets dans la ſuite de mon diſcours ; c'eſt tout vous dire que dès ce moment je m'engageai à ſuivre par-tout ſes avis, & dès le ſoir même rencontrant Sylvie & l'ayant abordée, je demeurai quelque tems avec elle

    Je crus dans ce moment être tout à Sylvie,
    Ses yeux ſeuls me ſembloient capables d'enflammer ;
    Et je ne ſongeois pas, dans ma joie infinie,
    Qu'Iris avoit des traits qui m'avoient ſu charmer.

Je ne l'eus pas plutôt quittée, que rencontrant Iris il m'en arriva de même.

        Iris d'un regard ſeulement
        Changea mon amoureuſe envie ;
        Et j'oubliai dans ce moment,
        Qu'il fût au monde une Sylvie.

J'en fis autant plusieurs jours de ſuite, & commençai alors à ſentir quelque joie ; j'aimois, & je n'en ſentois aucune inquiétude ; quand j'étois mélancolique j'allois voir Iris, qui par la douceur de ſon eſprit & ſa langueur naturelle, m'entretenoit agréablement dans l'humeur où j'étois ; & quand je me ſentois l'âme portée à la joie, je courois chez Sylvie,

    Pour me faire en amour un deſtin agréable,
    Je ne pouvois pas mieux contenter mon deſir ;
    J'avois trop peu d'amour pour être miſérable,
    Et j'en avois aſſez pour y prendre plaiſir.

Après

Après un assez long séjour dans Coquetterie, cet Amour qui m'avoit été donné pour guide me voulut mener à Déclaration ; je songeai d'abord à mon premier voyage, quand le Respect me défendit d'y aller ; j'alleguai cette raison, l'Amour-coquet se mit à rire en m'entendant parler, & me dit que le Respect ne défendoit d'aller à Déclaration, qu'à ceux qui ne savoient pas encore la belle manière d'aimer, & même que le Respect se moquoit de ceux qui passant par Discrétion, alloient faire un chemin plus long de moitié que l'autre ; & ajoute

Sans déplaire au Respect, Tyrcis, on peut parler ;
Le moyen de guérir ton amoureuse flamme,
  Si tu ne veux pas révéler
A l'objet que tu sers le secret de ton ame :
  Quoique l'on dise, il est bien doux
  De voir toujours à ses genoux
Un amant languissant qui brûle & qui soupire,
  Et l'on n'eut jamais de courroux
De se voir adorer, ni de l'entendre dire.

Je ne balançai pas à le suivre, & en chemin il me donna cet avis,

En parlant de l'amour, n'en fais point une affaire,
C'est de quoi t'attirer quelque honteux refus :
Quand on traite l'amour comme un fort grand mystère,
Un jeune cœur s'allarme & ne l'écoute plus.

Nous arrivâmes en même-tems à Déclaration qui est un fort petit village ; car comme on n'y fait que passer il n'est guère habité ; l'entrée en est un peu périlleuse, à cause de quelques précipices, où ceux qui font des faux pas courent beaucoup de risques. Pour dans le village il y fait toujours des brouillards fort épais, & on a peine à s'y reconnnoître ; & il y a deux sorties, l'une du côté du Refus, & l'autre de la Tolérance : la première est fort désagréable, & mène en quantité de méchans endroits, & l'autre ne mène ordinairement qu'en des lieux divertissans ; j'avois un si bon guide, que l'entrée ne me fit point de peine, & quand je fus dedans, je débrouillai assez bien Iris & Sylvie, & leur parlai à toutes deux de mon amour.

>Auprès de l'aimable Sylvie,
>Le cœur tout rempli de desirs,
>Pour satisfaire à mon envie,
>Je poussai mille ardens soupirs :
>Quand je lui protestai qu'elle en étoit la cause,
>C'étoit mon cœur qui me l'avoit dicté,
>Et si quand près d'Iris je dis la même chose,
>Je crus dans le moment dire la vérité.

Quand je parlai à Sylvie elle feignit de ne me pas croire, & sortit après par la Tolérance ; pour Iris, elle n'en fit pas de même, elle sortit par le Refus; je la quittai alors, & sortant par la Tolérance après Sylvie, après l'avoir un peu cherchée, je la trouvai dans une petite ville qui est fort agréable; elle n'est guères peuplée, mais les gens qui y sont, vivent dans une grande union; on ne se parle guères, & on s'entend à demi-mot.

C'est là que les amans mettent tout en usage
Pour avoir chaque jour un secret entretien;
 Et que chacun a son langage
 Où les autres n'entendent rien.

En effet il y a autant de différens langages que de différentes personnes : cette ville se nomme Intelligence.

L'Intelligence qui en est la maîtresse, est une personne fort charmante pour ceux qui la connoissent & ennuie fort les autres; elle a infiniment d'esprit & connoît toutes choses; elle a mille secrets pour se faire entendre, & comprend en un moment tout ce qu'on lui veut dire.

 En ce lieu pour se satisfaire
 Et pour avoir quelque entretien;
L'on a mille secrets qui ne sont bons à rien,
Dont on se fait pourtant une agréable affaire.

J'appris au-même-tems que je fus dans Intelligence, qu'Iris s'étoit retirée dans l'antre de la Cruauté, cette nouvelle m'affligea beaucoup ; mais je n'étois plus d'humeur à faire de même que la première fois, ni d'aller groffir les eaux du torrent avec mes pleurs, ce que je fi feulement pour ne pas perdre Iris, qui affurément me tenoit au cœur ; j'allai la voir, je lui parlai, & l'accufai de trop de févérité, & lui dis :

  Vous avez un chagrin extrême
  De ce qu'on dit que l'on vous aime ;
  Vous faites tort à vos appas.
Si vous aimer c'eft vous mettre en colère,
  Que peut-on trouver ici bas,
  Belle Iris, qui vous puiffe plaire ?

Voyant qu'elle perfiftoit dans fa réfolution, je la quittai fort affligé, mais je m'en confolai à Intelligence, où je retournai le jour même.

J'en fis autant tous les jours fuivans, & dans le commencement les rigueurs d'Iris me donnoient affez de plaifir, & j'étois bien aife de la voir cruelle par la joie que je me promettois à la radoucir.

  Hélas ! que l'on fent de douceurs
A voir d'une beauté l'aimable réfiftance,
Qui par un noble orgueil foutenant fes rigueurs
Refufe de nos feux la douce violence !
Que le cœur s'applaudit d'un fi noble couroux,
  Que ces refus lui promettent de gloire,
   Et qu'un triomphe paroît doux,
S'il en coûte un peu cher d'emporter la victoire.

Je feignois pourtant beaucoup de douleur de la voir ainsi persister dans sa cruauté, & je lui faisois valoir tous les doux momens que je passois avec Sylvie, comme des heures où je m'abandonnois au désespoir. Cette sorte de vie me sembloit assez agréable, j'étois fort gai à Intelligence ; & quand je venois voir Iris je prenois un visage sérieux, & je pris enfin une habitude de contre-faire mon humeur quand bon me sembloit ; les larmes ne me coûtoient plus rien, & je savois faire le misérable quand la fantaisie m'en prenoit.

A mon gré je savois, & gémir, & me plaindre,
Selon qu'il le falloit, pour seconder mes vœux.
  En amour, c'est tout que de feindre,
Et savoir à propos faire le malheureux.

Enfin après avoir assez fait le langoureux, je voulus la faire sortir de ce déplaisant séjour, & sans avoir recours à la Pitié, je fis seulement ce que me conseilla l'Amour-coquet.

  Au lieu de lui demander grace,
Affecte des froideurs, & cache ton tourment,
  Car il n'est rien que l'on ne fasse
  Pour se conserver un amant.

Pour cet effet, la première fois que je la vis ayant concerté mes yeux & mon langage, je lui dis, assez gayement.

Enfin je ne suis plus à vous,
Et je renonce à votre empire ;
Vos yeux qui me sembloient si doux
Ne me causent plus de martyre.

Il est vrai que vous êtes belle,
Et qu'il seroit bien doux de toucher votre cœur ;
Mais, Iris, vous êtes cruelle,
Et l'Amour ne peut vivre avec tant de rigueur.]

Je n'ai point épargné les soupirs ni les larmes,
Ni tout ce qui pouvoit bannir votre couroux,
Vous m'avez vû soupirant pour vos charmes,
Demander grace à vos genoux ;
Mais puisque votre cœur rebelle
Refuse de me secourir,
Adieu, je vous quitte, cruelle,
Mon dessein n'est pas de mourir.

Je la quittai aussi-tôt que j'eus achevé ces paroles, & je ne retournai plus la revoir depuis ce tems-là. Je m'attachai alors à Silvie plus que de coutume, & n'oubliai rien de tout ce qui pouvoit faire connoître à Iris que je l'avois oubliée.

Au bout de quelques jours, je vis que cette belle,
Par un fort heureux changement,
Aima mieux n'être plus cruelle,
Et trouva plus de honte à faire un infidelle,
Qu'à bannir ses rigueurs en faveur d'un amant.

Elle vint à Intelligence, où d'abord elle me fit quelques reproches, & je ne manquai pas

à lui jurer mille fois que ce que j'en avois fait, n'étoit que pour voir si ma perte toucheroit son cœur. J'avois bien des affaires en ce tems-là, car c'est une chose assez difficile de demeurer dans Intelligence avec deux personnes. J'écrivois tous les jours deux billets, j'avois tous les jours deux rendez-vous, & il falloit avoir bien de l'adresse pour ne rien faire connoître ; mais avec tout cela c'étoit un embarras fort agréable, & dans lequel j'eusse volontiers long-tems demeuré, si l'Envie qui ne peut souffrir personne à Intelligence, ne fût arrivée & n'eût tant dit de choses mal-à-propos, qu'Iris & Sylvie furent contraintes de sortir & d'attendre dans un éloignement qu'elle eût cessé de parler.

Je me trouvai ainsi tout d'un coup privé de mes plaisirs ; encore si l'une des deux me fut restée, je me fusse consolé avec elle de l'absence de l'autre, mais toutes deux étant parties, je ne sais ce que je fusse devenu si l'Amour-coquet ne m'eût conduit à un village fort agréable ; la situation en est merveilleuse ; le pays d'alentour agréablement diversifié de ruisseaux, de près & de bocages. Amour me dit en m'y conduisant,

 C'est en vain que dans une absence,
  On s'abandonne à la souffrance ;
Que sert de s'affliger & la nuit & le jour,

T iv

Si dans l'éloignement on ne peut nous entendre ;
Tyrcis, la douleur la plus tendre,
Ne rend pas un amant plus heureux au retour.

Nous arrivâmes en même-tems à ce village ; toutes les maisons y sont agréables ; l'on voit par-tout des graces & des fontaines, & une suite continuelle de spectacles & d'agrémens ; les moindres choses réjouissent ; tout le monde qui y est, contribue au divertissement ; ce lieu là se nomme Amusement.

L'Amusement est un fort jeune garçon, qui s'arrête à tout ce qu'il trouve, & fait son plaisir de la moindre chose.

D'abord que je fus arrivé dans ce village, je songeai à faire comme les autres, à me divertir de tout ce qui se présentoit à moi, afin de bannir le chagrin que me pouvoit donner l'absence de ce que j'aimois.

Eloigné des beaux yeux d'Iris & de Sylvie,
Pour affranchir d'ennuis une mourante vie,
Sur cent objets divers je formois des desirs ;
J'avois tant de chagrin de cette longue absence,
   Que je prenois mille plaisirs
   Pour en éloigner la souffrance.

Je vous avoue que tout le tems que je demeurai dans Amusement, je le passai sans inquiétude, & j'attendois sans beaucoup d'impatience le retour d'Iris & de Sylvie ; je ne laissois pas de leur écrire toujours ; & la même lettre servoit à toutes deux, je leur mandois mille tendresses ; & en effet j'eusse mieux aimé les voir que d'être dans Amusement ; mais puisqu'il falloit attendre, je prenois patience assez volontiers.

Quelque tems se passa ainsi que nous nous écrivions règlément, mais tout d'un coup je ne reçus plus de lettres, & j'appris qu'Iris & Sylvie ayant su que j'étois dans Amusement, s'étoient retirées dans le palais du Dépit. Je n'eus pas plutôt appris cette nouvelle, que je me rendis au palais du Dépit ; je vous ai parlé en passant du Dépit dans ma première lettre, mais je ne vous parlai pas de son palais, c'est un lieu où l'on se querelle toujours, le Dépit brouille les gens ensemble mille fois le jour, & fait caresser souvent des gens que l'on hait mortellement ; mais ces querelles aussi ne durent guères, les Amours raccommodent tout, & réunissent toujours ceux qui ne se sont querellés que par le conseil du Dépit : mais c'est une assez plaisante chose d'y voir des gens qui s'aiment infiniment se dire mille injures, faire des sermens effroyables de ne se voir de leur vie, & un moment après se demander pardon, & se réunir plus qu'auparavant.

Tout le dépit d'un amant,
Le plus long ne dure guère.
Comment tenir sa colère,
Quand on aime tendrement.

Il y a un homme dans ce palais, qui est le médiateur de toutes choses; c'est lui qui assiste aux accommodemens, & qui fournit les moyens de les faire, on le nomme l'Eclaircissement.

Quand j'arrivai je rencontrai d'abord Sylvie, qui en me voyant s'accompagna d'un homme, lui fit mille caresses, & ne fit pas semblant de me connoître : le Dépit qui vint aussi tôt à moi, m'inspira le désir de me venger, & rencontrant Iris au même moment, je songeois à me venger avec plaisir ; mais elle en fit autant que Sylvie, & moi pour suivre les conseils de mon Amour-coquet, trouvant une femme assez jolie sur mes pas, qui étoit pour le moins aussi en colère que moi, & comme nous n'étions ensemble que pour nous venger, notre entretien n'étoit pas grand ; mais comme le courroux m'aveugloit moins qu'elle, je commençois à trouver la Vengeance assez douce quand Iris & Sylvie passèrent, & me virent auprès de cette femme avec un visage assez gai ; sur la fin du jour étant demeuré seul en me promenant, je rencontrai Iris qui étoit seule aussi. Dans l'emportement je lui dis mille choses que la colère inspire ; & elle de son côté en fit de même, quand l'Eclaircissement vint qui nous demanda la raison de notre querelle, & nous connûmes qu'elle venoit toute de préoccupation, & qu'elle étoit fondée sur l'amour. Alors je me jettai à ses pieds, je lui fis mille protestations de fidélité, & elle à son tour s'excusa si tendrement, que j'en fus charmé ; elle me fit mille caresses, & n'oublia rien pour me persuader que tout ce qu'elle avoit fait étoit par le conseil du Dépit.

  Qu'il est doux de voir une belle
  Que l'on prenoit pour infidelle,
  En peine de nous appaiser,
Chercher mille raisons pour tâcher d'excuser
  Quelques offenses prétendues ;
Et de sa belle main essuyant tous nos pleurs,
  Nous payer par mille faveurs
  Les larmes qu'on a répandues.

Je trouvai mon accommodement si agréable, que j'allai aussi-tôt chercher Sylvie pour en autant. Il se peut faire qu'elles n'agissoient pas de meilleure foi que moi, & qu'elles me trompoient toutes deux comme je les trompois mais je n'en avois pas grande inquiétude.

  Pourvu qu'on jure qu'on nous aime,
  Que l'on craigne de nous fâcher,
  Et qu'on ait soin de nous cacher

Une infidélité par quelque stratagême ;
>Si l'on fait bien nous appaifer,
>Si l'on nous trompe avec adreffe,
>Pourquoi chercher tant de fineffe ?
Et qui ne voudroit pas fe laiffer abufer !

Pour moi je ne pénétrois point dans leur penfée, & je me contentois de voir qu'elles étoient bien aifes de faire la paix avec moi.

Et je trouvois fi doux, dans un dépit extrême,
De voir enfin céder la colère à l'amour,
>Que pour faire la paix de même,
>Je me brouillois vingt fois par jour.

Après que j'eus affez pris de plaifir à toutes ces petites querelles, les Défirs me prefsèrent fi fort, que je menai Iris & Sylvie dans un vallon fort agréable, quoique l'Amour-coquet ne me le confeillât pas ; les montagnes qui environnent ce vallon font fort hautes & pleines de rochers creufés, qui font des antres folitaires dans le vallon ; il y a un beau château qu'on ne voit prefque pas, à caufe d'un bois fort haut qui le couvre ; le foleil n'y porte guères fa lumière, & même on a peine à le fouffrir pour peu qu'il paroiffe ; la nuit y règne toujours, mais elle n'y porte point fes horreurs, & plus elle eft obfcure, plus elle femble belle. Quoique ce lieu foit fort habité, il femble pourtant qu'il n'y ait perfonne, parce que les habitans aiment fort la folitude :

la société publique en est bannie, on se contente d'être deux ensemble ; toute autre compagnie y est mal reçue, & les tiers y font un fort méchant personnage. Ce château est le château des Faveurs, qui sont des personnes fort retirées, & qui ne se laissent voir qu'aux gens qui les pressent de se montrer, encore pas toujours ; elles sont plusieurs sœurs toutes plus belles les unes que les autres, & quand on les voit, c'est de plus belle en plus belle par degrés ; elles se font souhaiter toutes par le plaisir qu'on a à voir les premières. On a toujours bien de la peine à les voir toutes, & souvent on n'en voit qu'une partie ; il faut de l'adresse, du bonheur, & une grande obstination pour en obtenir une, & la dernière sur-tout donne plus de peine que toutes les autres ensemble ; mais aussi elle mène dans le château du vrai Plaisir ; qui est voisin de celui des Faveurs.

Pour moi qui les voulois voir toutes deux fois, je me trouvai bien en peine, & plus encore quand je sus qu'il falloit être toujours avec la même personne, je me repentis presque alors de n'avoir pas suivi les avis de l'Amour-coquet ; je voulus néanmoins profiter de mon voyage, & résolus de me ménager le mieux que je pourrois, & de ne me déclarer que quand je ne pourrois plus m'en empêcher, & me trouvant avec la seule Iris, je demeurai toute la nuit avec elle ; & pour vous dire ce qui m'arriva,

J'avois le cœur fort amoureux,
J'étois tout seul auprès de ma maîtresse
Sûr d'avoir toute sa tendresse ;
Mais avec tout cela, je n'étois pas heureux.
Pour l'être pleinement, je pressai, mais en vain ;
Je connus seulement qu'elle étoit plus aimable ;
Et je me vis le lendemain
Cent fois plus amoureux, & toujours misérable.

Je fus tenté dans mon emportement de lui sacrifier Sylvie ; mais je fus bien aise après de ne l'avoir pas fait ; car ayant quitté Iris sur un assez méchant prétexte, je trouvai Sylvie si belle, que j'en fus charmé ; je passai tout le jour avec elle, & j'eus le même destin qu'avec Iris.

Les lys de son beau teint firent place à la rose,
Je lus dedans ses yeux un peu d'emportement,
Et qu'il s'en fallut peu de chose
Qu'elle ne m'aimât fortement.

Je me trouvois si heureux auprès d'elle, que je ne songeois plus à Iris, quand elle me surprit avec Sylvie ; sans vous redire ici tous les reproches qui me furent faits de part & d'autre, c'est assez que vous sachiez que je me tournai vers l'Amour-coquet, qui n'eut point de bon conseil à me donner, & que je fus si confus de mon aventure, que je pris la fuite, & courus jusqu'à un village que je rencontrai, & où l'Amour-coquet m'abandonna, disant que celui-là n'étoit point propre pour lui ; les maisons de ce village la plupart sont à demi bâties, & les autres de trois ou quatre différentes symétries, on nomme ce village Irrésolution.

L'Irrésolution à qui il appartient est d'une assez plaisante figure, car elle ne s'habille point pour ne résoudre pas quel habit elle veut mettre ; elle se tourmente toujours & ne bouge jamais de sa place, parce qu'elle veut aller en tant de lieux qu'elle ne va nulle part ; l'on remarque dans ses yeux une agitation perpétuelle, & l'on voit bien qu'elle roule quelque dessein dans sa tête, mais elle en a tant qu'elle n'en exécute pas un.

Je me trouvai bien embarrassé dans ce lieu là, car le souvenir d'Iris & de Sylvie partageoient mon esprit également, je savois bien que si j'en pouvois quitter une des deux, je ferois ma paix avec l'autre ; mais ce que j'avois vu dans le chateau des Faveurs ne me permettoit pas ; je commençois déja à sentir pour l'une & l'autre les mêmes sentimens que j'avois eus pour Amynte, & je rendois un combat effroyable dans mon ame, & quoique je ne vouluſſe pas les abandonner, je me reſolvois à les perdre toutes deux plutôt qu'à choiſir, & de peur d'en quitter une, je n'avois ni l'une ni l'autre.

Enfin, j'étois dans une incertitude la plus cruelle du monde,

Quand l'amour dans un cœur deux beaux objets aſſemble,
Que le fort en eſt rigoureux !
Un cœur a trop d'amour pour tous les deux enſemble,
Et trop peu pour chacun des deux.

Je ne ſavois que devenir, & je ne crois point que je me fuſſe jamais réſolu à faire un choix, quand un jour une femme ſe préſenta à moi, dont la beauté étoit incomparable, la démarche & la majeſté divine ; il ſortoit un éclat de ſa perſonne qui ébloüiſſoit. J'eus en la voyant un reſpect pour elle, que je ne pus retenir, lorſqu'élevant la voix, elle me dit :

Sors de ces lieux, Tyrcis, abandonne l'amour,
Aſſez & trop long-tems tu brûlas de ſes flammes ;
Et ce n'eſt pas dans ce ſéjour
Qu'on trouve cet honneur ſi cher aux belles ames.
Il faut aimer un tems, l'amour nous montre à vivre ;
Ses feux dedans un cœur jettent mille clartés ;
Mais le tems eſt venu, Tyrcis, qu'il me faut ſuivre,
Et ce n'eſt plus le tems des mortelles beautés.

Ces

Ces paroles dites avec un air impérieux me touchèrent jusqu'au fond de l'âme, & je rougis de honte aussi de me voir en l'état où j'étois; mais en même-tems je devins si amoureux de la Gloire, que je résolus de la suivre, & sortis d'Irrésolution. D'abord mon cœur me fit peine à l'accoutumer, & il fallut plus d'une fois lui dire :

Ne représente plus à ma foible mémoire,
Qu'il est bien mal aisé de vivre sans aimer :
  Non, mon cœur, il faut que la gloire
Plus que mille Philis, ait droit de te charmer.
Va, cours sans murmurer où la gloire t'appelle,
Tu ne saurois, mon cœur, brûler de plus beaux feux;
Tu gagnes par ce change, & la gloire est plus belle
Que ne furent jamais les objets de tes vœux.

En suivant ainsi la Gloire, j'arrivai sur le port de l'île d'Amour; là, je vis les beautés, les attraits, les agrémens & les graces qui tâchèrent envain de me rengager; je retrouvai la Raison à qui je demandai mille fois pardon du peu de cas que j'avois fait de ses conseils; en entrant, elle me reçut fort humainement, & voyant que j'avois envie de sortir de l'île, elle me fit donner un vaisseau; je ne vous dirai pas que je sortis sans regarder encore avec plaisir, & même avec quelque regret des lieux, où quoique j'eusse eu bien des malheurs, j'avois passé de si doux momens; mais après avoir un peu laissé passer mon premier mouvement; je ne m'en ressentis pas, & dis adieu à l'Amour pour jamais.

 Je prends congé de vous, ô belles, dont les traits
 Soumettent tant de cœurs sous leur injuste empire,
 Vous pour qui, sans raison, tant de monde soupire,
 Je prends congé de vous; je n'aimerai jamais.

 Je connois bien l'Amour, & je hais ses caprices,
 L'on n'y trouve jamais de borne à ses desirs;
 J'ai reconnu des maux dans ses plus grands délices,
 Et j'en ai vu l'abus dans ses plus grands plaisirs.

Notre navigation depuis l'île jusqu'ici, a été assez heureuse, & dès que j'ai pris terre, cher Lycidas, j'ai songé à vous écrire, & pour vous dire les sentimens dans lesquels je suis à présent; sachez que,

Je ne suis plus amant que de la belle Gloire,
Elle seule à présent occupe mes esprits,
  Et j'ai banni de ma mémoire
  Les Amyntes & les Cloris.

Lorsque mes feux passés, par quelque trait aimable,
  Viennent souvent m'entretenir,
 C'est seulement comme un songe agréable
  Dont on chérit le souvenir.

Après cela, cher Lycidas, je n'ai plus rien à vous dire, sinon que je suivrai ma lettre de bien près, & que j'aurai bientôt la joie de vous embrasser.

 Fin des voyages de l'Ile d'Amour.

RELATION
DU ROYAUME
DE
COQUETTERIE:
Par l'abbé D'AUBIGNAC.

RELATION
DU ROYAUME
DE
COQUETTERIE.

LA curiosité de voir les terres & les nations éloignées m'ayant fait embarquer au port de Touvent, nous fîmes une route assez heureuse durant quelques jours; mais en nous éloignant des dernières côtes de l'Afrique, nous tombâmes dans des courans que les pilotes ne connoissoient point; & ne pouvant pas résister à leur impétuosité, nous fûmes emportés auprès d'une île qui n'avoit point encore été découverte, & qui n'est point marquée sur les cartes marines.

D'abord nous y vîmes tant de coqs & de gélinotes de tout plumage, que nous en prîmes sujet de la nommer l'île des Coquets. En quoi nous rencontrâmes assez bien, parce que la ville ca-

V iij

pitale se nomme Coquetterie, & le prince qui la gouverne, l'Amour-coquet. Aussi-tôt que nous eûmes jetté l'ancre, le mouillage étant presque bon par-tout, nous fîmes descendre à terre le capitaine la Jeunesse, avec deux de nos meilleurs soldats, Bon-tems & Belle-humeur, pour découvrir le pays, & sur la foi desquels je vous fais cette relation.

Cette île est située vers le cap de Bonne-Espérance, regardant au tropique du capricorne, remplie de plusieurs fontaines d'eau de fleurs d'orange, d'arbres qui ont toujours la tête verte, & d'une si grande quantité de muguet & de marjolaine, que l'air en est tout parfumé.

Les terres y sont assez fertiles, & même quelquefois plus que les habitans ne voudroient ; car en ces rencontres, comme elles portent à contre-tems, les fruits en sont mûrs avant la saison, d'où naissent plusieurs différens contraires au bien de la chose publique, & au repos de l'état.

L'air en est si sain, qu'on n'y voit jamais de grandes maladies, & pour peu qu'une Coquette ait le teint mauvais, ou quelque rougeur apparente, elle s'en plaint à tout le monde comme d'un outrage que la nature fait à l'Amour. Ce n'est pas qu'il soit défendu d'y garder le lit, pourvu que ce soit pour tenir ruelle à son aise, diversifier son jeu, ou d'autres intérêts que l'expérience seule peut apprendre.

À l'orient de l'île sont deux châteaux célèbres: Oisiveté & Libertinage, où les hommes sont ordinairement obligés de prendre attache des gouverneurs pour avoir entrée favorable à la cour; & vers le couchant, sont deux maisons de campagne Tête-folle & Courte-monnoye, où plusieurs des dames qui suivent l'Amour-coquet, vont chercher leur attestation de vie & mœurs.

L'Amour-coquet, qui règne sur tous les peuples de ce pays, est un prince jeune, & qui ne vieillit jamais; aussi ne reçoit-il en son état aucuns vieillards que pour en faire le jouet des compagnies; il fait tous ses desseins à la volée, & ne prend jamais conseil. On tient qu'il est frère de l'Amour, ce souverain des monarques, qui tient sous sa puissance les élémens & les cieux, mais frère bâtard, enfant de la Nature, & du Désordre, & qu'il en a mal-à-propos usurpé le nom & les armes. Aussi est-il vrai que ses affaires sont plus mêlées d'intérêt que d'affection, & les déréglemens de la débauche y sont plus approuvés que la conduite de la Raison.

À l'entrée de la ville capitale est une place

nommée Cajolerie, ouverte de tous côtés & qu'on a rendue spacieuse par la ruine d'un vieux temple de la Pudeur, qu'autrefois on y avoit bâti. Là se rendent tous les jours, sans y manquer, les chucheteurs fieffés, & les admirateurs de choses médiocres, avec des idoles animées qui veulent absolument être encensées à tort ou à droit. On y voit plusieurs boutiques mouvantes, assez bien parées, mais sans ordre, où les marchands donnent pour rien des louanges sur toute sorte de sujets, à condition de n'en point examiner la vérité ; des protestations d'amitié peu sincères, & des sermens de fidélité mal observés ; des assurances de souhaits désintéressés, des plaintes de méconnoissance, & des désespoirs en apparence, avec force beaux mots, paroles douces, regrets affectés pour un départ, & mille morts pour une absence de quatre jours. Il n'est pas permis d'y vendre des frondes, fussent-elles de soie ou de canetille d'or ou d'argent ; il ne s'en trouve qu'au quartier de la Jalousie pour s'en servir adroitement contre les Rivaux & les Trouble-fêtes.

Cette ville est où l'Amour-coquet tient sa cour publique ; mais le lieu qui lui sert de retraite pour recevoir les hommages secrets de ses courtisans, est le palais des bonnes-Fortunes : c'est une maison de plaisance dont la nature a jetté les fondemens, sur lesquels l'artifice a depuis élevé beaucoup d'ajustemens & de décorations. Toutes les portes y sont faites de faux-plaisirs, & les appartemens de honte-perdue, & tout ce qui s'y passe de plus secret se peut nommer un mystère scandaleux. Le Silence y commande sous l'autorité de l'Amour-coquet; mais souvent l'Indiscretion & quelquefois le Dégoût en laissent approcher les Faux-bruits qui sont les avant-coureurs de la Renommée, sur le rapport desquels elle ne peut retenir les chamades de sa trompette, & le caquet de ses cent langues. Ce palais est dans un valon si couvert d'arbres & de retranchemens, qu'il n'est pas facile de le voir ni de l'aborder; les seuls privilégiés en ont l'entrée libre, encore que ce soit le dernier but de tous les Coquets, & que plusieurs s'efforcent de persuader qu'ils en sont revenus. Ils en savent tous la situation & les chemins qui les y peuvent conduire; mais comme il y en a plusieurs & fort différens, chacun prend celui qui revient le mieux à son humeur.

Les uns vont par la plaine des Agrémens, qui est le plus beau & le moins périlleux.

D'autres prennent la route d'Or qui sans doute est la plus certaine, & où l'on fait beaucoup de chemin en peu d'heures; mais il n'est pas permis à tout le monde d'y paſſer : elle eſt preſque réſervée aux enfans de la Maltôte, & autres de pareille force.

Il y en a qui vont par le gué de l'Occaſion, qui n'eſt pas le plus mauvais chemin ; mais il faut être ſoigneux de regarder ſa montre à chaque bout de champ, pour bien prendre l'heure du berger.

Quelques-uns s'arrêtent au ſentier de la Reconnoiſſance, mais c'eſt le plus long & le moins aſſuré.

Aucuns paſſent par le fort d'Entrepriſe ; c'eſt bien le plus court, mais il eſt dangereux de s'engager dans le mauvais pas du Contre-tems, car c'eſt un endroit inacceſſible, & qui contraint les voyageurs de retourner ſur leurs pas.

Les dames ne tiennent pas tous ces mêmes chemins, car ſouvent elles vont par les montagnes des Avances, d'autres par la valée de Tolérance, & pluſieurs par la Solitude favorable.

Il y en a qui ſuivent auſſi quelquefois la route d'Or ; mais c'eſt quand elles y ſont engagées par deux mauvais guides, Grand-âge, & Petit-mérite.

Mais la meilleure voie pour les uns & les autres eſt le chemin de moitié figue & moitié raisin; il est fort propre à ceux qui savent un peu plaire, un peu souffrir, & un peu donner, attendre quelque tems, & entreprendre quelquefois; & ces gens-là sont les mieux venus de l'Amour-coquet.

A sa cour sont toutes sortes de personnes, depuis les princes & princesses, jusqu'aux bourgeois & bourgeoises de toutes conditions, & de toute taille.

Ce n'est pas que les sujets de cet état soient considérés sous ces divers titres, car ils sont distingués par d'autres qualités bien plus illustres.

Les uns sont les soupirans, qui ne sont jamais vêtus que de chagrin de couleur de pensée à fond de souci.

Les enjoués toujours habillés de tricotets, pirouettes & mots-pour-rire.

Les aventuriers, qui ne sont couverts que de taffetas changeant, qui courent toute sorte de chemins, & ne s'éloignent jamais du fort de l'Entreprise.

Les ânes d'or pompeusement vêtus, mais au reste peu considérables, qui dépensent beaucoup, & en tirent peu de profit.

Là pêle-mêle se voient des tout-cheveux, des tout-canons, des goguenards & des turlupins, avec des enfarinés, qu'aucuns disent être devenus d'évêques meûniers, mais ils ne laissent d'être évêques, ou du moins abbés de cour, quoique tout blancs de farine.

On y voit aussi des Coquets sérieux, armés de fer-blanc, mais si bien travaillé, qu'ils s'imaginent être couverts d'acier bien trempé à toute épreuve ; aussi se nomment-ils les Esprits-forts, encore qu'à la première attaque ils se sentent toujours percés sans résistance. Ils parlent peu, si ce n'est pour faire les critiques ; ils s'estiment beaucoup & ne sont pas fort estimés ; ils croient savoir tout ce qu'ils ignorent, & font vanité d'ignorer tout ce qu'ils devroient savoir ; ils se sont érigés eux-mêmes en réformateurs généraux de Coquetterie, sans que personne veuille déférer à leurs ordres, & se sont rendus les plus sots & les plus importuns de tous les Coquets.

Mais il n'y a rien de plus divertissant à voir, que les Cœurs-volans dont cette ville est toute pleine : ils sont couverts d'aîles & de flammes, & on s'étonne que leur feu soit si doux, qu'il ne brûle point leurs plumes ; ils parlent & content jolis-mots à toutes les dames qu'ils rencontrent, sans se mettre beaucoup en peine d'être véritables ni rebutés ; ils font une secte particulière, dont ils disent qu'un certain Hilas est fondateur ; ils ont pour formulaire de leur vie l'histoire des Amans volages, & portent pour devise: « qui plus en aime, plus aime ». Dans une même conversation ils volent sur l'épaule d'une dame, sur la tête d'une autre, & se laissent aisément prendre à la main; ils font hommage aux yeux de celle-ci, aux cheveux de celle-là; ils adorent la bouche de l'une & la taille de l'autre; ils s'attachent à tout, & ne tiennent à rien; chacun se raille d'eux & il en rient, car ces Cœurs-volans savent rire aussi-bien que parler.

Quant aux dames, on y voit les Admirables qui n'ont rien de merveilleux que le nom.

Les Précieuses, qui maintenant se donnent à bon marché.

Les Ravissantes, qui tirent plus à la bourse qu'au cœur.

Les Mignones, qui d'ordinaire ont l'esprit aussi mince que le corps.

Les Evaporées, qui dansent par tout sans violon, qui chantent tout sans dessein, qui parlent de tout sans garantie, & qui répondent à tout sans malice, à ce qu'elles disent.

Les Embarrassées, ayant toujours dix parties à la tête, & dix galants à la queue.

Les Barbouillées, qui sont de trois sortes, les unes sont les Barbouillées-blanc, les autres les Barbouillées-rouge, & les dernières les Barbouillées gras, qui fuyent autant le soleil, comme les autres craignent la pluie.

Il y en a même qui portent la qualité de Saintes, mais de Saintes-n'y-touche, qui refusent tout devant le monde, & laissent tout prendre en particulier.

Les mieux venues à la cour & les plus recherchées des Coquets, sont les Mal-assorties, qui ne sont pas ainsi nommées pour être dépourvues de graces & d'ornement, mais ce sont de jeunes beautés, lesquelles pour avoir été condamnées injustement à souffrir la domination d'un vieillard, d'un fâcheux ou d'un sot, se sont pourvues au conseil de l'Amour-coquet, où leur ayant été fait droit, ont obtenu dispense de demeurer à la maison, ou la liberté d'y faire tout ce qui leur plaît.

Dans les plus sérieuses conversations, on n'y trouve que des vendeurs de sornettes, colporteurs de badineries, crieurs de sonnets, épîtres douces, chansons nouvelles, stances, élégies, & autres menues denrées du Mont-Parnasse.

Les bons ouvriers y viennent aussi, comme les faiseurs de contes à dormir de bout, les emmancheurs de ballets, les expéditionnaires de cadeaux & collations, les introducteurs de comédies, & les ajusteurs de promenades; & l'on y voit beaucoup de gens qui n'achètent rien plus cher que les couvertures de petits voyages à faire, les mauvaises excuses de découchemens, les prétextes de juppes données, & autres finesses cousues de fil blanc pour tromper les intéressés.

Bien que l'Amour-coquet ne reçoive aucun hommage, & n'accorde aucun privilège qu'aux naturels du pays, il y souffre néanmoins pour la commodité du commerce & la subsistance de son état, quatre sortes d'étrangers.

Savoir les Embabouinés, qui sont des gens si adroitement caressés de leurs femmes, qu'il ne croient pas qu'aucun en partage avec eux le corps & l'esprit.

Les Jobets, qui sont en doute, mais qui n'osent s'éclaircir ni se plaindre, de peur d'être battus.

Les Difficiles à ferrer, ainsi nommés, parce qu'ils tiennent de ces chevaux fâcheux, qui font les diables à quatre pour éviter un coup de corne, dont néanmoins ils ne se sauvent jamais.

Et les Souffrans, qui savent bien ce qu'ils sont, mais qui ne veulent point faire de bruit, craignant la perte des finances ou le débris de la cuisine.

La monnoie courante du pays porte d'un côté une gélinotte de ville, & au revers un coucou.

Mais ce qui doit donner quelque eſtime particulière à l'Amour-coquet, eſt qu'ayant donné aux maltotiers la liberté de négocier dans ſes états, il ne leur a jamais permis de propoſer en ſon conſeil aucunes nouvelles impoſitions, ayant toujours été content des anciennes; car dans la ville de Coquetterie, il n'exige rien que des viſites aſſidues, des ſoupirs imprévus, & des deſirs mal expliqués, les droits communs, les devoirs d'une foi douteuſe & d'un hommage à tous venans; & dans les endroits où ſes vaſſaux ſont plus preſſés, ils ne lui doivent ſouvent que la bouche & les mains, ſinon qu'en quelques coutumes locales, on y ajoute la gorge. Mais dans ſon palais des bonnes-Fortunes, il tire tribut de tout, de la nature & de l'art, de toute ſorte de marchandiſes belles ou laides, & de toute ſorte d'animaux jeunes ou vieux, de toutes charges & emplois, maiſons de ville & de campagne, & veut même qu'on lui abandonne l'honneur & la conſcience, tenant ſes bureaux toujours ouverts pour en recevoir le paiement de jour & de nuit.

La plus chérie de toutes les dames de la cour,

cour, dont le conseil est plus généralement suivi, c'est la Mode; elle est originaire de France; un peu sotte, mais non pas désagréable; son humeur est bizarre & fort changeante; elle condamne aisément sans sujet ce qu'elle avoit estimé sans raison; & du caprice d'une Coquette un peu rénommée, elle en fait une loi pour tout le royaume. Elle a l'intendance des étoffes, couleurs & façons: mais, comme les femmes ne se peuvent renfermer dans un pouvoir légitime, & qu'elles l'étendent assez volontiers, elle entreprend sur tout, & même sur le langage, au préjudice des droits de l'académie, de sorte qu'on n'ose plus y rien faire ni rien dire qu'à la Mode; encore elle est devenue si puissante, qu'elle a dépouillé les Coquets & Coquettes de tout ce qu'ils possédoient, pour se l'approprier. Et, quand on leur demande, quels cheveux avez-vous, quels rubans, quelle coeffure ? Ils répondent tous: c'est à la Mode. Ils n'ont même plus leurs yeux, leur bouche, ni leurs démarches; tout est à la Mode. Enfin, par une obligation générale de n'avoir plus rien à soi, il faut que tout soit à la Mode.

Mais la plus agissante personne de cette cour est une vieille Italienne nommée l'Intrigue; elle est d'une naissance fort obscure, & jusqu'ici les historiens n'en peuvent bien cotter ni le père, ni la mère ; elle va toujours masquée, soit pour la difformité de son visage, ou pour se rendre, autant qu'elle peut, méconnoissable. On ne peut pas dire au vrai comment elle est vêtue, parce qu'elle est souvent déguisée ; tantôt elle s'habille en princesse, & tantôt en gueuse ; elle prend même quelquefois un froc, & de toutes couleurs, ayant ainsi l'entrée libre en des lieux où autrement elle seroit suspecte. Quelquefois elle est comme ces vieilles chargées de chapelets, médailles, & grains benits, & souvent elle fait la vendeuse de point de Gennes, passement de Flandres, & de toute sorte de bijoux. Elle marche plus souvent la nuit que le jour, & plutôt en carrosse qu'à pied ; elle ne parle jamais qu'à voix basse, & presque toujours à l'oreille ; mais elle ne débite que fourbes, troubles, noises, séparation de corps & biens, & toutes sortes d'ouvrages à cornes. Enfin elle est dissimulée, malfaisante, envieuse & la plus méchante femme du monde, qui ne laisse pas néanmoins d'avoir accès dans les cabinets dorés, ruelles de lit, cellules de moines & autres lieux profanes & saints.

Dans la ville, il y a des lieux destinés à faire combat de belles juppes & tournois de chars dorés. Or Belles-juppes font certains animaux qui n'ont ni pieds ni dents; & qui ne laiffent pas d'aller par-tout & de manger bien du pain. Il y en a qui ne font que des ouvrages de vent, quoique chargées d'or & d'argent en toute manière, qui ne font parade que de vent, & qui ne produifent que du vent; d'autres font des porteufes de nouvelles du palais des bonnes-Fortunes, mais feulement en faveur de celles qui s'y laiffent conduire. On en voit auffi qui ne font que des livrées de contrecœur, qu'un mari ne voit qu'avec foupçon, ou qu'on ne donne qu'en rechignant; mais de quelque qualité qu'elles foient, elles fe mettent indiftinctement fur les rangs, & courent toutes en la même lice. Et pour les chars-dorés, ce font machines à rouler riches Coquets & riches Coquettes fans vie, mais non pas fans ame; car ils en ont fouvent beaucoup, & quelquefois avec peu d'efprit. Les premiers venus au tournois ne font pas les meilleurs, mais bien ceux qui demeurent les derniers, car étant délivrés de la foule, ils exécutent mieux les beaux deffeins, tirent, pouffent, avancent, reculent, jettent lances à feu fans brûler, dards aigus fans percer, grenades fans faire mal, & fouffrent même avec eux d'autres chars bourgeois qui ne font pas tant de bruit, mais qui ne font pas de moindres coups. Enfin, de tous les divertiſſemens ordinaires, ce myſtère eſt le plus public & le moins entendu, & ceux qui ne peuvent pas expliquer les ſignes des yeux, les geſticulations de tête, & les autres énigmes d'afféterie, ne le prennent que pour un embarras importun de carroſſes, capable de donner la migraine.

Ce n'eſt pas qu'il ſoit plus facile de découvrir le ſecret nocturne de leurs muſiques inviſibles qui ſervent de voile à pis-faire, & qui donnent martel en tête à tout le voiſinage, mais au moins ſont-elles une occupation agréable pour ceux qui ſe veulent divertir aux dépens d'autrui.

En un lieu de la ville le plus éminent & le plus acceſſible, eſt le grand magaſin tout rempli de fers à friſer de toutes figures, boëtes à mouches d'or & d'argent, poudres de ſenteurs, miroirs, maſques, rubans, éventails, papier doré, braſſelets de cheveux, peignes de poche, relève-mouſtaches, bijoux, eſſences, opiates, gommes, pommades, & autres uſtenſiles de ménage. Et alentour du magaſin ſont les ouvriers, dont les uns ne ſont occupés qu'à tailler des mouches & dreſſer des plans pour bien arranger les aſſaſſins ſur le nez, à quoi nul ne peut travailler qu'après chef-d'œuvre; à laver des gants, & compofer drogues pour débarbouiller le nez, & blanchir les mains ; à faire garnitures de toutes couleurs, galands, panaches, croupes, échelles, & bouquets de toutes fleurs, & en toute faifon.

Aucuns y font profeffion d'un art nouveau, d'ajufteurs de gorges, fe faifant fort d'empêcher les groffes de trop paroître, & de donner du relief aux imperceptibles.

Et d'autres nommés les cognes-fêtu, ne s'employent qu'à rechercher l'huile de Talc.

Dans un autre lieu fréquenté des plus beaux efprits du pays, eft un noble édifice qui fert de bibliothèque publique aux Coquets ; elle eft bâtie d'imaginations ridicules & de fouhaits rarement accomplis, & fournie de plufieurs manufcrits jufqu'à préfent inconnus, tant en langue vulgaire que narquoife. En voici les principaux, & les plus foigneufement étudiés.

Le cours de la bagatelle, en trois volumes, dont le premier eft l'adreffe des badins, le fecond l'introduction des ruelles, & le troifième la conduite des idiots.

Les obfervations du ciel pour connoître l'heure du berger.

L'invention pour peu donner, & faire grands progrès.

Les règles du cours, avec l'explication des

gestes & révérences qui s'y font : œuvre très-utile pour les nouveaux venus.

Les infortunes d'une admirable, à qui personne ne comptoit fleurettes qu'en la raillant, & qu'on n'encensoit jamais sans lui donner quelque nazarde.

La déconvenue d'une embarrassée, qui s'évanouit un jour dans l'empressement, & la difficulté de choisir entre deux Coquets de différentes qualités, & se résolut de les conserver tous deux, pour ne plus mettre sa vie en péril.

Le contraste de deux Coquettes sur la question de savoir, s'il vaut mieux avoir un amant discret, qu'entreprenant, & résolue en faveur du dernier.

L'abrégé des Coquettes repenties avant l'arrière saison, avec le récit des disgraces de celles qu'on y a contraintes à leur grand regret.

Le coup d'état, ou le formulaire des déclarations à faire en secret, & des tons de voix différens dont il faut user, avec une exacte observation des tems & des lieux convenables à cet important mystère.

La science de coëffer, en deux parties, dont l'une est intitulée la prime, & l'autre, Champagne.

Le moyen de bien friſer & boucler ſuivant l'air du viſage.

La Dariolette traveſtie, où ſont expliquées les adreſſes de négocier ſans être ſuſpecte aux mères ni aux maris, & de porter poulets ſans les faire crier.

L'entremiſe des ſuivantes, avec une inſtruction pour les bien cajoller, & gagner toute ſorte de valets.

Le remède au chagrin des yeux battus, & du mauvais teint.

La ſubtilité d'arracher les tanes ſans douleur.

Le ſecret pour obvier aux tumeurs longues & incommodes.

La carte des lieux propres à faire cadeaux à dix lieues la ronde.

Le plus beau quartier de la ville eſt la grande place qu'on peut dire vraiment royale, & pour ſon excellence, & parce que le roi s'eſt voulu loger au milieu pour reconnoître d'un clin d'œil toutes les cabales de ſes courtiſans. Elle eſt environnée d'une infinité de reduits où ſe tiennent les plus notables aſſemblées de Coqueterie, & qui ſont autant de temples magnifiques conſacrés aux nouvelles divinités du pays; car au milieu d'un grand nombre de portiques, veſtibules, galeries, cellules & cabinets richement ornés, on trouve toujours un lieu respecté comme un sanctuaire, où sur un autel fait à la façon de ces lits sacrés des dieux du paganisme, on trouve une dame exposée aux yeux du public, quelquefois belle, & toujours parée; quelquefois noble, & toujours vaine; quelquefois sage, & toujours suffisante; & là viennent à ses pieds les plus illustres de cette cour, pour y brûler leurs encens, offrir leurs vœux, & solliciter sa faveur envers l'Amour Coquet, pour en obtenir l'entrée du palais des bonnes-Fortunes.

En ce même lieu sont les écoles publiques pour l'instruction de la jeunesse, ou des sept arts libéraux; il n'en observe que deux, bien dire & mal faire. Et de toutes les loix, ils ne travaillent qu'à celles qui concernent le droit de nature & le droit des gens: aussi ne se piquent-ils pas fort d'être grands docteurs, & les plus habiles passent toute leur vie en silence. Mais ce qu'on en peut remarquer de plus honorable, est qu'ils ont donné l'autorité de régenter aux personnes de condition, & que souvent on y voit des princes en chaire faire leçon publique de bagatelles.

Les femmes y tiennent les académies, où presque toutes courent le faquin, & sont fort adroites à donner dans la visière; les hommes y donnent les bagues, & font les autres dépenses des carousels.

Les brelans y font ouverts à toute forte de perfonnes, où communément les femmes jouent à l'homme, & les hommes à la bête ; elles s'étudient toutes à bien jouer de la prunelle, & au quinola; car elles ont confervé le reverfis, bien qu'il foit aboli dans les provinces voifines. Ils y en a d'humeur fi hautaine, qu'elles ne veulent jouer qu'à prime & à la triomphe ; & les autres qui veulent un jeu couvert, ne s'amufent qu'à jouer au moine. Elles engagent affez fouvent les hommes à jouer des couteaux, des hauts-bois, au roi dépouillé, & de leur refte ; faifant toujours bonne mine à mauvais jeu : aucuns jouent à toutes dames; beaucoup jouent le double, & tous jouent à coquimbert, qui gagne perd.

Dans cette place, eft un grand obélifque de marbre noir, fur lequel font écrites en lettres d'or les loix fondamentales de l'état, dont celles qui fuivent ne font pas les moins confidérables.

1. Nul ne peut être naturalifé dans le pays, qu'il n'ait été paffé maître en fait de bagatelles.

2. Qui n'aura pas de quoi donner, fe garnira d'une bonne duppe qui fourniffe à l'appointement.

3. Les maris feront tenus de nourrir les enfans qu'ils n'auront pas faits, fans fe mettre

en peine de ce que les vrais pères pourront donner sous main pour leur entretien.

4. En attendant le retour du cours, un bon mari peut boire un coup pour se défennuyer s'il est tard, avec défense d'entamer les bons morceaux.

5. Quiconque fera profession de fidélité, sera tenu de justifier qu'il est de la race des Amadis, ou des descendans de Céladon; sinon, à faute de ce, passera pour idiot.

6. La Modestie, la Discrétion, & la Retenue, n'auront aucune entrée dans l'état, sinon qu'elles puissent être utiles à celles qui sont obligées de cacher leur jeu.

7. Nul ne pourra porter chapelet ni heures à la chancelliere, que pour occuper ses doigts en écoutant le mot par-dessus l'épaule.

8. Chacun sera soigneux en droit-soi d'arrêter les bons mouvemens que les fortes prédications auront excitées dans le cœur.

9. Le remors de la conscience ne sera point écouté, à peine d'être exilé du royaume.

Ces dernières loix ne doivent pas sembler fort étranges à qui saura que le peuple de cette île n'a point de véritable religion; ce n'est pas qu'il n'y ait beaucoup d'églises dans le pays, mais on n'y va point pour prier dieu, c'est seulement pour voir ou se faire voir, railler, fourire, cajoller, réfoudre les parties, prendre affignation de débauches, & faire fervir les lieux faints aux pratiques de l'iniquité; & d'ordinaire, quand ils font en apparence quelque œuvre de piété, ce ne font que des profanations, & tous leurs facrifices y deviennent autant de facrilèges. Il eft prefque inoui jufqu'à préfent, que les hommes aient embraffé jamais une véritable dévotion; & quand les femmes s'y réduifent, c'eft ordinairement après une aventure incroyable à qui n'y fera point une férieufe réflexion pour en reconnoître le fens myftique.

Derrière le palais des Bonnes-fortunes eft un jardin d'affez belle étendue, qu'on appelle le bureau des Récompenfes.

A cette parole, il n'y a perfonne qui ne s'imagine un paradis terreftre : mais, quoique l'art y faffe tous les jours quelque nouveau travail, c'eft un lieu qui femble être maudit du ciel, où la nature ne produit rien que de fâcheux & d'infupportable. Les paliffades ne font que de regrets & d'inquiétudes; il n'y a pour fleurs que des penfées noires, des foucis renaiffans, & des efpérances perdues; pour plantes, de l'abfynthe & des amaranthes, &, pour fruits, des poires d'angoiffes, & quelques autres qui n'ont pas meilleur goût. Les fontaines y jailliffent de tous côtés, mais les eaux en font toujours amères, & de leur chute, elles font le lac de Confufion, au bord duquel eft un falon à l'Italienne, nommé la Berne des Coquettes, fort haut & fpacieux, élevé fur des colonnes mêlées de mépris & d'ingratitude. En cet endroit s'affemblent à certains jours les plus fameux Coquets, tous d'efprit rare & d'adreffe fingulière ; & choififfant telle dame qu'il leur plaît ou qui leur déplaît entre celles que l'Imprudence a conduite dans le palais des bonnes-Fortunes, ou que le Dépit en retire, la font venir au milieu d'eux ; & l'ayant fort promenée dans toutes les allées du jardin, & fuffifamment raffafiée des fleurs & des fruits qui s'y recueillent, la mènent dans le falon, où ils la mettent dans un fauteuil pour en jouer au roi Artus ; & après plufieurs croquignoles imprévues, genuflexions grotefques & turlupinades ingénieufes, ils la dépouillent infolemment de tous fes ornemens, jufqu'à ceux qu'ils lui avoient donnés, l'arrofent par trois fois de l'eau de Confufion qu'ils ont toujours prête à cet effet, & lui font en jolis vers, un reproche public de toute fa vie, qu'ils lui chantent au nez fur l'air des petits fauts de Bordeaux. Ils n'épargnent ni fes cheveux qui les ont enchaînés, ni fes yeux qu'ils ont adorés, ni sa bouche qui fut pour eux un oracle de vie & de mort, ni ses mains qu'ils avoient estimées dignes du sceptre de tout le monde; ils la nomment perfide, ayant toujours eu trois galants à la fois; indiscrete, ne pouvant cacher assignations, présens, ni poulets; maligne, jalouse, importune, dont au commencement elle ne fait que rire; & comme ils continuent, elle se fâche; & à la fin, elle entre en colère, s'emporte, & fait la désesperée; & lorsqu'ils la voyent dans cet état qu'ils appellent de gaie-humeur, ils la mettent dans une couverture de soie de Barbarie, faite à la turque, & la bernent durant une bonne heure; elle résiste, mais ils s'en moquent; elle crie, mais ils s'en rient; elle enrage, mais ils s'en raillent; & quand ils en ont pris assez de divertissement, ils se retirent chacun de son côté, & la laissent comme demi-morte. Cette berne, à la vérité, ne se doit faire ordinairement qu'en fantôme, mais quelquefois ils la font en personne; les unes n'en sentent point le mal, & d'autres ne le veulent pas sentir; & de celles qui le ressentent, les unes se condamnent elles-mêmes à une prison perpétuelle, d'autres se précipitent dans l'abîme du Désespoir qui n'est pas éloigné du jardin, & les plus sages se refugient dans la chapelle de saint-Retour; c'est un lieu bâti en terre ferme, séparé de l'île par un petit trajet de mer, mais difficile à passer; il est toujours occupé par le capitaine Repentir, qui seul a droit d'en rendre le chemin libre : c'est un mélancolique, & qui presque toujours est en colère, mais au reste fort sage, pieux & charitable à ceux qui recourent à lui. Ce n'est pas qu'il ait accoutumé d'écouter les premières voix des Coquettes qui se plaignent de quelque traverse, & qui maudissent les désordres de leur vie, il pénètre le fond du cœur; il en veut connoître la sincérité, & n'assiste jamais que celles qui prennent une bonne & forte résolution de quitter cet impertinent royaume; car alors il les conduit en sûreté dans cette chapelle miraculeuse, où, sitôt qu'elles sont arrivées, elles ouvrent les yeux, s'apperçoivent bien qu'auparavant ils étoient fermés, & découvrent que tout ce qu'elles pensoient voir n'étoit que des illusions; que toutes les douceurs de cette île ne sont que des amertumes déguisées, & que les plaisirs apparens y produisent toujours de véritables douleurs; que les plus heureux sont presque toujours à la gêne, & que les satisfactions extérieures n'y servent que de voile aux soupirs, aux gémissemens, & aux plaintes; qu'il n'y a rien de plus malheureux, de plus honteux, & de plus détestable que ce lieu qu'ils nomment faussement en langage du pays le palais des bonnes-Fortunes; qu'il est en vérité le piège des imprudens, l'erreur de la jeunesse, l'amusement de l'oisiveté, l'opprobre des conversations, l'occupation des fols, le mépris des sages, la ruine de la santé, la désolation des familles, l'écueil des vertus, & la source de mille impiétés. Ainsi, prenant de meilleurs sentimens & des routes toutes contraires à celles qu'elles avoient suivies, elles jouissent d'un repos, & d'une satisfaction véritable, qu'elles avoient inutilement recherchée dans le séjour des Troubles & des Infortunes.

Fin de la relation du Royaume de Coquetterie.

DESCRIPTION

DESCRIPTION
DE L'ISLE
DE PORTRAITURE
ET
DE LA VILLE
DES PORTRAITS.

DESCRIPTION DE L'ISLE DE PORTRAITURE,

ET DE LA VILLE DES PORTRAITS.

LA grande île de Portraiture a été découverte depuis plusieurs siècles, mais jamais elle n'a été si célèbre qu'elle l'est depuis deux ou trois ans. Les voyages fréquens que plusieurs François y ont faits, & le commerce qu'ils y ont établi, l'a rendue une terre des plus considérables où l'on puisse aller. On tient que sa situation est justement au milieu du monde, afin qu'elle semble être comme la reine des autres îles; & pour son abord, il est très-agréable & très-facile à ceux qui savent bien choisir le vent qui y conduit. Je m'étois embarqué dans un vaisseau équipé pour ce voyage, où je trouvai deux de mes anciens amis, Erotime (1) &

---

(1) *Erotime* signifie un homme qui tire sa gloire & son bonheur d'être amoureux.

Gelaste (1), touchés d'un même dessein que le mien, qui étoit de voir cette belle île, & les raretés qui s'y rencontrent. Comme on ne parloit plus à Paris que de Portraits, & que tous les bons esprits étoient curieux d'en avoir ou d'en savoir faire, nous étions ravis d'aller au lieu où habitoient les meilleurs maîtres de cet art, & d'où l'on croyoit qu'en venoit l'origine. Nous nous apperçûmes aisément que nous en étions proches, quand nous vîmes que la mer, outre sa couleur, tantôt verdâtre, & tantôt bleuâtre, en prenoit quantité d'autres diverses, & la terre que nous découvrions parut aussi fort bigarrée : tous les nuages qui étoient élevés au-dessus de l'île composoient différentes figures, où l'imagination des contemplatifs pouvoit trouver tout ce qu'elle désiroit. Etant arrivés au port, nous vîmes quantités d'hommes occupés à chercher divers genres de terres & de pierres, pour en faire des peintures de toutes couleurs ; les autres choisissoient, parmi le sable, les plus belles coquilles, pour y mettre ces peintures ; d'autres arrachoient les plumes de quelques oiseaux & le poil de quelques bêtes, pour en faire des pinceaux ; & nous en vîmes encore qui accommodoient des tables &

---

(1) *Gelaste*, c'est un homme qui n'aime qu'à rire.

des toiles pour peindre. Tout ceci fe faifoit dans des cabanes fituées fur le chemin de la grande cité de Portraiture ou ville des Portraits, & dans des hameaux voifins, auxquels s'arrêtoient ceux qui n'étoient pas dignes de paffer outre, & qui n'étant pas capables de peindre, fe devoient contenter d'un moindre exercice, en attendant qu'il plût à la fortune de les placer en quelque degré plus élevé. Les fauxbourgs de la cité, ou ville des Portraits, étoient encore remplis de gens adonnés à de femblables occupations, & de plus à broyer les couleurs, à les étendre fur les palettes, & à tout ce qui fervoit de préparatifs aux célèbres ouvriers qui fe trouvoient dans la ville.

Lorfque nous y fûmes entrés, nous avouâmes que, dans toute la terre, il ne fe trouvoit pas une ville plus agréable. Les rues étoient longues & droites, & d'une convenable largeur. Les édifices étoient tous ornés de ftatues, de figures de relief & à demi-boffe. Les murailles étoient embellies de diverfes peintures, qui faifoient qu'en quelque endroit qu'on allât, on y trouvoit des ornemens plus grands que dans les plus belles galeries des palais des monarques. On voyoit là en public les ftatues & les portraits de tous les héros que l'antiquité avoit révérés, parce qu'ils étoient déja communs à tout le monde ; & la plûpart des portraits des hommes modernes étoient conservés dans les maisons, où on les montroit seulement à ceux qui avoient besoin de les rechercher. Les curieux en avoient des chambres & des cabinets pleins ; les marchands en réservoient aussi dans leurs magasins & leurs boutiques, mais ils n'étoient pas en si bon ordre, & l'on n'en trouvoit pas moins chez ceux qui travailloient à de tels ouvrages : tellement que si Démétrius, assiégeant la ville de Rhodes, empêcha qu'on ne mît le feu vers le quartier où étoient les tableaux de Protogène, il auroit fallu, s'il avoit assiégé une ville comme celle-ci, qu'il l'eût épargnée toute entière, puisqu'elle étoit pleine de tableaux de tous les côtés. A dire la vérité, tous les habitans de la ville étoient peintres ou marchands de portraits : il n'y en avoit qu'un petit nombre, qui, avec cela, étoient employés à préparer les choses nécessaires à la vie ; mais ils mêloient tout leur art avec celui de la peinture. On n'eût pas pu avec raison parler à un cordonnier, ou à un autre artisan, comme fit Apelle à celui qui ayant repris quelque chose à la façon des souliers qui se trouvoient dans l'un de ses tableaux, vouloit encore juger de la proportion d'une jambe, &

de la draperie d'une robe ; que le cordonnier, lui dit-il, ne passe point le soulier. Il n'y avoit rien à reprocher, même aux cordonniers de la ville des Portraits, puisqu'ils y étoient tous bons peintres, & qu'outre qu'ils donnoient aux souliers une forme commode & galante, ils faisoient dessus diverses peintures. Les tailleurs ne faisoient point d'habits, qu'il n'y représentassent divers caprices ; de sorte qu'il y avoit tel homme qui étoit tout couvert de portraits. Les amans volages pouvoient faire, s'ils vouloient, que leur habit fût orné des portraits de toutes leurs maîtresses, & qu'il y en eût au moins de pendus à chaque basque de leur pourpoint : par ce moyen, on voyoit au dehors tout ce qui étoit dépeint dans leur cerveau. Les charpentiers, les maçons, les menuisiers & les serruriers n'accommodoient rien aux maisons, qu'ils n'y fissent quelques figures, afin que le logement ressemblât à l'habillement. Il falloit encore observer ceci dans tout ce qui servoit à la nourriture. Les boulangers donnoient à leur pain diverses figures plaisantes ; les pâtissiers en faisoient de même de toutes leurs pièces de four ; & les cuisiniers tâchoient que leurs fricassées & leurs saupiquets représentassent quelque chose d'agréable, ayant envie de plaire à l'humeur des gens du pays & du siècle, & pour

Y iv

leur propre satisfaction, tant les esprits étoient portés à la peinture & à la portraiture. On voyoit bien que quelque influence de peinture régnoit alors sur l'univers, bien qu'on eût de la peine à trouver qui elle étoit, & à se la représenter dans la disposition des astres ; parce qu'il n'arrive pas aux astres de si grands changemens que l'on s'imagine, & que ce qu'ils veulent aujourd'hui, ils pouvoient le vouloir depuis long-tems : tant y a que cette constellation bizarre & agréable exerçoit son empire principalement sur notre France & sur cette belle île où je me trouvois alors, dans laquelle chacun étoit peintre de profession, & c'étoit le métier des métiers, ou l'art des arts & la science des sciences. Il n'y avoit pas jusqu'aux moindres valets des maisons qui n'eussent toujours un charbon à la main, pour faire des griffonnemens contre les murailles, & y tracer des portraits grotesques & ridicules : même on rencontroit des hommes bien faits, qui, en se promenant dans quelques places de la ville, faisoient des cadeaux sur le pavé, sur la terre, sur le sable & sur la boue à demi-sèche. Aussi il ne venoit personne en ce lieu que pour apprendre à peindre, ou pour se faire peindre par les autres, ou pour acheter divers portraits, & par une extrême curiosité qu'on avoit de voir des peintures de toutes les sortes.

Nous vîmes plusieurs rues qui avoient divers noms, selon l'application de ceux qui y demeuroient. La plus grande & la plus belle étoit celle des peintres héroïques, où quantité de personnes entroient à dessein de se faire peindre : car la plupart de ceux qui avoient entrepris un si grand voyage pour avoir le bonheur de se trouver dans l'île de Portraiture, l'avoient fait par un excès de vanité & d'ambition, & par la croyance qu'ils avoient de mériter que leur mémoire fût conservée éternellement, aussi bien que celle des plus grands héros de l'antiquité. Mais ces MM. les peintres héroïques faisoient fort les renchéris ; ils demandoient tant d'argent d'un portrait, qu'à peine l'original valoit-il autant. Les bons menagers alloient donc chercher de maison en maison les peintres qui ne demandoient pas beaucoup de chose pour récompense de leur travail ; mais il arrivoit que ceux qui le laissoient à fort bon marché, y réussissoient le moins, & qu'ils donnoient à chacun de la marchandise pour son argent. Ce qui en rendoit plusieurs si difficiles à contenter, c'est que, des uns & des autres, on en trouvoit qui se plaignoient d'avoir été trompés par ceux qui les avoient mis en besogne ; mais, en vengeance de ceci, ils en faisoient après des portraits difformes, qu'ils exposoient en public pour leur faire honte. Que si le dessein de ceux qui avoient voulu se faire peindre, étoit de faire parler d'eux, on peut dire qu'ils y réussissoient assez, mais que c'étoit à leur déshonneur. Quand ils voyoient que ce mal leur alloit arriver, ils tâchoient à y remédier par prières & par présens, en quoi ils réussissoient d'ordinaire, faisant réformer ce qui avoit été fait. Car ceux qui les avoient voulu offenser, pour n'avoir pas reçu l'argent qu'ils souhaitoient, en étoient assez détournés quand ils le recevoient, puisque la querelle n'étoit venue que faute de cela. Les hommes puissans & fiers prenoient une autre voie ; ils menaçoient les peintres de les battre, & ils les battoient en effet ; tellement qu'ils étoient contraints de briser ou d'effacer leurs tableaux, ou de les tenir cachés quelque tems ; & quelquefois ils étoient cités pardevant le juge pour les avoir faits. Les meilleurs peintres, à l'imitation de Zeuxis, avoient accoutumé de donner gratuitement les plus beaux portraits qu'ils faisoient, parce qu'ils croyoient que l'argent ou chose qui l'égalât n'étoient point capables de les récompenser, & que la gloire seule étoit leur récompense ; mais on avoit plus de peine à tirer de l'ouvrage de ceux-ci, que de tous les autres : ils ne travailloient que quand il leur plaifoit, & pour des gens qu'ils choififfoient, plutôt que pour ceux de qui ils étoient priés, & de qui ils devoient efpérer grande récompenfe : néanmoins tous ces gens-là étant fort convoiteux de gloire, ne refufoient l'entrée de leur porte à perfonne ; ils étoient ravis qu'on les vît travailler, & qu'on confidérât leur travail, fur l'efpérance d'en recevoir de l'honneur & des louanges. Je vifitai les uns & les autres avec hardieffe ; &, de vrai, je vis chez eux des portraits merveilleux : mais, en ayant confronté quelques-uns au vifage de ceux pour qui ils étoient faits, lefquels fe rencontrèrent là fortuitement, je connus que c'étoit des portraits flatteurs & menteurs, qui faifoient les perfonnes beaucoup plus belles & de meilleure mine qu'elles n'étoient ; tellement qu'il n'y avoit que ceux qui ne voyoient point l'original, qui y puffent être trompés. Les peintres même le confeffoient ingénuement, & difoient, fans héfiter, qu'ils étoient contraints de fervir chacun à fa mode.

Je voyois entrer chez eux des hommes & des femmes de toutes conditions, les uns en habit modefte, & les autres fort braves ; les uns vieux, & les autres jeunes ; les uns triftes, & les autres gais. Ce qui me furprit le plus, fut d'y trouver quantité de personnes masquées. Je ne savois si c'étoit en ce lieu-là le tems du carnaval, ou s'il y duroit toute l'année. Je m'attendois que quelqu'un des masques nous alloit présenter un cornet & des dez, avec une bourse de pistoles, & que les autres feroient au moins quelques pas de sarabande : mais j'appris bientôt que tous ces gens-là ne se masquoient point par galanterie, & pour aller porter des momons quelque part, ni pour danser des balets ; qu'au contraire, tout leur soin étoit de faire croire qu'ils n'étoient point masqués. Il y en avoit aussi dont les masques étoient si bien faits, & si adroitement attachés ou collés, qu'on les prenoit pour leur vrai visage. Ils les avoient choisis les plus beaux qu'ils avoient pu trouver : ils avoient encore eu soin de se faire accommoder leur chevelure avec un artifice merveilleux, plusieurs portant des perruques de cheveux empruntés, qui sembloient être naturels. Il y en avoit même qui ayant eu les yeux crevés, portoient de faux yeux. Ils vouloient qu'on crût qu'ils voyoient fort clair, quoiqu'ils ne vissent goutte : j'en remarquai un qui avoit de beaux bas de soie, & de beaux canons à ses jambes, lequel, à ce qu'on disoit, n'avoit dedans que des jambes de bois, & se soutenoit sur une bequille. Un autre n'avoit que des bras postiches, & sans mouvemens, comme les géans des carrouzels; de manière que ces deux hommes n'étoient pas capables d'agir en toute sorte d'actions, quoiqu'il semblât, à la première apparence, que rien ne leur manquât. Cependant, suivant leurs ordres donnés, il falloit faire le portrait de l'un courant à la chasse, & l'autre l'épée nue à la main, prêt à frapper ses ennemis. Pour les habits des uns & des autres, ils étoient très-magnifiques, & la plûpart ne se soucioient point s'ils étoient conformes à leur naturel & à leur condition. Quelques magistrats étoient habillés en courtisans ; quelques courtisans efféminés étoient équipés en hommes de guerre, & armés de toutes pièces. Soit qu'ils eussent dessein de tromper les peintres ou les autres hommes, ils vouloient tous que leur portrait fût fait sur ce qu'ils paroissoient être, non pas sur ce qu'ils étoient effectivement. Mais je dis alors qu'ils prenoient donc beaucoup de peine superflue de venir chez les peintres, & qu'il n'y avoit qu'à leur envoyer leurs masques, leurs membres postiches, leurs habits, & leurs autres ornemens & déguisemens avec lesquels ils vouloient qu'on les représentât ; & que les regardant seulement, ou les mettant seulement sur un manequin de peintre (1), cela suffiroit pour faire leur portrait selon leur intention ; car on pouvoit imiter les traits & le coloris de leurs masques, & donner tels replis & telles ombres que l'on voudroit à leurs habits, selon la posture qu'on leur feroit tenir. Ayant tracé aussi la première ordonnance, & fait quelque rude ébauche, on avoit loisir après de repasser sur toutes les parties, & chercher la perfection. J'observai encore que ceux qui se faisoient peindre avec tant de soin, ne se contentoient pas de ces tableaux de platte peinture, que les peintres pouvoient exposer en public, après les avoir achevés, ils passoient dans des cabinets secrets, où ils faisoient travailler d'excellens ouvriers, & l'on disoit que c'étoit après cela que l'ouvrage paroissoit bien achevé. Je m'informois de cette particularité à tous ceux que je rencontrois, lorsqu'un savant homme que j'abordai entre les autres, se persuada que ma curiosité méritoit d'être satisfaite. Il m'apprit que tous ceux que j'avois vu peindre avec de faux visages, étoient des grands & des riches

―――――――――――――――――――

(1) Un manequin de peintre est une statue de bois, ou autre matière, qui a des jointures qui se plient, de sorte qu'on la met en telle posture qu'on veut.

du monde, qui defiroient que les peuples les priffent pour des héros & pour des demi-dieux, encore qu'ils ne fuffent rien de cela; & qu'afin qu'on eût auffi bonne opinion de leurs beautés intérieures & cachées, comme de celles du dehors, les peintres dont ils faifoient le plus de cas, & qui leur étoient les plus utiles, étoient ceux qui favoient dépeindre les qualités de l'efprit avec celles du corps : ce qu'ils accompliffoient par des écrits remplis d'une éloquence vaine & pompeufe, qui n'étoit qu'une agréable impofture. J'en remarquai aifément les menfonges, car il y en avoit de fort groffiers, quoiqu'à l'abord ils paruffent fubtils. Mais, de peur que je ne conçuffe une mauvaife opinion de tous les peintres héroïques en général, le favant qui me guidoit, appellé Egemon (1), me mena dans une galerie, où je vis les portraits des princes & des princeffes de notre cour françoife & de leurs grands miniftres, avec leurs éloges écrits au bas en caractères d'or, où je ne trouvai que des vérités indubitables. Il me fembloit même que ceux qui avoient travaillé à de tels ouvrages, n'y avoient pas travaillé affez avantageufement, parce que tant

―――――――――――――――――――

(1) *Egemon* fignifie guide ou conducteur, & gouverneur.

de choses rares ne pouvoient pas être contenues en si petit espace. Je fus ravi d'avoir vu des portraits si excellens, & je ne me lassois point de les considérer. J'employai après quelques momens à retourner voir les portraits des personnes masquées & déguisées, & j'eus la curiosité de m'enquérir particulièrement de leurs noms & de leur pays : on me les fit passer presque tous pour autres que pour François, soit qu'on ne voulût point me désobliger, ou que véritablement il n'y eût point de gens de notre nation susceptibles de cette folie. Pour me divertir davantage, Egemon me voulut mener voir des portraits, non pas tout-à-fait contraires aux premiers, mais de différente espèce.

Je passai dans la rue des peintres amoureux, dont la plupart des portraits étoient fort éloignés du naturel. Les peintres qui travailloient pour autrui n'étoient pas là en si grand nombre que ceux qui travailloient pour eux-mêmes. Ce qui leur faisoit prendre cette peine, n'étoit pas tant pour épargner la dépense, que parce qu'ils se figuroient qu'aucun ne pouvoit si bien réussir qu'eux aux portraits qu'ils vouloient faire, quand même ils n'eussent été qu'apprentifs dans l'art de peindre. Ils faisoient donc les portraits de leurs maîtresses, se dépeignans aussi
quelquefois

quelquefois dans un même tableau. Ceux de leurs maîtresses étoient les plus grandes flatteries qu'on se pouvoit imaginer. Il ne s'en trouvoit jamais aucune qui eût quelque imperfection ; elles étoient toutes des nymphes & des déesses : les plus vives couleurs étoient employées pour peindre leurs visages & toutes les parties de leurs corps ; & dans les éloges qu'ils en faisoient par écrit, ils leur donnoient la figure & la ressemblance de tout ce qu'il y avoit de plus apparent & de plus beau dans la nature, prenant leurs yeux pour des soleils ou pour quelques autres astres, leur bouche pour des branches de corail, & leurs dents pour des filets de perles ; tellement qu'on en pouvoit faire des portraits aussi fantasques que celui du berger extravagant, bien que ceux à qui ces façons de parler étoient ordinaires, s'en servissent dans leurs pensées les plus sérieuses. D'autres, plus éclairés & plus ingénieux, faisoient des portraits si galants & si agréables, qu'on recevoit un plaisir singulier de leur vue. Mais, à l'opposite, quand ils se représentoient eux-mêmes, ils se faisoient si hideux & si épouvantables, qu'on en devoit avoir autant de peur que de pitié ; & je ne sais comment ils se pouvoient persuader de plaire par ce moyen à leurs maîtresses. Il est vrai que leur langueur, leur teint

Z

pâle, leurs yeux battus faute de dormir, & toutes les marques infaillibles de leurs inquiétudes, ne se trouvoient que sur la toile de leur tableau; leur corps se portoit bien, tandis que leur portrait le représentoit malade. Erotime, l'un de mes compagnons, demeura néantmoins charmé de leurs douces paroles; & parce qu'il avoit fait une maîtresse depuis peu dans sa province, il espéra que, par leur art, il lui gagneroit le cœur. Il tâcha de la décrire à ces gens-ci telle qu'elle étoit; & comme j'ai sçu depuis, après en avoir fait une ébauche sur sa description, ils donnèrent un tel agrément à ce qu'ils faisoient, qu'il lui sembla que c'étoit l'ouvrage le mieux fini qui eût jamais été, & qu'il y avoit quelque puissance de magie en eux pour savoir peindre les personnes sur un simple récit, & sans les avoir jamais vues. Ils n'avoient garde de manquer de représenter sa maîtresse à son gré, parce qu'ils la firent fort belle. Le tems qu'il fut là, fut encore employé à la peindre lui-même, tantôt en grand, tantôt en petit, & avec des coiffures & des habits de toutes les manières qu'il se les pût imaginer, parce que la fantaisie d'un amant a de la peine à être satisfaite. Gelaste, qui étoit mon autre ami, étoit demeuré près de moi. Je me consolois de sa compagnie, qui étoit fort agréable, parce qu'il prenoit du plaisir à toutes choses, & qu'il tâchoit de faire que les autres n'y en eussent pas moins; mais il me quitta peu de tems après, se laissant emporter à ses desirs & à sa curiosité. Notre convention avoit été, avant que de partir pour notre voyage, que chacun de nous auroit la liberté de suivre ses pensées & son génie. Je devois me préparer à tout.

Dès qu'Erotime nous eut quittés, Gelaste & moi nous apperçûmes deux petites rues assez proches l'une de l'autre, & qui traversoient les grandes. Dans la premiere il y avoit une joie extrême : on ne faisoit que danser, sauter & rire; les habitans de ces lieux y excitoient tous ceux qui passoient, & principalement ceux qui s'y arrêtoient. C'étoit les peintres burlesques & comiques; ils faisoient des portraits ridicules de leurs amis, dont ils ne s'offensoient point; & ils en faisoient de semblables d'eux-mêmes, par lesquels ils ne croyoient point s'exposer à une moquerie véritable, d'autant que tout ce qu'ils entreprenoient n'étoit que fiction & galanterie. Il falloit pourtant qu'ils gardassent avec soin un agréable milieu dans ces choses, craignant de tomber dans le mépris des hommes graves & sérieux.

Quand j'eus visité toute cette rue avec un extrême plaisir, je voulus passer dans la rue

Z ij

voisine, où il ne sembloit pas d'abord y avoir un moindre sujet de divertissement : toutefois ayant vu les ouvrages de deux ou trois peintres, je trouvai que parmi les agréables traits de leur pinceau, ils mêloient je ne sai quoi de piquant & de farouche. C'étoit aussi les peintres satyriques, qui ne faisoient les portraits des gens que pour se moquer d'eux. Personne ne s'adressoit à ceux-là, pour faire faire son portrait; si on les prioit d'en faire quelques-uns, c'étoit ceux de ses ennemis : on n'avoit pas sujet de leur chercher pratique; ils n'attendoient de personne les prières ni les avis pour travailler; sans cesse ils se donnoient de la besogne d'eux-mêmes; il y en avoit qui se tenoient sur leur porte, & qui s'avançoient jusqu'au milieu de leur rue, avec le porte-feuille & le crayon à la main, pour faire le portrait de tous ceux qui passoient, mais c'étoit avec des grimaces & des postures ridicules. L'un d'eux qui se tenoit accroupi sur sa porte comme un singe attaché à son billot, étoit à l'affut pour tirer promptement de son pinceau ou de son crayon, le premier qui passeroit; & il se persuadoit que cela n'étoit pas moins dangereux que de tirer les gens à coups d'arquebuse. Il en vouloit à mon compagnon & à moi, ou à notre guide; mais Gélaste qui savoit déjà un peu dessiner, & avoit sur lui ce qu'il lui faloit pour cela, s'avisa plaisamment de se mettre de l'autre côté de la rue en semblable posture, comme pour peindre ce rustre encore plus ridiculement qu'il ne le peindroit. Le peintre satyrique voyant que Gélaste prenoit cent postures bizarres pour se mocquer de lui, en enrageoit de bon cœur, & se démenoit la plupart du tems comme un possédé. Enfin, voyant l'opiniâtreté que cet étrange émulateur avoit à le regarder, & à griffonner après sur son papier, il quitta la partie du dépit qu'il eut, & se renferma dans sa cabane. Un de ses voisins me guettant de l'œil pour même dessein, je n'eus pas la patience qu'avoit eue mon compagnon; je ne m'amusai pas à me servir de son remède. Je crus que d'aller faire semblant de vouloir peindre ce galant-ci, c'étoit lutter avec lui de pareilles armes, & lui faire trop d'honneur. Le bâton étoit plus propre à châtier de telles gens, que le pinceau ou la plume. Je levai contre lui une canne que j'avois à la main: ce qui lui fit mettre son porte-feuille au devant en guise de bouclier. Au même tems comme cette maniere de gens étoit lâche & timide, il se jetta à genoux à mes pieds, en me demandant pardon, & m'assurant que ce qu'il avoit prétendu faire, n'étoit que par simple divertissement. Il m'appella même tantôt Périergos, (1) & tantôt Périandre (2), qui étoit à peu près le nom qu'on me donnoit, & c'étoit afin de me toucher davantage, en me montrant qu'il savoit mon nom, & qu'il étoit de ma connoissance. Je retins le coup alors, & je laissai ce satyrique en sa liberté, sachant bien que s'il continuoit long-tems son exercice, je n'avois pas besoin de me mettre en peine de me venger de lui, & que j'en serois assez vengé par d'autres. Incontinent après, nous vîmes deux ou trois de ces peintres fort maltraités par quelques gens armés; & ceux qui nous avoient voulu faire niche, s'en étant voulu mêler, ils furent si bien frottés, qu'ils avoient grand sujet de renoncer à la peinture: néanmoins Egemon m'assura qu'ils aimoient tant le métier qu'ils avoient accoutumé de pratiquer, que sitôt qu'ils étoient guéris du mal qu'on leur avoit fait, ils s'en procuroient de nouveaux par le même moyen; de sorte qu'on pouvoit dire qu'ils ne cherchoient que plaie & bosse; qu'ils ne se plaisoient qu'à faire gagner les bar-

___

(1) *Périergos*, en grec, signifie un curieux.

(2) *Périandre*, est un nom approchant, qui est pris pour l'autre, & peut signifier un homme qui va toujours autour des choses qu'il recherche & qu'il aime.

biers & les sergens ; car la justice connoissoit souvent aussi de leurs faits sur les plaintes rendues par ceux dont ils avoient exposé au jour quelque peinture satyrique. Nous étions au bout de leur rue, lorsqu'un de ces hommes masqués que nous avions déjà vus, y passa fortuitement. Il faloit que pour son malheur il se fût détourné du grand chemin, & qu'il ne fût pas combien il faisoit mauvais de tomber à la merci de telles gens. Ils ne l'eurent pas sitôt apperçu, qu'ils sortirent de leurs maisons en grand nombre, & coururent après lui de même que la canaille des villes court après les fous, & après tous ceux qui ont en eux quelque chose d'extraordinaire. Quand ils l'eurent attrappé, ne craignant point les hommes armés qui avoient fait retraite, ils lui rompirent les cordons de son masque, l'arrachèrent de son visage, & le foulèrent aux pieds ; & parce que son étonnement l'avoit rendu stupide & immobile, ils crurent qu'il leur donnoit beau jeu pour se laisser peindre en son naturel, tellement qu'ils s'apprêtoient à bien travailler ; mais étant revenu à lui, & au même instant s'étant senti libre, il commença de s'enfuir, & en jetta par terre deux ou trois qui lui faisoient obstacle ; ils coururent après lui, & se jettant sur lui comme des furieux, ils lui arrachèrent une partie de ses habits, de même que s'ils eussent voulu se servir de lui peindre une nudité. De peur qu'il ne leur échappât à ce coup, ils le lièrent à un poteau, comme s'ils l'eussent mis au carcan; & les uns s'étant assis sur de petites selles, les autres ayant un genouil en terre, & le portefeuille sur l'autre, ils recommencèrent leur travail avec attention, le choisissant pour leur commun objet; & l'on peut dire qu'ils se mirent tous autour de lui, ainsi que les peintres d'une académie se mettent autour de leur modèle, qui est quelquefois un homme vivant, & quelquefois aussi une statue de bronze ou de marbre, dont les uns veulent tirer le crayon de profil, les autres de front, les autres de dos, selon qu'ils en ont besoin, ou selon le côté qui leur plaît davantage. Pour lui il ne cessoit de crier à l'aide, & de leur dire cent injures, mais ils ne s'émouvoient point de cela, & continuoient toujours leur ouvrage. Je disois à tous ceux qui étoient près de moi, que s'ils vouloient m'assister, nous irions le délivrer; mais mon sage guide me répartit en souriant, que cet homme n'en valoit pas la peine; qu'il n'étoit pas digne qu'on eût pitié de lui; qu'il méritoit ce traitement, & un autre encore pire; que c'étoit un méchant qui vouloit cacher fa malice par fon hypocrifie, & que c'étoit bien fait de la découvrir; qu'il le falloit mettre nud comme la main; qu'il fe couvroit d'un mafque doux & benin, & d'un habit modefte, lorfque dans fon intérieur ce n'étoit que fureur & cruauté; qu'on avoit l'obligation aux peintres fatyriques de ce qu'ils ne pouvoient fouffrir ceux qui cachoient ainfi leurs vices & leurs défauts, & qu'ils les manifeftoient hardiment à tout le monde: mais qu'il y avoit ce mal en eux qu'ils attaquoient les honnêtes gens & les hommes vertueux de même que les autres, n'étant pas toujours capables de connoître leur mérite, & n'ayant pas le vrai efprit de difcernement. Gélafte, le compagnon de voyage qui m'étoit refté, les avoit en extrême horreur; & comme il étoit venu là pour fe perfectionner en l'art de peinture, il choifit la manière des peintres comiques qui étoit propre à fon humeur joviale. Ce fut alors qu'il nous dit adieu, s'en allant vers ces gens-ci pour profiter de leurs leçons; mais ce fut avec affurance qu'il me viendroit bientôt rejoindre, ce qui adoucit un peu le regret que j'avois de cette féparation.

Auffi-tôt qu'il nous eut quitté, paffant chemin avec mon guide, je traverfai un carrefour, & de là j'entrai dans une rue qui étoit au bout de la rue satyrique, & laquelle pourtant en étoit fort différente, quoique le vulgaire lui donnât encore ce titre. Les peintres qui y habitoient étoient gens sages & vertueux, qui, de vrai, n'avoient autre occupation que de dépeindre les vices d'autrui, mais c'étoit sans calomnie : on ne les devoit point qualifier de médisans ni de mensongers; c'étoit des peintres véritables qui prenoient le nom de peintres censeurs, non pas celui de satyriques. J'appris que l'on les redoutoit tellement, que les gens qui avoient des défauts visibles, n'osoient guères se trouver en leur présence, & qu'il ne leur servoit de rien aussi de paroitre masqués devant eux, parce qu'ils ne pouvoient être gagnés pour les peindre avec leurs beautés & leurs bontés simulées, & que même ils avoient les yeux si pénétrans, qu'ils remarquoient les difformités des hommes au travers des masques les plus épais. L'humeur & la capacité de ces gens-ci me plut assez. Je remarquai les plus beaux traits de leur peinture, afin d'en faire mon profit ; mais mon humeur curieuse, qui me portoit de tous côtés pour la contenter, m'empêcha de m'arrêter à eux, croyant que je perdois beaucoup, s'il me restoit quelque endroit de cette ville de Portraits à visiter.

Ayant repassé dans les grandes rues, j'observai qu'elles étoient habitées par des peintres de toutes les sortes, c'est pourquoi on les appelloit les rues indifférentes. On trouvoit là des peintures, en crayon, en mignature, en enluminure, & en taille-douce ; des tableaux à détrempe, & d'autres à huile ; les uns bien faits, les autres mal faits ; les uns durables, les autres de peu de durée ; car, comme il n'y avoit point de maîtrise en ce quartier de la ville, beaucoup de gens y faisoient des portraits, qui n'étoient qu'apprentifs peintres. Ceux qui étoient les plus habiles cherchoient des secrets pour cacher leurs défauts, s'ils en avoient, & ceux de leurs amis. On n'avoit garde de peindre autrement qu'en profil, ceux qui étoient borgnes, ou qui avoient quelque autre défectuosité de l'un des côtés du visage. On en faisoit d'autres de front, ou de deux tiers de front, selon que cela leur convenoit mieux, & on leur donnoit des ombres comme on le jugeoit à propos. Au reste la plupart de ces peintres étoient peintres doubles, ou peintres corporels & spirituels. Ceux qui avoient dessein de bien réussir à leurs portraits, y ajoutoient des éloges par écrit. C'étoit comme la lettre d'une devise, qui en accompagne d'ordinaire la figure & le corps. On m'apprit alors plusieurs curiosités sur ce sujet. On me disoit qu'entre les derniers peintres que j'avois vus, on en trouvoit qui ne croyant pas qu'autre personne qu'eux fût capable de connoître leurs excellentes qualités, prenoient la peine de les représenter eux-mêmes. Pour ôter la croyance qu'ils se voulussent flatter dans leurs écrits, quelques-uns rapportoient quantité de défauts qu'ils se disoient avoir ; en les nommant tout de rang avec beaucoup d'ingénuité, il sembloit qu'ils fissent leur confession générale au public, & qu'ils voulussent aussi remettre en usage la pénitence publique, comme l'on prétend qu'ont voulu faire les jansenistes. Il est vrai qu'ils n'étoient pas si traîtres à eux-mêmes, que d'alléguer des défauts dont ils ne donnassent après des excuses bonnes ou mauvaises ; & s'ils se déclaroient sujets à quelque vice, ils ne manquoient pas de déclarer après quelque vertu, dont ils publioient hardiment qu'ils étoient ornés ; sur-tout il n'y en avoit presque aucun qui ne s'attribuât de bons sentimens, & qui n'eût la franchise & la générosité pour compagnes inséparables de ses actions.

Ce que les hommes faisoient en ceci, étoit encore fait plus librement par les femmes. Il y avoit quantité des femmes peintres, dont quelques-unes ne l'étoient guères que pour elles-mêmes, parce qu'elles sembloient méprifer de faire le portrait d'autres personnes, ne croyant pas qu'il y eût de la beauté, de la vertu, & de la perfection autre part qu'en elles. Mais elles cachoient ce sentiment par une fausse humilité, difant qu'elles n'avoient pas l'esprit assez bon pour découvrir les qualités des autres gens, & que c'étoit tout ce qu'elles pouvoient faire de se connoître elles-mêmes. Toutefois, si elles se connoissoient, elles se déguifoient donc beaucoup, & pour se peindre elles prenoient une autre forme que la leur. Il y en avoit aussi qui, pour faire leur portrait, prenoient des mafques des plus fins, & de ceux qui imitoient mieux le naturel, ou bien elles fe fardoient de sorte que c'étoit elles-mêmes, & si ce n'étoit plus elles-mêmes. A les voir, on les eût prifes pour des poupées de cire, ou pour ces figures d'horloges qui font de bois ou d'ivoire, dont les yeux ont du mouvement par le moyen des ressorts, fans que leur front & leurs joues fassent aucun pli ; comme elles leur étoient pareilles, cela donnoit assez à connoître qu'elles étoient contrefaites. Quelques-unes de ces dames voulant se peindre, peignoient quelquefois le visage de quelque belle du siècle, ou bien elles faisoient un portrait des beautés de plusieurs beautés ensemble, pour peindre la leur, & puis elles disoient galamment, que cela leur devoit ressembler autant que la Junon de la ville d'Agrigente ressembloit à Junon même, après que Zeuxis eut choisi plusieurs filles de la ville, pour tirer d'elles ce qu'elles avoient de plus beau, & en faire le portrait de cette déesse. De quelque façon qu'elles eussent fait leur portrait, elles croyoient qu'il suffisoit d'écrire leur nom au-dessus, pour faire croire que ce l'étoit ; que personne n'en pourroit douter, & que principalement ceux qui ne les avoient pas beaucoup vues, les tiendroient pour telles qu'elles se représentoient, & qu'enfin c'étoit toujours leur portrait, puisqu'il avoit été fait à dessein que ce le fût. On m'apprit qu'il n'y avoit que les femmes vaines & évaporées qui se gouvernoient de cette sorte, & celles qui avoient tant d'ambition, qu'elles vouloient acquérir de la réputation justement, ou à faux titre, il ne leur importoit comment : elles ne se soucioient pas d'être laides en effet, pourvu que, dans le monde, elles eussent la réputation d'être belles.

Celles qui étoient plus sages, se gouvernoient d'autre sorte. Si elles reconnoissoient qu'elles étoient laides à faire peur, il ne leur prenoit jamais envie de faire faire leur portrait par quelqu'un, ni de se peindre elles-mêmes. Elles faisoient plutôt le portrait des autres : mais si elles avoient seulement quelque petite difformité, & que cela ne les empêchât pas d'avoir la curiosité de se peindre, elles tâchoient de déguiser tout adroitement. Cela leur étoit permis, & l'on n'y trouvoit rien qui ne fût dans la bienséance ; parce que ceux qui avoient fait les loix de Portraiture avoient considéré qu'il n'y avoit point de beauté si excellente, qu'elle n'eût quelque petit défaut ; & que cela servoit de lustre à ce qui paroissoit de plus beau dans les autres parties du visage ; que c'étoit comme les mouches, qui, par leur noirceur, relevoient l'éclat du teint, & en faisoient paroître davantage la blancheur. Celles qui étoient belles sans aucune contradiction n'avoient pas besoin d'emprunter quelque chose des autres, & d'imiter ce qu'elles avoient de plus rare ; elles se considéroient seulement elles-mêmes, ayant toujours de grands miroirs devant elles, où elles prenoient le modèle de ce qu'elles vouloient représenter sur la toile ou sur le papier. Elles se faisoient alors belles comme elles étoient effectivement ; & parce qu'elles étoient assurées de l'approbation publique, aussi bien que de la leur, & de celle de leurs amis particuliers, elles ne faisoient point difficulté de s'attribuer quelquefois de petites défectuosités qu'on savoit bien qu'elles n'avoient pas, ou qui étoient fort peu de chose; & cela n'étoit qu'à dessein qu'on crût qu'elles ne se vouloient point flatter. L'écriture suivoit la Portraiture : la peinture de l'esprit observoit pour elles les mêmes règles que celle du corps. Les plus adroites avoient même trouvé un moyen pour faire que leurs qualités les plus aimables fussent connues de tout le monde avec un fort bon succès, & sans qu'elles eussent aucune appréhension de changement ou de disgrace, pour le présent ni pour l'avenir. Elles se montroient officieuses envers leurs bonnes amies pour faire leur portrait, & n'étoient point si sottes que de se piquer en ceci de gloire pour refuser de s'y occuper; car elles obligeoient ainsi celles qui étoient les plus savantes à leur rendre le change, & par ce moyen il se trouvoit que leur portrait avoit cours dans le monde avec des traits les plus avantageux qu'elles pouvoient souhaiter, parce que ces autres dames ne s'épargnoient pas à leur attribuer quantité de perfections; de sorte qu'elles contentoient leur ambition sans se mettre au hasard d'être accusées de vanité;

vanité; au contraire, les unes & les autres n'acquéroient autre titre en tout ceci, que celui de bonnes amies fort zélées, & qui étoient fort promptes à estimer & à admirer les bonnes qualités des personnes qu'elles aimoient.

On nous disoit encore que la passion des portraits avoit si bien gagné le cœur des personnes de ce sexe dans toute l'Europe, & principalement dans la France, qu'il en venoit tous les jours plusieurs dans l'île de Portraiture pour s'y instruire, sans que les périls du voyage & le regret de quitter leur patrie les pût toucher. En effet, je vis quelques dames qui s'étoient mises en apprentissage chez de bons maîtres, & qui commençoient à bien réussir. Il y avoit encore une commodité très-grande pour celles qui ne pouvoient pas abandonner leur patrie & leurs parens. De tems en tems les magistrats de l'île de Portraiture, & principalement de la grande ville des Portraits, députoient quelques-uns d'entre eux des plus habiles, pour aller dans les contrées où ils savoient que leur aimable profession étoit en estime. Non-seulement ils tenoient là école ouverte de peinture, mais ils alloient enguer dans les maisons. Or, comme leur manière de peindre étoit corporelle & spirituelle tout ensemble, elle avoit besoin de plusieurs arts & de plusieurs sciences pour son fondement; de sorte qu'avec cela ils donnoient des abrégés de physique, de morale, & de théologie, & ils enseignoient aussi les plus belles langues, & celles qui avoient le plus de cours, comme la langue italienne & l'espagnole. Non-seulement plusieurs jeunes hommes étoient soigneux d'ouïr de tels maîtres; il se trouvoit même quantité de filles de condition qui souhaitoient d'en être instruites, & leur application étoit ensuite d'apprendre à bien peindre toutes choses, tant avec le pinceau qu'avec la plume, & tant en prose qu'en vers; tellement qu'on ne voyoit par-tout que peintres, orateurs, philosophes, & poëtes : leurs maximes & leurs ouvrages étoient alors l'entretien le plus ordinaire de la cour des princes, & qui donnoit le plus de divertissement.

Je fus instruit de tout ceci par les discours de quelques gens à qui je m'arrêtois de fois à autre, & principalement par ceux d'Egemon cet excellent guide qui ne m'abandonnoit point. Comme j'avois envie de savoir davantage des coutumes de l'île, comment elles avoient été instituées, & quelle étoit l'origine de la peinture ou portraiture, cet homme officieux se voyant encore environné de quelques étrangers de nouveau arrivés, nous parla de cette manière. Il faut savoir que toutes les choses du monde se représentent réciproquement, mais que les unes le font plus noblement que les autres, selon leur dignité & leur capacité. On peut dire que les plus relevées ont en elles le portrait de celles qui se trouvent au-dessous d'elles, & que les choses inférieures représentent aussi les supérieures ; mais ce qu'ont en elles les supérieures, est bien plus estimable & plus glorieux que toute autre chose : c'est une idée & un modèle sur quoi ce qui est inférieur a été produit. Nous ne voulons point parler de ces images excellentes, mais seulement de celles qui représentent ce qui est déja fait, ce que l'on appelle des portraits. C'est un sujet assez ample pour en discourir, & c'est celui que nous avons maintenant pour objet. Premièrement nous devons savoir que l'univers entier est un portrait du grand maître qui l'a créé. Si ce portrait a beaucoup d'imperfections, c'est que sa matière n'est pas capable d'une représentation plus exquise, ce qui est fini, ne pouvant bien représenter l'infini. Pour les choses corporelles, elles sont représentées aisément les unes par les autres, à cause de l'affinité de leur nature. La mer & les fleuves, & tous les corps polis, représentent le feu

A a ij

& les astres; il n'y a pas jusqu'à la moindre goutte d'eau, qui ne veuille avoir l'honneur de représenter le soleil. Tout l'air étant rempli de la lumière de ce grand astre, en fait des portraits continuels qu'il transporte aux autres corps; toutes les plantes & tous les animaux tiennent quelque chose les uns des autres, comme pour se représenter; & l'on tient même qu'on trouve dans la mer autant de formes diverses d'animaux, qu'on en voit dans l'air & sur la terre: mais tout cela demeure dans les bornes que la nature a prescrites. Les hommes qui ont la raison pour partage, & qui ont le choix de toute sorte d'actions, ont voulu surpasser ce que font les animaux sans raison; ils ont entrepris d'agir d'eux-mêmes, & de se rendre presque compagnons de la nature, en faisant de nouveaux ouvrages aussi bien qu'elle; ils se sont associés de l'art, par le moyen duquel ils ont mis à fin quantité de choses merveilleuses. Mais ce qu'ils ont fait de plus excellent, ce sont les portraits; & l'on peut dire même que tout ce qu'ils ont fait jusques à ce tems-ci, n'a été que des portraits de ce qu'ils avoient déja vu dans la nature universelle des choses, ou dans leurs actions particulières. L'antiquité nous a produit de grands peintres de toutes les sortes; on en a vu qui savoient si bien peindre les arbres & les fruits sur une toile, que les oiseaux s'élançoient du haut de l'air pour les venir bequeter; ils trompoient même les autres hommes qui avançoient la main pour tirer le rideau d'un tableau qui n'étoit que fiction; ils faisoient des Portraits de héros l'épée à la main, qui épouvantoient ceux qui entroient au lieu où ils étoient. Il sembloit que les autres allassent parler & marcher. En général ils donnoient l'ame & l'esprit à leurs tableaux : ils peignoient le feu & la lumière, la respiration des animaux, & tout ce qui sembloit ne pouvoir être peint. Tout l'univers étoit soumis à leur art en quelque sorte, au moins pour ce qui étoit corporel & sensible. Que dirons-nous de ces peintres spirituels qui ont représenté si naïvement toute la nature des choses, tant pour le général, que le particulier; qui ont si bien dépeint les mœurs différentes des peuples, avec leurs actions & leurs fortunes, & qui ont choisi les hommes les plus excellens, pour en laisser des portraits à la postérité ? Ceux qu'on a nommés des dieux, c'est par eux qu'ils ont été déifiés. On prétend que la première origine de la sculpture ou des figures en bosse vient d'un grand roi qui, regrettant la mort de son fils, fit jetter son visage en moule, pour en faire une statue qu'il garda pour sa consolation, & que ses courtisans par flatterie lui firent après des sacrifices comme à un dieu. Quant à l'origine de la platte peinture, on raconte qu'une fille amoureuse voyant son amant à la lueur de la chandelle, traça avec un charbon l'ombre de son visage qui paroissoit à la muraille, & que peu-à-peu elle parvint à faire des portraits plus accomplis. Ce n'étoit-là qu'un grossier commencement. Les premiers peintres ne se servoient que d'une couleur ; après ils en employèrent deux ou trois ; & enfin selon les matières qu'ils trouvèrent propres, ils eurent toutes les couleurs nécessaires : ils ajoutèrent aussi les jours & les ombres dans leurs peintures, les rehaussemens, les adoucissemens, & tous les traits de perspective, qui ont de merveilleux effets. Pline & quantité d'autres auteurs parlent de la plupart de ces choses avec tous les avantages possibles ; ils rapportent l'excellence de l'ouvrage des peintres anciens. Les tableaux de Zeuxis, de Parrhasius, d'Apelle, & de Protogène, ont été des miracles, à ce qu'on nous raconte. Les poëtes ont été des peintres parlans, comme les premiers avoient été des poëtes muëts. Hésiode, Homère, Virgile, Ovide, & dans nos derniers siècles, Ronsard, Belleau & du Bellay, ont fait les portraits de diverses choses. Les poëtes de ce tems, qui ont fait des poëmes héroïques & d'autre sorte, ne les ont pas seulement égalés, mais ils en ont surpassé quelques-uns en beaucoup d'endroits. Les sophistes, comme Philostrate, ont fait des descriptions excellentes; telles que sont ses plattes peintures. Nous avons eu depuis peu des peintures morales (1), & des portraits des femmes illustres, & autres ouvrages, qui sont des peintures très-belles & très agréables. Les historiens & les orateurs ont représenté en général tout ce qui a été de leur dessein; & quelques-uns, outre les actions, ont dépeint par écrit le naturel & le caractère des esprits, comme dans les vies & dans les éloges : mais personne de notre siècle n'a mieux réussi à ces choses qu'un frère & une sœur (2), illustres par leurs œuvres excellentes, où ils ont chacun leur part, dans lesquelles on voit des portraits naïfs de la forme du corps, des qualités de l'ame & des mœurs, & de toutes les conditions des personnes, comme de leurs demeures, de leurs

---

(1) Ces peintures morales sont du père Lemoyne, jésuite.

(2) Ce frere & cette sœur qui ont fait des portraits, sont M. & Mlle. de Scudéry; & les histoires dont on parle, sont le *Cyrus* & la *Clélie*.

fonctions, & autres choses si précises, qu'étant la plûpart des personnes de notre siècle, si l'on les connoît en elles-mêmes, on ne sauroit manquer aussi de les reconnoître en leur peinture. Cela se voit dans l'histoire du petit-fils d'Astiage & de la fameuse Romaine, où, pour prendre davantage de plaisir aux belles aventures & aux agréables conversations, les humeurs de la plupart des personnes qui y sont introduites, y sont dépeintes succinctement. Je rapporte à cela le modèle de tous les portraits qu'on a faits depuis, pour ce qui est de ceux qui sont faits d'autrui ; quant à ceux que l'on fait de sa personne propre, d'un style naïf & véritable, nous avons un philosophe françois (1) qui a fait des essais de la peinture de lui-même, où il a fait admirer la force de son ame & de ses sentimens. Peu de gens ont osé l'imiter en ceci, quoiqu'ils eussent entrepris de faire leur portrait. Pour les portraits comiques, je pense bien qu'ils peuvent avoir été faits à l'imitation du portrait qu'a fait de soi-même l'auteur des lettres libres & enjouées, lorsqu'il a écrit à une inconnue, qui de même ne le connoissoit pas. Depuis, cha-

---

(1) Le philosophe françois est Montagne, & l'auteur des *lettres enjouées* est Voiture.

cun a accommodé ceci à son sujet & à ses desseins. On a vu des portraits comiques ; il y en a aussi de fort sérieux : les uns & les autres sont d'une grande utilité. Ceux qui sont sérieux, & qui représentent le bon naturel de quelques personnes, avec leurs actions, sont tracés sur les loix de la sagesse & de la vertu ; c'est afin que chacun les imite. Les portraits comiques peuvent encore donner de l'instruction parmi leur gaieté. En général les portraits qui disent du bien de quelqu'un, étendent sa réputation par-tout ; & j'ose même dire que ces portraits agréables que l'on fait de quelques filles de mérite, servent à leur faire trouver meilleur parti ; car le bruit court par la ville de leur beauté, de leur bon esprit, de leur docilité, & de toutes leurs autres vertus, qui font que de galants hommes qui ne les ont jamais vues, souhaitent de les voir & de les connoître, en étant devenus amoureux sur leurs peintures parlantes ; lorsqu'ils voient que l'original est conforme à ceci, ils augmentent leur passion ; & si l'un & l'autre sont de condition à-peu-près semblable, ils se portent à la recherche ; & quelquefois même les hommes riches passent par-dessus toute sorte de considerations pour contenter leur amour par le mariage, quoiqu'ils voient qu'une fille ne leur puiſſe guères apporter autre choſe que ſa vertu & ſon affection pour douaire. Il ſe paſſe tous les jours de pareilles aventures, & la première cauſe en eſt venue par un portrait. O vous qui êtes ſavans dans ce bel art de peindre naïvement tout ce que vous voulez, employez ſoigneuſement votre travail pour la gloire & pour le profit de vos amis & de vos amies. Mais vous, amans, qui faites auſſi le portrait de vos maîtreſſes, prenez garde que les louanges exceſſives que vous leur donnez, ne viennent ſurprendre d'admiration ceux qui les écouteront, & que leur portrait que vous rendrez public, ne vous faſſe naître quantité de rivaux. Il y a encore à obſerver en général, que tous ceux de qui on fait les portraits, ſoit hommes ou femmes, étant quelquefois prodigieuſement flatés, il eſt à craindre que cela ne les faſſe tomber dans une horrible préſomption : toutefois, pourvu qu'ils ſoient bien inſtruits aux maximes de la prudence & de la ſageſſe, ils ſauront que ſi on les a dépeints avec des qualités plus eſtimables que celles qu'ils ont, c'eſt afin qu'ils s'efforcent de ſe rendre tels qu'on les repréſente.

Le ſage Egemon ayant dit ces choſes, je fus ravi de les avoir ouies, & d'avoir appris l'utilité des portraits, dans l'uſage deſquels, s'il y avoit quelque mêlange de mal, c'étoit qu'ils participoient à la condition de toutes les choses de la terre. Je fis encore quelques raisonnemens sur le même sujet avec ce docte personnage ; & pour ce que mon intention étoit que s'il y avoit dans la ville quelque peintre plus rare & plus excellent que tous les autres, il me le fit visiter, je lui en parlai hardiment ; mais il me dit qu'il ne vouloit point faire ce tort aux excellens peintres, d'en élever un en général au-dessus de tous les autres ; que les uns étoient estimés pour le dessin, les autres pour l'ordonnance ; qu'il y en avoit d'estimables pour leur facilité & leur hardiesse, & les autres pour leur patience au travail ; qu'il s'en trouvoit qui travailloient avec une telle attention d'esprit, qu'ils ne se souvenoient plus en quel mois & en quel jour ils étoient, & s'ils avoient dîné ou non ; qu'il sortoit de leurs mains des portraits si achevés, qu'un phisionomiste pouvoit juger par eux du vrai naturel de ceux pour qui ils étoient faits ; & que ces portraits paroissoient quelquefois si animés, qu'un certain homme qui avoit le sien fait de cette sorte, le prenoit un jour pour son frère, ou pour un autre soi-même, ou au moins pour son ombre colorée. Quand Egemon eut parlé ainsi, je crus que, quoiqu'il dît, il me feroit voir quelque peintre dont il faisoit une particulière estime ; il me mena dans un lieu écarté où étoit la maison de Megaloteknes (1), peintre célèbre, qui avoit passé toute sa vie à faire des portraits de différentes manières ; je vis un vieillard, qu'une grande barbe blanche rendoit fort vénérable, quand on se représentoit avec cela ce qu'on disoit de lui. Il nous fit fort bon accueil, & nous ayant fait reposer, il nous parla de cette sorte : Je ne veux pas dire que vous vous êtes égarés de venir ici ; je veux croire que vous y êtes venus exprès, & je vous en ai une très-grande obligation. Maintenant qu'il y a tant de peintres nouveaux, à peine regarde-t-on les ouvrages des anciens : comme l'humeur des personnes de ce temps est de vouloir tous les jours qu'on leur montre des livres nouveaux & des tableaux nouveaux, aussi veulent-ils des auteurs nouveaux & des peintres nouveaux. Ils se lassent des ouvriers comme de leurs ouvrages ; qu'un inconnu arrive dans une ville, parce qu'il n'est point connu, ses ouvrages en sont plus recherchés, & on ne tient conte de ceux qu'on connoît ;

---

(1) *Megaloteknes* veut dire grand artisan, ou grand ouvrier : ce qui se dit de ce peintre-ci, ne doit point être attribué à un seul auteur de ce tems ; la même chose arrive presque à tous, de voir que leurs livres sérieux se vendent moins que ceux qui donnent quelque recréation.

c'est que les hommes ne sont jamais contens de ce qu'ils ont ; ils se persuadent toujours qu'il se trouve quelque chose de plus agréable que ce qu'ils voient ; mais s'ils se lassent des ouvrages & des ouvriers, encore se lassent-ils des différentes sortes de pièces que l'on leur présente. Leur propre inconstance les travaille & les punit, & nous sommes assez vengés de leur mépris par le mauvais état où ils se trouvent, ayant si peu profité par leurs curiosités impertinentes & inutiles. La manière de peindre doit être fort bisarre pour leur plaire ; & quant aux éloges, ou plutôt panégyriques que les peintres y ajoutent, les uns les veulent en style comique, les autres en style tout-à-fait sérieux. Ils se sont plu aux énigmes, aux rébus, aux rondeaux, & aux bouts-rimés ; aujourd'hui ils estiment les madrigaux, comme si ces sortes d'ouvrages devoient faire quitter la place aux belles stances régulières, aux odes pompeuses, & aux sonnets majestueux. L'invention des portraits des particuliers s'en va même presque abolie, pour ce qui est d'y travailler davantage. On nous a parlé de contre-vérités, de devises, de proverbes, & d'autres choses qui ne sont que des anciennes galanteries renouvellées, lesquelles ont été l'entretien de la vieille cour. Je suis fort en peine de ce qu'on pourra faire après, si ce n'est qu'on ait recours toujours aux mêmes choses en manière de cercle. Ce vieillard ayant parlé ainsi, je pris la hardiesse de lui dire, qu'étant un si grand ouvrier comme il étoit, il devoit faire des ouvrages qui détruisissent les autres, & qu'il falloit être cause, qu'au lieu de durer un mois ou un an, ils ne durassent plus qu'un jour. Les ouvrages auxquels je m'adonne ne sauroient avoir grand cours, me répondit-il, parce que je tâche à les rendre utiles, & l'on ne connoît autre utilité que ce qui apporte du plaisir. Quelle gloire y a t-il aujourd'hui à écrire & à peindre ? La plupart des hommes ne se connoissent ni en écrits ni en portraits ; ils ne vous sauroient donner les louanges que vous méritez ; & ceux qui ont quelque connoissance de ce que valent vos travaux, comme les gens du métier, le celent par envie & par malice. Il tâchent même de défigurer vos ouvrages autant comme ils peuvent. J'ai vu depuis peu une fort belle galerie remplie des tableaux d'un de nos meilleurs maîtres ; & comme quelques-uns des nouveaux peintres y étoient entrés, par une insigne méchanceté, ils avoient jetté une bouteille d'encre contre l'un, ils avoient donné un coup de couteau à l'autre ; ils publioient tantôt que l'un n'étoit plein que de traits dérobés, & que l'autre étoit fait contre les règles de l'art, mais tout cela n'étoit que calomnie affectée. Egemon dit à Megaloteknes, que pour lui il ne se devoit point mettre en peine de sa réputation; qu'elle étoit parfaitement établie parmi les honnêtes gens, & que tous ses ouvrages seroient admirés de la postérité. Il lui repartit qu'ils seroient donc plus heureux après sa mort que durant sa vie, & que ceux qui lui avoient coûté le plus de peine, & qui étoient les plus considérables, étoient le moins estimés. En disant ceci, il nous ouvrit un grand cabinet où il nous montra plusieurs tableaux d'histoires anciennes, & principalement de saintes, avec des inscriptions pieuses au bas qui valoient des sermons; nous en vîmes aussi d'autres où l'origine des choses étoit dépeinte avec les causes & les effets des substances de chaque espèce qui se trouvent dans le monde; jamais rien ne fut plus beau ni plus naturel; tout y avoit du mouvement, du sentiment & de la voix; cependant c'étoit ces ouvrages-là, à ce qu'en disoit cet homme, que l'on ne prisoit pas ce qu'ils valoient, & desquels il se faisoit fort peu de copies. Il nous montra dans un autre lieu les portraits d'un fainéant & d'un traître; ceux d'un fol & d'un débauché; ceux d'un héros & d'une héroïne (1),

_____

(1) On veut entendre par ceci quelques histoires véritables, & quelques romans.

qui ne subsistoient qu'en imagination, & qui néanmoins, à cause de quelques traits agréables, étoient presque dans une approbation universelle, de sorte que les copies en étoient vues en quantité par toute l'Europe; ce qui ne satisfaisoit pas entièrement ce vieil peintre, parce qu'il ne les aimoit pas tant que les autres ouvrages. Egemon lui déclara alors, qu'il avoit bien de quoi se consoler, puisqu'il n'étoit surmonté que par lui-même, & que c'étoit ses tableaux propres qui se disputoient la préférence. Là-dessus je lui donnai aussi beaucoup de louanges, lui témoignant une extrême satisfaction d'avoir vu sa personne & ses ouvrages. Etant sorti de chez lui avec Egemon, ce conducteur fidèle me dit, qu'il ne falloit pas contredire ce bon vieillard dans ses opinions, craignant de troubler son repos; mais que tous les ouvrages qu'il estimoit le plus, n'étoient pas du prix qu'il se figuroit, & que le seul nom de piété ne les devoit pas rendre plus recommandables que d'autres; que pour tous les autres, soit qu'il les eût faits ou non, il y avoit quelque chose d'agréable, non pas tant encore que pensoient plusieurs; & que néanmoins si ce qu'il disoit à l'égard de ses ouvrages dévots, n'étoit raisonnable pour lui, cela l'étoit pour quelques autres peintres ou auteurs, qui recevoient moins
d'approbation

DE L'ISLE DE PORTRAITURE. 385
d'approbation pour leurs ouvrages sérieux, que pour les divertissans.

En discourant ainsi, nous nous trouvâmes au bout d'une ruë qui nous mena dans la plus grande place de la ville, où j'entendis le son d'une trompette, & je vis arriver quantité de gens à pied & à cheval. Avant que je me fusse informé de ce que c'étoit, j'entendis dire qu'on alloit faire justice. Je vis aussi-tôt arriver une charrette, dans laquelle je croyois voir quelque patient qu'on menoit au gibet, mais j'y vis seulement arriver une douzaine de tableaux. Il me vint en la pensée qu'on alloit pendre quelques gens en effigie; je demandai qui ils étoient & ce qu'ils avoient fait; les patiens, dit Egomoin, sont ces tableaux mêmes, qui sont condamnés par les juges à être pendus quelque tems en place publique, pour faire honte à ceux qui les ont peints, & d'être après brûlés, & leurs cendres jettées au vent, parce qu'ils offensent quantité de gens d'honneur, & que leurs inscriptions sont remplies de calomnies & d'impertinences. C'est un bon ordre de la police de ne les plus laisser dans le monde, de peur qu'ils ne pervertissent les esprits. Quand leurs faites sont atroces, on en recherche même les auteurs, qui sont les premiers coupables. On les condamne à quelque réparation d'honneur, ou à faire

Bb

amende honorable devant ceux qu'ils ont offenſés, & quelquefois à ſouffrir une peine corporelle. Egemon n'eut pas ſi-tôt achevé ces paroles, que nous vîmes encore arriver trois hommes liés enſemble, qui étoient nuds de la ceinture en haut. J'entendis prononcer leur arrêt, qui portoit: que pour avoir fait des portraits ſcandaleux, & les avoir accompagnés de libelles diffamatoires, ils ſeroient fuſtigés nuds de verges. Je connus que c'étoit de nos peintres ſatyriques, médiſans & moqueurs, que j'avois déja vus. Je demeurai là pour en voir faire juſtice; mais elle ne fut que pour la honte; car le bourreau les fouetta ſi doucement, qu'il ſembloit que ce fût ſeulement pour chaſſer les mouches de deſſus les épaules. Le peuple diſoit même que ce n'étoit pas leurs épaules qu'on voyoit, mais quelque camizolle de couleur de chair, & que l'on les épargnoit beaucoup; mais il ſembloit bien aux plus ſages gens, que l'ignominie en étoit pourtant très-grande. Après cela l'on pendit leurs ouvrages à un gibet, & peu de tems après l'on les jetta au feu. Comme je diſois alors qu'on avoit grand ſujet de haïr ces hommes ſatyriques, Egemon m'avertit qu'il s'en trouvoit qui n'étoient pas tant à condamner que les autres, lorſqu'ils étoient plus critiques ou cenſeurs, qu'autre choſe; & qu'on leur attribuoit ce nom de satyriques par un mauvais usage. Je lui répartis, que je tâcherois d'en faire distinction à l'avenir; & pour ce que je ne pouvois m'empêcher de penser à ces tableaux qu'on avoit brûlés, & à leurs auteurs, qu'on avoit punis du fouet, je lui dis : je vous assure, que si tous les mauvais ouvrages & tous les méchans ouvriers étoient aussi sévèrement châtiés qu'ont été ceux-ci, on n'en verroit pas le monde si rempli qu'il est ; mais, par une imprudence très-grande, on leur laisse un cours libre dans notre Europe, où ils sont cause d'une infinité d'erreurs & de désordres. Vous ne voyez pas tout encore, dit Egemon; non-seulement on bannit, on extermine, & on punit du dernier supplice les tableaux infâmes comme ceux-ci, & leurs écriteaux scandaleux, mais on ne souffre pas seulement les tableaux inutiles, quoi qu'ils ne soient faits sur aucun mauvais sujet. On considère que leur exemple pourroit nuire, faisant que ceux qui les verroient n'auroient rien à imiter en eux, qui ne fût à condamner, & seroient détournés par eux de s'arrêter à d'autres ; on en fait donc un amas dans les maisons pour les brûler, soit pour se chauffer, soit pour servir à la cuisine ; & quelquefois aux jours de fêtes, on les arrange dans les carrefours comme un bel édifice, & puis on en fait des feux de joie. Toutes les nudités qui offensent les yeux sont brûlées sans miséricorde ; mais vous remarquerez qu'il y a des défauts qu'on veut bien montrer à découvert un certain espace de tems, afin de châtier quelques personnes par la honte, pourvu que cela soit sans scandale ; mais, après, les portraits qui représentent ceci ne manquent point d'être traités comme ils le méritent.

Au reste, comme je viens de vous dire, ne vous figurez point qu'on ne se plaigne que des portraits satyriques ; il y en a de toutes les autres sortes qui sont à condamner. Les portraits héroïques qui donnent des louanges excessives à ceux qui n'en méritent aucune, font tort par ce moyen à tous les gens de vertu. Les portraits comiques représentent quelquefois des choses si niaises & si badines, qu'on perd le tems à les regarder, & pour les portraits amoureux, ils font du mal en tant de façons, qu'il seroit mal aisé d'en donner en peu de tems une description exacte.

Ceci ne fut pas plutôt dit, que j'entendis des trompettes en plus grand nombre qu'auparavant, & après des hautbois, & des violons qui se placèrent tous sur un amphithéatre à l'un des bouts de la place. Force gens à cheval, arrivèrent, qui étoient magnifiquement vêtus, & à leur suite marchoient deux chariots de triomphe, traînés chacun par six chevaux blancs: dans l'un étoient trois hommes bien faits, & trois dames passablement belles, mais extrêmement parées ; & dans l'autre une douzaine de portraits attachés à de petites colonnes, de telle manière qu'on les pouvoit voir aisément. On m'apprit alors que la justice du lieu avoit ordonné le triomphe aux personnes qui étoient dans l'un des chariots, pour avoir bien réussi dans leurs portraits que l'on mettoit en vue au peuple, & qu'ils avoient déja fait le tour de la ville. On attacha les tableaux au tour d'une pyramide qui étoit au milieu de la place, pour être considérés à loisir ; &, pendant ceci, les triomphateurs étant montés sur un théatre enrichi de belles tapisseries, furent couronnés de la main des magistrats ; ce qui ne se passa qu'au son des trompettes, des hautbois & des violons, lesquels étant joints aux acclamations de toute l'assistance, faisoient un tel bruit, qu'on ne s'entendoit pas parler. Egemon me fit savoir que les trois dames étoient couronnées pour avoir bien réussi à des portraits héroïques & moraux ; que pour les trois hommes, l'un étoit un peintre héroïque, l'autre un comique & amoureux, & l'autre un satiryque & censeur. Il me fit aussi distinguer leurs tableaux,

& m'en montra les beaux traits. Il ajouta que je pouvois connoître alors que s'il y avoit des fatyriques fort méchans & fort préjudiciables, il s'en trouvoit auſſi qui étoient à ſupporter & à louer, & même à couronner, s'ils s'acquittoient bien de leur devoir, comme celui qui étoit là, & que c'étoit ceux qui reprenoient les vices avec grace, & qui attaquoient le général des vicieux, ſans offenſer aucun particulier, qu'il fallut reſpecter. Sur ce propos nous vîmes que le triomphe s'en retourna au même ordre qu'il étoit venu ; ayant reçu beaucoup de ſatisfaction de ce ſpectacle, j'admirai les excellentes coutumes de cette île, où non-ſeulement les peines étoient établies pour ceux qui avoient failli, mais les récompenſes pour ceux qui avoient bien fait. Egemon me dit, qu'outre l'honneur du triomphe & du couronnement pour ceux qui avoient réuſſi à leurs portraits, ils recevoient de grands honneurs tout le reſte de leur vie.

Ces choſes me touchant d'admiration, je ne voulus plus demeurer dans l'ignorance où j'avois été juſques alors, ne ſachant par quel ordre tant de tableaux étoient condamnés à leur dernière fin, & les autres mis en lieu d'honneur avec les peintres qui y avoient travaillé. Je demandai donc à Egemon quel étoit le gouvernement de l'île où nous étions, & s'il n'y avoit pas quelque monarque qui y commandât. Ayant repris la parole, il continua ainsi son discours. Il faut vous avouer, cher Périandre, que tous les habitans de cette île ont l'esprit si fier & si altier, qu'il n'y en a presque pas un qui voulût ceder à son compagnon, & leur métier le veut ainsi : c'est une occupation toute spirituelle, qui fait que ceux qui s'y adonnent s'enflent le cœur très-facilement. Ils ont toujours une grande aversion pour le gouvernement monarchique. Les peintres héroïques s'estiment plus que les autres, pour la dignité de leur sujet, & parce qu'ils prétendent que ne parlant que de rois & de princes, ils doivent aussi être rois eux-mêmes. D'un autre côté les comiques disent, que le principal but de l'homme, comme de toutes les autres choses du monde, c'est de chercher sa félicité ; que cette félicité n'est que dans la volupté & le plaisir, & que parce qu'ils y vont tout droit, ils sont les plus à estimer & à rechercher ; que les héroïques sont des serieux, qui ennuyent les personnes de bonne humeur. Là-dessus les peintres amoureux allèguent, qu'il n'y a aucun vrai plaisir au monde que celui de l'amour ; que tous les autres y aboutissent ; & qu'il faut se servir de leurs leçons pour être bien heureux. On leur représente leurs peines & leurs inquiétudes, & toutes leurs folles imaginations ; mais ils répondent, que ce ne sont que fictions ou belles galanteries. Les satyriques méprisent tout ceci, parce qu'ils croyent avoir droit de se moquer de toutes choses. A leur dire les peintres héroïques & les peintres amoureux, sont des fous mélancoliques travaillés de leurs passions ; & si les comiques ont le pouvoir d'être toujours joyeux, pour eux ils croyent les surpasser, d'autant qu'à la gaieté ils mêlent quelque chose d'utile par la répréhension des vices. Les peintres censeurs se relèvent encore au-dessus de tout ceci, à cause que leur censure est sérieuse & légitime ; de plus ils se sont souvent établis en critiques, afin que comme en qualité de censeurs ils pouvoient censurer les mœurs des habitans de leur île, en qualité de critiques ils pussent aussi reprendre fort âprement les fautes de tous leurs ouvrages. Cela avoit si bien augmenté leur crédit, qu'il s'est passé quelque tems que les premiers magistrats de la ville de Portraiture étoient pris de leur corps ; mais ce gouvernement qui sembloit n'être qu'Aristocratique, devint enfin tyrannique, de sorte que l'envie & la brigue des autres corps leur livrèrent une étrange guerre.

Il a fallu enfin leur faire part du gouvernement; mais c'est avec cet avantage pour les anciens commandans, que dans le corps du Sénat il y a toujours une fois plus de peintres censeurs, que de tous les autres ensemble. Ce sont ces sénateurs qui donnent des loix à la ville & à toute l'île; ce sont eux qui jugent de tous les différens qui arrivent; qui ordonnent les récompenses à ceux qui ont fait d'excellens ouvrages, & des punitions à ceux qui en ont fait de mauvais. Il y a encore quelques villes dans cette île où l'on garde toutes les coutumes de celle-ci, & dont les juges sont subalternes à ceux qui tiennent ici leur siège. Il n'y en a qu'une qu'on tienne avoir la plupart du tems des loix particulières, qu'elle se donne à elle-même par une puissance entière & très-forte, quoiqu'elle n'ait que trente ou quarante habitans principaux: leur état se rend si absolu, qu'on a souvent dit, que c'est une souveraineté dans un état libre; & même leur pouvoir ne consiste pas seulement à ne dépendre de personne, mais à prescrire des loix aux autres; tellement que ces sages conseillers donnent leur jugement de tous les portraits qui se font ici & ailleurs, & de toutes leurs inscriptions, & je ne doute point qu'ils ne fassent naître une autre révolution dans cette île, en demeurant eux seuls les maîtres, pourvu que la division ne se mette point parmi eux. Leur destin est pareil à celui de tous les grands empires qui ne peuvent être détruits que par leurs propres forces. Quand on a bien examiné ce qu'ils font, & leurs excellentes qualités, on trouve qu'ils ne sauroient parvenir à une si haute fortune, qu'ils n'en méritent encore une plus considérable. Ils ont presque tous été pris de l'ordre des censeurs, qui est celui où se trouvent les meilleures têtes, de sorte que leur conseil peut être estimé bien rempli, & bien digne du gouvernement. Mais, cher Périandre, ne me direz-vous point que je garde le meilleur pour la fin ? Je suis fort aise que vous m'ayez donné sujet de reprendre un discours auquel j'étois obligé ; car vous m'avez demandé plus d'une fois quelles étoient toutes les coutumes de cette île, & comment elles ont été instituées : je vous ai déja dit quelle a été l'origine de la peinture ou Portraiture, mais ce n'a été qu'en considérant son commencement & son progrès général dans le monde, lorsque les peintres se sont dispersés en toute sorte de régions, selon que leur art y a été estimé. Il est besoin principalement de vous apprendre, qu'après que les grands peintres de la Grèce eurent reçu de riches dons des rois & des républiques, leurs successeurs se rendirent plus superbes; croyant que ce n'étoit pas assez d'avoir des richesses, qu'on ne leur faisoit point telle part qu'ils avoient méritée dans le gouvernement des états où ils se trouvoient, ils se délibérèrent de faire un état en particulier, & de n'y admettre aucun qui ne fût peintre, ou aspirant à l'être, afin de rendre le change aux autres professions, & leur montrer qu'ils ne croyoient pas que ceux qui n'avoient point étudié en leur art, fussent dignes de vivre parmi eux. Ils observèrent cela si étroitement, que depuis il n'y a pas eu jusqu'à leurs valets, qui ne se soient mêlés de la peinture; & s'ils n'ont été bons peintres, au moins ont-ils été barbouilleurs, ou propres à broyer les couleurs sur le marbre. Cette loi s'est gardée jusqu'à maintenant, & de vrai ils suivent en ceci une justice exacte; car de si basse origine que l'on soit, & si pauvre que l'on paroisse, pourvu que l'on se montre expert en l'art de peindre, on ne manque point de parvenir aux plus hautes dignités; & quand quelques envieux vous y serviroient d'obstacle, vous y êtes toujours élevé par un consentement public. Or, comme chacun travaille ici par émulation, le savoir & l'expérience s'augmentent tous les jours; voilà pourquoi on n'estime plus par toute la terre, que les portraits qui viennent de ce lieu-ci, ou ceux qui font faits felon les règles qu'on y obferve.

Egemon ayant dit ces chofes devant quelques hommes qui nous avoient joint, me tira à part pour me dire encore, qu'il me découvriroit beaucoup d'autres fecrets en particulier, & qu'il n'avoit parlé tout haut que de ce qui pouvoit être fu de tout le monde. Dans cet inftant, comme nous nous trouvâmes au bout de la grande place, à l'entrée de l'une des rues indifférentes, nous y vîmes arriver deux charriots vides, que l'on difoit avoir été amenés pour les charger de marchandifes, qu'il falloit incontinent envoyer au port dans des vaiffeaux qui alloient partir (1). Les voituriers paffoient de maifon en maifon pour dire aux marchands peintres qu'ils apportaffent ce qu'ils avoient de prêt, & qu'il n'y eût rien que de rare & d'excellent; que c'étoit pour débiter à la prochaine foire faint-Germain, ou dans la galerie du palais de Paris, que le prix en feroit payé tout à l'heure par les marchands François arrivés depuis peu en l'Ile. On y apporta tant de portraits, qu'il y en eut de rebut: on en

---

(1) On parle allégoriquement de deux volumes du recueil de portraits, qu'on a mis au jour depuis quelque temps.

choisit des meilleurs pour rendre la charge complette, & véritablement ceux que l'on prit étoient fort à estimer; c'étoient des chef-d'œuvres en leur espèce : car ce n'étoit point des ouvrages de peintres mercenaires; la plupart étoient faits par des personnes de condition, qui avoient pris plaisir à se peindre, ou à peindre leurs amis. Si les anciens Grecs ont tenu long-tems la peinture pour un art très-noble, qui ne devoit point être exercé par des esclaves, on avoit alors la même croyance : voilà pourquoi tant de gens de qualité s'étoient adonnés à cette belle occupation ; & comme ils l'avoient ardemment aimée, ce qui avoit rendu leurs portraits si admirables. Quelques têtes couronnées avoient pris la peine d'en faire, mais les copies les plus achevées en étant apportées dans l'ile de Portraiture, on ne souffrit pas qu'elles vinssent en commerce. Elles furent réservées dans les cabinets de quelques curieux, & dans les archives de la ville. Plusieurs personnes qui étoient un peu au-dessus de ces premières, avoient encore travaillé à leur exemple, mais elles avoient donné charge que la plupart de leurs ouvrages fussent tenus secrets. On n'emporta pas tout ce que tant d'illustres mains avoient fait. Elles en firent retirer quelques pièces par leur crédit.

Toutefois quel moyen y avoit-il d'empêcher qu'on ne vît ce qui avoit déja été publié en plusieurs lieux, & dont il y avoit quantité de copies par le monde? Tandis qu'on en suprimoit une, on en tenoit une autre de cachée pour s'en servir au besoin. Il restoit aussi aux marchands plusieurs beaux portraits, qui leur avoient été donnés volontairement par ceux-mêmes qui les avoient faits; mais il arriva que d'autres personnes ne voulant pas pour de certaines considérations que leurs ouvrages fussent publiés, prièrent fort les marchands de les rendre. Ils retirèrent d'eux les originaux, & les copies, & pour les dédommager, leur ayant donné quelque argent, les marchands virent qu'après leur avoir rendu le tout, ils avoient gagné autant qu'ils eussent fait par le débit & le commerce; & de plus ils se mirent hors du péril de se faire des ennemis. Les charriots étoient déja chargés, & commençoient à marcher, lorsqu'il se présenta encore quelques hommes tenant des lettres missives & des procurations de plusieurs dames de diverses contrées, qui vouloient empêcher qu'on ne fît marchandise de leurs portraits; les unes représentoient qu'elles étoient filles ou veuves, & que selon l'état de leurs affaires le moins qu'on pouvoit parler d'elles, c'étoit le meilleur ; les autres difoient qu'elles étoient mariées, & en la puiffance de leur mari, de qui l'intention ne feroit peut-être pas qu'on allât publier toutes leurs humeurs , & toutes leurs intrigues les plus fecretes ; qu'elles n'avoient travaillé à leurs portraits que pour plaire à leurs plus intimes amies, & pour fe divertir étant feules, fans qu'elles vouluffent que cela fût communiqué à tant de perfonnes. Enfin leurs agens ou folliciteurs concluoient pour toutes enfemble , que leurs ouvrages ayant été des ouvrages libres , il n'étoit point à propos qu'on les allât vendre publiquement ; & que la plupart leur ayant été dérobés par furprife , il étoit jufte de les rendre. Quelques-uns de ces hommes qui s'étoient avifés de préfenter requête aux juges de la ville , & qui avoient obtenu d'eux un jugement folemnel pour ravoir certains portraits , furent contentés fur le champ, les chariots s'étant un peu arrêtés. Quant aux autres, tout ce qu'il purent gagner , ce fut qu'on ne mettroit point au-deffus des portraits qu'ils demandoient, le nom des dames qui les avoient faits ; auffi la plupart de celles qui fe plaignoient , n'avoient pas donné charge de payer ce qu'elles vouloient qu'on leur rendît ; & les marchands étant preffés d'achever leur voyage , fortirent de la ville fans s'arrêter plus long-tems. On nous apprit qu'ils avoient été incontinent au port, où leurs tableaux ayant été emballés & mis dans les vaisseaux, ils avoient levé les ancres, & pris la route de France, avec résolution de retourner bien-tôt dans l'Ile se fournir de semblable marchandise, au cas qu'ils eussent bon débit de la première. Pour moi j'employai depuis quelques jours à visiter les peintres qui me plaisoient le plus, désirant apprendre quelque chose d'eux, & j'en voulus voir de toutes les sortes afin de savoir un peu de tout, pour contenter cette curiosité merveilleuse que j'ai toujours eue depuis que je suis au monde. Il se trouva qu'Erotime & Gelaste ayant appris que ce qu'ils souhaitoient des peintres amoureux & des peintres comiques, eurent dessein de revenir en France en même tems que moi, de sorte que nous nous tînmes encore compagnie dans le retour; & quand nous sommes arrivés ici, notre première occupation a été de raconter notre voyage à tous nos amis, & de nous informer si les portraits avoient autant de cours qu'auparavant. Nous avons trouvé que les bons sont toujours estimés, & que les mauvais sont en danger d'être méprisés, & d'être rompus & brulés, ou effacés sans aucune rémission.

Fin de description de l'Isle de Portraiture.

TABLE

DES VOYAGES IMAGINAIRES

CONTENUS DANS CE VOLUME.

VOYAGE DU PRINCE FAN-FÉRÉDIN.

AVERTISSEMENT DE L'ÉDITEUR, page vij

CHAPITRE PREMIER. *Départ du Prince Fan-Férédin pour la Romancie*, 1

CHAP. II. *Entrée du prince Fan-Férédin dans la Romancie. Description & histoire naturelle du pays*, 12

CHAP. III. *Suite du chapitre précédent*, 21

CHAP. IV. *Des habitans de la Romancie*, 35

CHAP. V. *Rencontre & réveil du Prince Zazaraph, grand paladin de la Dondindandie, avec le dictionnaire de la langue romancienne*, 46

CHAP. VI. *De la haute & de la basse Romancie*, 58

CHAP. VII. *De mille choses curieuses, & de la maladie des baillemens*, 64

CHAP. VIII. *Des bois d'Amour*, 72

CHAP. IX. *Des voitures & des voyages*, 78

CHAP. X. *Des trente-six formalités préliminaires qui doivent précéder les propositions de mariage*, 85

CHAP. XI. *Des grandes épreuves, & ressemblance singulière qui fera soupçonner aux lecteurs le dénouement de cette histoire*, 95

CHAP. XII. *Des ouvriers, métiers & manufactures de la Romancie*, 106

CHAP. XIII. *Arrivée d'une grande flotte. Jugement des nouveaux débarqués*, 124

CHAP. XIV. *Arrivée de la princesse Anémone. Le prince Fan-Férédin devient amoureux de la princesse Rosebelle*, 137

Conclusion & catastrophe lamentable, 152

RELATION DE L'ISLE IMAGINAIRE, 157
Histoire de la princesse de Paphlagonie, 190
Clef de la princesse de Paphlagonie, 231

VOYAGES DE L'ISLE D'AMOUR.

Premier voyage, 235
A Philis, sur le voyage de l'Isle d'Amour, 273
Second voyage, 274

RELATION DU ROYAUME DE COQUETTE-
RIE, 307

DESCRIPTION DE L'ISLE DE PORTRAITURE, 337

Fin de la Table.

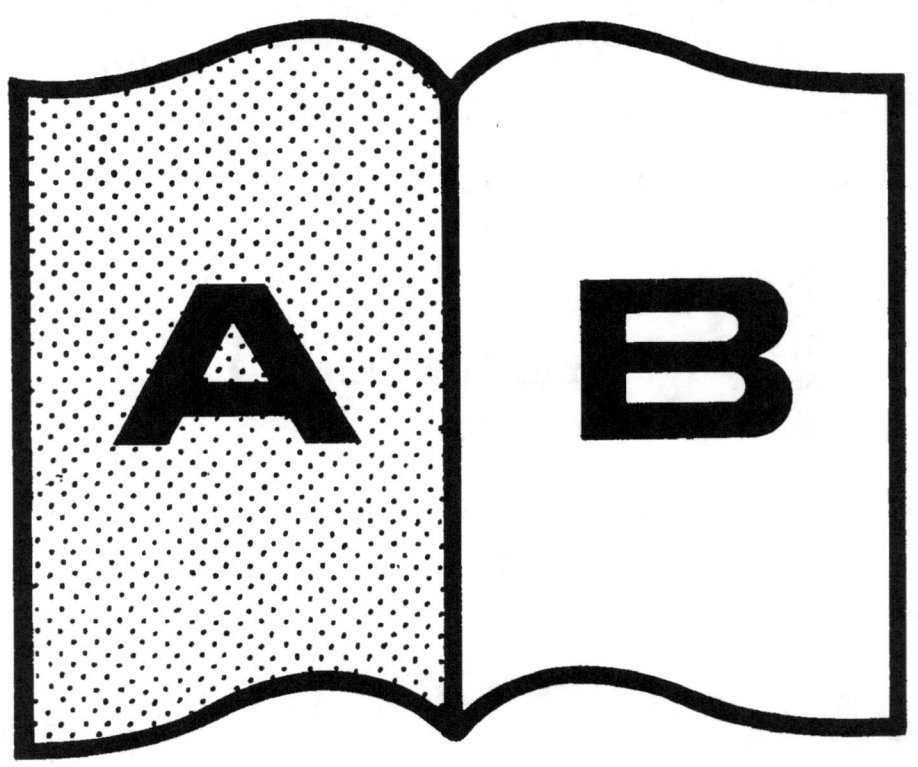

Contraste insuffisant

www.ingramcontent.com/pod-product-compliance
Lightning Source LLC
Chambersburg PA
CBHW051834230426
43671CB00008B/949